国家民委民族问题研究一般项目（2016-GMB-017）优秀结项成果

民族地区
转移支付、财力均等化和
收支稳定效应研究

A Study on the Stability Effect of Fiscal Decentralization, Transfer Payment and Financial Revenue and Expenditure in Chinese Minority Areas

王华春◎著

中国经济出版社
CHINA ECONOMIC PUBLISHING HOUSE
北 京

图书在版编目（CIP）数据

民族地区转移支付、财力均等化和收支稳定效应研究／王华春著．
北京：中国经济出版社，2018. 1
ISBN 978－7－5136－4953－7

Ⅰ．①民… Ⅱ．①王… Ⅲ．①民族地区—财政转移支付—研究—中国 Ⅳ．①F812. 7

中国版本图书馆 CIP 数据核字（2017）第 266385 号

责任编辑　赵静宜
责任印制　巢新强
封面设计　久品轩

出版发行　中国经济出版社
印 刷 者　北京建宏印刷有限公司
经 销 者　各地新华书店
开　　本　710mm×1000mm　1/16
印　　张　14. 75
字　　数　211 千字
版　　次　2018 年 1 月第 1 版
印　　次　2018 年 1 月第 1 次
定　　价　58. 00 元
广告经营许可证　京西工商广字第 8179 号

中国经济出版社 **网址** www. economyph. com **社址** 北京市西城区百万庄北街 3 号 **邮编** 100037

本版图书如存在印装质量问题，请与本社发行中心联系调换（联系电话：010－68330607）

目录 CONTENTS

第一章　导　论

第一节　问题提出

中央与地方之间的分权与集权关系是国家治理的重大问题。“一部五千年的中华文明史就是一部处理中央与地方关系的历史，但在历史上，还从来没有哪一个王朝能够真正解决好中央与地方关系这个政治大难题”①。五千年的中华文明史，就是一部中央与地方分分合合的关系史。历史已经表明并还将继续验证，就疆域广阔的大国而言，正确处理中央和地方关系对于国家长治久安和繁荣昌盛极其重要。“从历史上看，中国的繁荣强盛总是与统一联系在一起的，而分裂必然带来弱小受欺的局面。保持国家的统一，靠什么？在和平时期，靠钱袋和关系。钱袋就是财税，关系就是中央与地方的关系。钱袋子是国家统一的基础；中央与地方的关系是国家统一的行政基础。由此也可窥见中央与地方关系在社会发展中的重要性”②。

包括民族地区在内的地方治理中需要妥善处理中央地方关系问题。1956 年 4 月毛泽东在《论十大关系》论述中央地方关系时提出，处理好中

① 辛向阳．大国诸侯：中国中央与地方关系之结［M］．中国社会出版社，1997：3.

② 辛向阳．大国诸侯：中国中央与地方关系之结［M］．中国社会出版社，1997：4.

央和地方的关系是一个十分重要的问题。毛泽东强调充分调动地方政府积极性，提出以中央集中统一为主导，同时要因地制宜，关注地方问题。邓小平针对实行中央集权管理体制的思想认识指出，过去在中央和地方之间如何划分职责范围的问题不清楚，既要反对过分集权，又要反对过分分权。从毛泽东、邓小平等关于集权和分权的论述可以看出，中央政府和地方政府关系是国家治理的核心内容之一；正确处理中央与地方的关系问题、集权与分权关系问题事关国家繁荣稳定。新时期要求建立权责清晰、财力协调、区域均衡的中央和地方财政关系。

中央和地方关系涉及内容广泛，其决定因素是中央与地方财政关系，这种财政关系涉及中央和地方财政事权和支出责任划分以及各个省（自治区、直辖市，为行文方便以下简称省份或省级政府）内部财政事权和支出责任划分，特别是在一些面积较大、发展和开放程度、行政成本、人口和民族构成等不同地区，财政关系对于该地区的发展更加重要。通过以转移支付等为主要手段的财政政策，加大对民族地区的财政投入，促进民族地区经济社会事业的全面发展，逐渐缩小与发达地区的发展差距，是促进包括民族地区在内的全民共享发展的政策内容。妥善处理民族地区财政问题对发展经济、巩固边疆、加强民族团结和促进祖国统一具有重要作用。自1994年实施分税制以来，民族地区财政得到较快发展，对经济社会的支持保障能力逐步提高，但也出现了一些需要重视的问题。

一、研究背景

（一）分税制改革提高了“两个比重”目标，财力上移和事权下移，但财政事权和支出责任划分不清，转移支付加大也难以反映区域间特别是基层财力差异

自改革开放以来实施的地方财政包干，由于其缺少规范性影响中央财政汲取能力，国家宏观调控能力降低。国家只有掌握了必要的财政能力才

能发挥其相应的管理功能，政府宏观调控能力有赖于其财政汲取能力[1]。王绍光通过对世界上34个代表性国家中央财政收支对比研究，尽管各个国家国情不同，一国中央政府财政收入或支出不应低于财政总收入或总支出比重的50%或国内生产总值比重的10%，当一个国家在财政汲取能力等四个指标全部低于经验指标则逾越分权底线[2]。中国在前述四项指标上均低于分权底线，表现为中央政府所应承担的全国性公共服务数量和质量低下。王绍光提出中国地区差别过大不仅是一个经济问题，而是一个相关性很强的政治问题和社会问题。在地区差别特别是财政收入悬殊的情况下，政治稳定、民族团结和国家统一受到影响[3]。

于是从20世纪80年代中期的价税财改革开始，中央着手重新调整政府间财政关系，经过90年代初理论与实践部门的反复讨论及一些地方改革试点，在1993年12月5日，国务院发布《关于实行分税制财政管理体制的决定》并于1994年1月1日正式实施，该决定指出分税制要“正确处理中央与地方的分配关系，调动两个积极性，促进国家财政收入合理增长，逐步提高中央财政收入的比重，适当增加中央财力，增强中央政府的宏观调控能力”，“合理调节地区间财力分配，既要有利于经济发达地区继续保持较快的发展势头，又要通过中央对地方的税收返还和转移支付，扶持经济不发达地区的发展和老工业基地的改造”。国家宏观调控能力逐步加强，地区间财力差异得到改善，但差距仍然突出。

1. 中央政府汲取和调控能力提升。国家宏观调控能力的基础在于财政汲取能力，通常可以这样衡量：第一，财政收入占国内生产总值的比重（财政收入比重），用以衡量整个国家财政汲取能力；第二，中央财政收入占全国财政收入的比重，用以反映中央财政所占名义份额，为中央和地方

---

① 王绍光．分权的底线［M］．北京：中国计划出版社，1997：2.

② 王绍光指出，国家能力建设包括以下四个方面，即汲取能力、调控能力、合法化能力和强制能力，其中，财政汲取能力为根本。具体分析参见：王绍光．分权的底线［M］．北京：中国计划出版社，1997：2.

③ 王绍光．中国财政转移支付的政治逻辑［J］．战略与管理，2002（3）：47－54.

政府在形式上掌握的财力，上述两个指标即通常所述的“两个比重”①。第三，中央政府可支配的财力占全国财政收入的比重，这是中央财政在去掉消费税、增值税、税收返还和所得税基数返还之后，实际可以支配的财力，它全面真实地反映了中央政府的宏观调控能力。中央政府将按照事先约定比重给予税收来源地进行返还部分税收，在税收返还过程中，中央政府只是扮演征税代理人角色，并非真正意义上的转移支付拨款而是“过手钱”②。

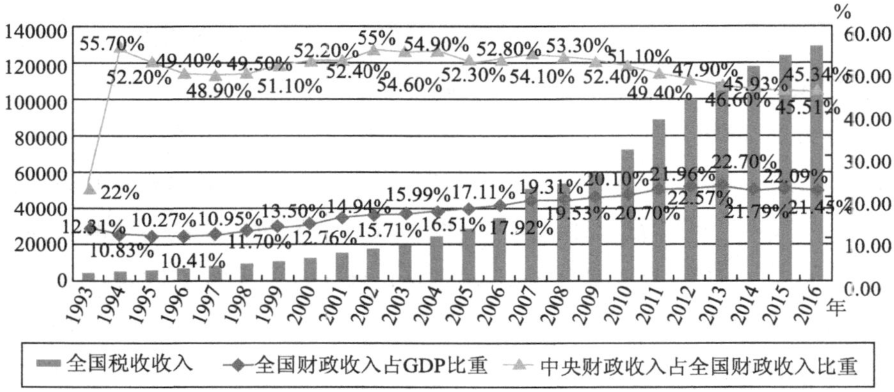

图1-1 分税制以来税收收入与“两个比重”变化情况

资料来源：国家财政统计年鉴相应年份。

分税制改革调动了中央和地方财源建设积极性，增强了国家财政汲取能力，扭转了中央财政收入下降势头。自1978年以来，中央财政收入比重在逐年下降，但1994年实施分税制以后该情况发生了变化。自分税制改革以来，中央财政实力不断增强，全国财政收入从1993年4349亿元增长到2016年的159552亿元，同时，全国财政收入占GDP比重由1993年的

① 即针对当时财政收入占GDP的比重过低以及中央财政收入占全国财政收入的比重过低的现状，经过分税制改革，实现了财政收入占GDP的比重和中央财政收入占全国财政收入的比重双双提升的目标，即常说的“两个比重”。

② Harold Wolman, and Edward Pge, The impact of intergovernmental grants on subnational resource disparites: A cross - national comparison, Public Budgeting and Finance, Vol. 7, No. 3, 1987.

12.3%提高到2016年的21.5%[①]，中央财政收入占全国财政收入的比重由1993年的22.0%提高到2016年的45.3%。从增幅上看来，中央财政收入增长和经济增长出现非同步现象[②]。在财政收入增加的条件下，需要考虑中央和地方财政收入在全国财政收入中的比例分配。如果中央留下的财政收入少则影响宏观调控能力。分税制后中央财政比重从1993年的22.0%提高到2005年的52.5%，比重高的年份达55.0%。在中央财政收入中，增值税、消费税和税收返还都要求中央对地方政府按照既定条件返还。2015年中央对地方税收返还和转移支付达到5.52万亿元，占当年地方一般公共预算支出比例达36.7%。

1994年分税制改革使财政收入向上集中，2002年所得税收入分享改革进一步集中中央财政收入，中央政府在集中财力的同时，相对地向地方政府下放财政支出责任，地方政府，尤其是西部地区特别是民族地区基层政府财政严重依赖中央转移支付。分税制以及随后的其他财力集中目标包括通过加强更高层级政府的收入，集中财力实现地区间的再分配和再平衡，达到缩小政府间的纵向和横向财力差异，实现基本公共服务均等化和均衡协调发展。从表1-1可见，中央获得的财政收入、税收收入等持续增加，地方政府在政府性基金、预算外基金方面的增加增多，并成为地方宽口径财政收入的主要来源，由于这部分收入多为一次性收入，且地区之间差异巨大，因而在本研究中未多涉及这部分预算外收入对地区财力均等化和收支稳定性的影响。

---

① 这是财政收入占GDP的比重为中等口径的比重。其他税负统计口径还包括小口径，即税收总收入占GDP比重。按照这一口径，2015年中国宏观税负水平约为18.4%。由于税收收入不能反映政府全部收入，该统计口径较少被采用。宽口径计算，即把一般预算收入、政府性基金收入、社保基金总收入、国有资本经营收入和土地出让收入等都包括在内与GDP的比重。上述四种收入有交叉重复，可能拉高政府收入占比。土地出让收入涉及资产交易，结果是政府土地资产减少和货币资金增加，未带来政府权益变化，国际上一般不计入政府收入。即使计入也应剔除成本补偿费用支出而只计出让净收益。还包括国际货币基金组织（IMF）统计口径，即当前世界通行的政府财政统计标准。这一统计口径扣除了上述四种收入交叉重复部分和剔除了土地出让收入，为国际社会广泛认同。

② 财政收入对GDP的弹性系数即财政收入增长速度与GDP增长速度的比率，所暗含的政策含义是分析判断财政收入与经济增长两者之间的协调程度。

表 1－1　1994—2015 年中央与地方政府间收入划分情况（单位：亿元，%）

年份	财政收入			税收收入			政府性基金			预算外基金		
	合计	中央占比	地方占比	合计	中央占比	地方占比	合计	中央占比	地方占比	合计	中央占比	地方占比
1994	5218.1	55.7	44.3	5126.9	55.2	44.8	–	–	–	1862.5	15.2	84.8
1995	6242.2	52.2	47.8	6038.0	53.1	46.9	–	–	–	2406.5	13.2	86.8
1996	7408.0	49.4	50.6	6909.8	50.1	49.9	–	–	–	3893.3	24.3	75.7
1997	8651.1	48.9	51.1	8234.0	51.4	48.6	1586.6	67.0	33.0	2826.0	5.1	94.9
1998	9876.0	49.5	50.5	9262.8	52.1	47.9	1784.5	64.1	35.9	3082.3	5.3	94.7
1999	11444.1	51.1	48.9	10682.6	53.8	46.2	2038.1	62.6	37.4	3385.2	6.8	93.2
2000	13395.2	52.2	47.8	12581.5	54.8	45.2	2138.1	55.2	44.8	3826.4	6.5	93.5
2001	16386.0	52.4	47.6	15301.4	54.5	45.5	1970.6	42.7	57.3	4300.0	8.1	91.9
2002	18903.6	55.0	45.0	17636.5	58.0	42.0	2523.5	31.2	68.8	4479.0	9.8	90.2
2003	21715.3	54.6	45.4	20017.3	58.0	42.0	3296.8	24.1	75.9	4566.8	8.3	91.7
2004	26396.5	54.9	45.1	24165.7	58.6	41.4	4093.4	21.6	78.4	4699.2	7.5	92.5
2005	31649.3	52.3	47.7	28778.5	55.8	44.2	5189.9	20.3	79.7	5544.2	7.3	92.7
2006	38760.2	52.8	47.2	34804.4	56.2	43.8	6810.0	18.6	81.4	6407.9	7.3	92.7
2007	51321.8	54.1	45.9	45622.0	57.8	42.2	26236.5	64.5	35.5	6820.3	7.8	92.2
2008	61330.4	53.3	46.7	54223.8	57.1	42.9	14985.3	16.7	83.3	6617.3	7.4	92.6
2009	68518.3	52.4	47.6	59514.7	56.1	43.9	18350.6	13.7	86.3	6414.7	5.5	94.5
2010	83101.5	51.1	48.9	73210.8	55.3	44.7	36785.0	8.6	91.4	5794.4	6.9	93.1
2011	103874.4	49.4	50.6	89738.4	54.2	45.8	41363.1	7.6	92.4	–	–	–
2012	117253.5	47.9	52.1	100614.3	53.0	47.0	37534.9	8.8	91.2	–	–	–
2013	129142.9	46.6	53.4	110497.3	51.3	48.7	52238.6	8.1	91.9	–	–	–
2014	140370.0	45.9	54.1	119175.3	50.4	49.6	54113.7	7.6	92.4	–	–	–
2015	152216.1	45.5	54.5	110600.0	45.5	54.5	42330.1	9.3	90.7	–	–	–

资料来源：国家财政统计年鉴相应年份。

注：1994 年到 1996 年无政府性基金数据；财政部规定，2011 年 1 月 1 日起，将按预算外资金管理的收入全部纳入预算管理。

作为一种利益平衡机制，政府间转移支付对地方政府有效履行事权和支出责任发挥了重要激励作用。中国目前政府间转移支付制度呈现出了“项目制”与“专项化”的特征，抑制了政府间转移支付的功能（周飞舟，2012）。从中央与地方支出关系来看，中央政府承担的直接财政支出比重日益下降，由1994年的30.3%下降到2015年的14.5%，下降15.8个百分点，与此相对，2015年地方财政支出占全国财政支出的比重是85.5%，中央政府承担的直接支出责任比重过低。从分项支出来看，2015年地方财政在教育、社会保障与就业、医疗卫生等支出上分别承担了94.8%、96.2%、99.3%的支出责任，几乎承担了除外交、国防等中央专属事权之外的全部支出责任。中国财政体制由此形成以下特征，即地方政府支出占全国支出的比重最高；地方财政支出对中央转移支付依赖程度最高（王雍君，2006）。1994年分税体制改革重构了地方政府财政收支结构，通过转移支付，提高了中央政府对地方政府的财政影响，地方财政支出对中央转移支付依存度不断提高并达到较高水平。大规模中央转移支付对政府间财政策略产生巨大影响，如何完善中央转移支付以及省级政府内部的转移支付，成为完善中央与地方关系以及正确处理省级政府内部财政关系的重要内容。

财政体制改革中核心问题之一是建立现代财政制度，而现代财政制度的确立不仅需要一个透明的预算管理制度、科学完备的税收体系，而且一个财力和支出责任相匹配的财政体制也至关重要。在中国目前运行的财政体制中，存在政府间财力与支出责任不匹配的问题。根据相关统计数据，在2000—2013年的十四年，中央政府在全国财政总支出中的比重从34.8%下降到14.6%，而县级政府的财政支出比重则从19.1%攀升到41.0%，地方政府中地市级，尤其是县一级政府正承受越来越大的财政支出压力。县级政府在地方治理中的重要作用已经被众多的经验研究所证实。根据杨松良（2013）测算，“1997—2006年，县乡级政府承担着80%以上的基础教育支出”；而反观中央和地方的财政收入结构可以发现，中央收入比重持续增长，而地方政府的收入并没有以适应财政支出责任增长的步伐相应增加，由此带来的后果是地方政府面临巨大的财力缺口，导致财力与支出责任在很大程度上不匹配。

由中国与发达国家转移支付数量进行简单比较可见，中国处于较高水平。如图1-2所示，中国中央政府对地方转移支付与税收返还占GDP比重2000年为4.7%，2010年则上升至8.1%；而同期内，美国联邦政府对州和地方政府的转移支付占GDP的比重2000年仅为1.9%，2010年为2.7%，之所以在2009年和2010年有所提高，原因在于迅速增长的卫生保健成本使政府公共医疗补助项目增加所致。从中美比较来看，相对而言，中国的转移支付规模过大，约为美国的3倍。中国政府间转移支付是以不同形式安排的，分别表现为一般性转移支付、专项转移支付和税收返还。由于税收返还是按照体制规定的，对中央政府上收地方政府财权的体制补助和既得利益保护，对各级地方政府的影响相对较小，要想实现各级政府有效履行事权和支出责任，关键要实现一般性和专项转移支付安排。由于转移支付制度的专项化制约均衡性转移支付比重和规模。均衡性转移支付作为出于追求区域间财力均等化效果的政策，对地方政府有效履行事权和支出责任发挥了重要激励作用。

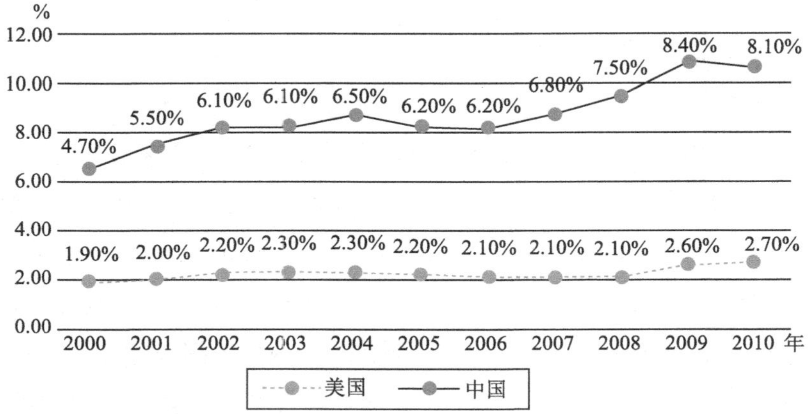

图1-2 中美政府之间转移支付占GDP的比重比较

2. 分税制改革特别是通过转移支付形式以后，通常认为缩小了地区之间的财力差异，但区域之间和区域内部的人均财力差距以及相应的公共服务水平差距仍然突出。例如，根据专家测算，分税制后十年中，中央对地方转移支付年均增长超过20%，以财政包干制条件下的省际间人均财政支出标准离差率平均值为比较对象，分税制改革之后的省际间人均财政支出标准离差率平均值在提高，说明分税制未能解决省际间财力分配不均问题，财力分配不均趋势拉大①。有专家测算分税制改革后的十年中，县乡级的人均预算收入和支出情况中发现，“人均支出的差异之所以小于人均收入的差异是地区间的转移支付起了作用”，但“即使存在这种不断加大的地区间转移支付，地区间的人均支出差距还是在迅速扩大”“这说明转移支付均等化效应弱于由于地区发展不平衡带来的不平等效应②”。财政均等化政策对不同省份之间对省内均等化努力存在较大差异（Yongzheng Liu 等，2017），需要针对不同地区以及地区内部情况进行分析，选取省级政府间和县乡级政府间的财力差异进行判断才更加符合实际。

中央对地方转移支付规模不断增长，但全国省级政府之间的财力差距改善效果有限，特别是更具有可比性的省内财力差距和省内县际之间的支出不均等程度更应该引起重视。据数据显示，中国各地区之间财力和公共服务供给差距在拉大，并且远超地区发展差距（尹恒，朱虹，2009）。例如，在教育、医疗等领域，各地区之间断层和分化现象明显（陈硕，2010）。2013 年中国人均教育支出最高的地区是最低地区的 11.75 倍，每万人卫生医疗机构人员和床位数差距更是达到 34 倍和 47 倍③。有研究指出，中国省内对县级政府的转移支付并没有使财力的县际分配变得均等化，由于中国绝大多数公共服务包括基本教育、公共安全、医疗卫生和文化建设，主要是由县级

---

① 胡德仁，高桂玲，刘亮．分税制财政体制改革的目标及其评价［J］．河北经贸大学学报，2006（1）：42－47.

② 周飞舟．分税制十年：制度及其影响［J］．中国社会科学，2006（6）：100－115＋205.

③ 参见《2014 年中国教育经费统计年鉴》和《2014 年中国统计年鉴》相关数据。

（包括城市市辖区）政府提供（Martinez – Vaquez 等，2007）。中央政府、省、地市和县级政府扮演的角色引起学者重视，应该成为中国地区财力分布均等化研究的焦点问题。省级政府内的地区间财力均等化问题应该引起关注，省内县际支出不均衡程度大于省际支出的不均衡程度。

由于承诺将大部分中央政府税收收入作为税收返还，中央政府对税收收入的控制权提高程度有限①；尽管中央政府对地方的转移支付数额在逐步增加，但地区之间财力差异扩大趋势未能得到有效遏制。中央集中财力中有一般性转移支付、税收返还以及体制补助等多种形式，上述相关结构性转移支付将影响中央宏观调控能力和对地方进行转移支付，尤其是均等性转移支付能力，它们对包括民族地区在内的影响产生不同效果。

表 1 – 2　1994—2013 年全国各级政府财政自给能力情况

年份	中央	地方				
			省级	市级	县级	乡级
1994	1.6567	0.5884	0.4126	0.7484	0.4467	0.8439
1995	1.6321	0.6184	0.4708	0.7244	0.4801	0.9465
1996	1.7018	0.6476	0.5358	0.7311	0.4963	0.9990
1997	1.6691	0.6496	0.5420	0.7313	0.5012	0.9996
1998	1.5651	0.6496	0.5113	0.7487	0.5247	0.9766
1999	1.4087	0.6223	0.4678	0.7289	0.5440	0.9173
2000	1.2662	0.6128	0.4690	0.7307	0.5313	0.8780
2001	1.4880	0.5941	0.4669	0.7262	0.5102	0.8104
2002	1.5341	0.5572	0.5110	0.6635	0.4309	0.7689
2003	1.5991	0.5717	0.5452	0.6723	0.4328	0.8171
2004	1.8372	0.5944	0.5670	0.7157	0.4581	0.7994
2005	1.8857	0.5917	0.5720	0.7108	0.4655	0.7675

① 黄佩华，迪帕克，等. 中国：国家发展与地方财政［M］. 中信出版社，2003：39.

续表

年份	中央	地方				
			省级	市级	县级	乡级
2006	2. 0474	0. 6015	0. 6309	0. 7015	0. 4597	0. 8345
2007	2. 4252	0. 6149	0. 6803	0. 7177	0. 4621	0. 8735
2008	2. 4491	0. 5817	0. 6427	0. 7012	0. 4247	0. 8932
2009	2. 3542	0. 5341	0. 5486	0. 6456	0. 4011	0. 9460
2010	2. 6572	0. 5497	0. 5716	0. 6483	0. 4144	1. 0281
2011	3. 1081	0. 5666	0. 5815	0. 6681	0. 4360	1. 0475
2012	2. 9937	0. 5698	0. 5993	0. 6597	0. 4366	1. 0392
2013	2. 9393	0. 5763	0. 6116	0. 6488	0. 4654	1. 0115

备注：(1) 财政自给能力 = 一般公共预算收入/一般公共预算支出；(2) 根据历年《中国统计年鉴》《中国财政年鉴》等加工整理。

从表 1 - 2 可见，地方财政自给率总体保持在六成左右，但其中存在结构性问题，特别是县级财政仍处于很低的自给率水平，最低的年份其自给率只有 0. 43，省级财政自给率高于县级，其最低年份自给率也在 0. 47 的水平。为保持省和县一级的财政正常运行，需要中央政府进行大量的转移支付。

3. 设立并扩大民族地区转移支付，人均转移支付额度和转移支付依存度较高。民族地区转移支付是为贯彻《民族区域自治法》的有关规定，对民族地区照顾而设立的转移支付补助。为配合西部大开发战略的实施，支持和促进民族地区经济社会发展，从 2000 年开始实施民族地区转移支付。国务院在《“十三五”促进民族地区和人口较少民族发展规划》提出：“加大中央财政投入力度，完善财政一般性转移支付增长机制，一般性转移支付资金和相关专项转移支付资金进一步向民族地区倾斜，确保对民族地区转移支付在总盘子中的比重继续增加，”需要通过实证研究进行总结和落实，中央对民族地区转移支付由以下构成：

第一，税收返还。税收返还额度以来源地税收为依据，以 1993 年为基年，将中央从地方净上划的收入数额如数返还，且逐年按比例递增，递增率按各地增值税和消费税增长率的1∶0.3系数确定。将民族地区上划中央增值税环比增量的50%同省财政安排的资金一起按因素法计算分配。

第二，一般性转移支付。一般性转移支付是中央财政为均衡各地区的财力差距，对标准财政收入小于标准财政支出地区给予的补助。民族地区由于自然、历史等方面的原因，经济发展落后于全国平均水平，自身财政入不敷出，属于标准财政收入小于标准财政支出的地区。中央财政在进行一般性转移支付时，在测算各地区标准支出过程中，对民族地区的特殊支出因素进行了充分考虑，包括民族地区的高海拔、低人口密度、高寒、干旱气候等，实行一般性转移支付对民族地区的倾斜。在设定转移支付系数时，专门设置民族因素修正系数，在部分民族地区支出成本差异暂时难以量化的情况下，采取“就高不就低”方法，通过提高转移支付系数加大对民族地区的补助力度。一般性转移支付额计算方法为，某地区一般性转移支付额 =（该地区标准财政支出 - 该地区标准财政收入）×该地区转移支付系数。

第三，专项转移支付。专项转移支付主要用于基础设施、义务教育、社会保障、公共卫生等经济社会事业发展项目。目前，在种类繁多的专项转移支付中，不少专门针对民族地区进行。例如，艰苦边远地区津贴、边境地区转移支付、西部基层政权建设经费等。扶贫资金、贫困地区义务教育工程专项资金等大部分分配到民族地区。专项转移支付对民族地区进行倾斜，支持和促进了民族地区经济社会发展。

第四，民族地区转移支付。民族地区转移支付对象包括5个少数民族自治区和青海、云南、贵州3个多民族省，以及吉林延边、甘肃临夏等8个非民族省区管辖的民族自治州和重庆市酉阳土家族苗族自治县、黑龙江省杜尔伯特蒙古族自治县等53个非民族省区及非民族自治州管辖的民族自治县。

中央对地方政府的转移支付规模不断扩大并向民族地区等财力薄弱地区倾向，地方公共服务能力有所提升，公共服务情况有所改善。由于民族地区对中央转移支付的依赖度较高，一般性转移支付规模不断增加，但增长速度趋缓，均衡力度将减弱，区域间财力差距仍然较大，与基本公共服务均等化要求存在较大差距。从图 1－3 可见，2015 年，西藏、新疆转移支付占所有其财政支出的比重最高，分别占 95.83% 和 65.37%，其他民族地区贵州、云南、内蒙古转移支付数额所占其财政支出的比重分别为 59.14%、53.19% 和 50.21%。

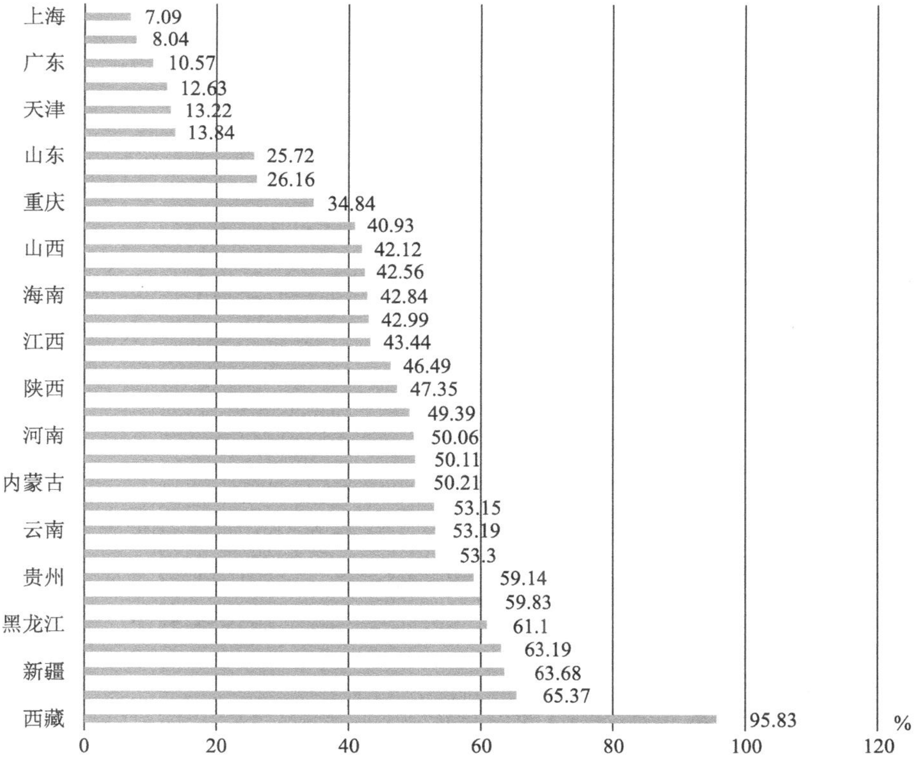

图 1－3　2015 年部分地方转移支付占地方财政的比重

资料来源：《中国财政统计年鉴（2016）》。

从民族地区上来看，推行分税制改革是以统一税法为原则，把具有自身特殊性的民族地区财政体制纳入统一的分税制改革。分税制改革无论在共享税分成比例，还是税收增长返还系数确定，民族地区与其他省市等同对待，过渡期转移支付办法对实现均衡财力作用有限。分税制出台了一系列面向民族地区倾斜的转移支付政策，但这些倾斜政策没有达到解决民族地区财政困难的目标。从长期来看，根据市场原则和区域经济发展规律，民族财政体制从“差别”过渡到“一般”是必然趋势，但该过程需要充分考虑民族地区的经济社会发展状况，民族地区参与全国市场竞争的能力等因素。

分税制财政体制有待更多地考虑民族地区财政支出的具体情况。民族地区在地理位置、气候条件、生产力发展水平、人口素质、产业结构、财源状况等诸多方面存在较大差异，中央对民族地区在财政体制上给予差别政策与民族地区客观实际相结合的体现为：首先，行政成本和社会事业发展成本高。民族地区一般处于边疆地区，幅员辽阔，地广人稀，不具备区位交通优势的地理位置，从而必然增加行政管理成本和文教、卫生等社会事业发展成本。比如，新疆维吾尔自治区的各地州到乌鲁木齐的平均距离为735公里。其次，部分少数民族都有自己的语言、文字、风俗习惯，按照民族尊重、民族团结、保护民族文化原则，少数民族政府一般都是两种语言、两种文字、两套人马并行，还要考虑相应的民族文化、民族习俗、民族节假日等因素，这些都相应地需要增加财政支出。最后，民族地区是大江大河的源头和生态保护重地，环境保护支出要求高。

（二）所得税分享改革加大民族地区转移支付，但民族地区和地区内部财力不均和财政收支稳定性问题仍然突出，不同的转移支付类型在其中有不同的效应和表现，实施“营改增”后民族地区等财力缺口可能加大

1994年分税制改革针对此前以财政包干为主要特征的财政分权进行制度性改革，财权上移和支出责任留置①。中国是单一制国家，全国性宏观调控政策由中央政府制定发出而由地方政府执行，全国七成以上的预算内

① 王绍光．分权的底线［M］．北京：中国计划出版社，1997：1；周飞舟．分税制十年：制度及其影响［J］．中国社会科学，2006，6：100－115＋205.

资金由地方政府使用，省级以下基层政府完成大约五成的资金支出①。与此相对应，教育、卫生、医疗、养老等与民生相关的公共服务多数由地级市、县、乡等基层政府提供。中央政府和省级政府间的财政权利划分有明确规定，但省级政府与地级市政府、地级市政府与县级政府之间的财政权利划分，特别是支出分权规定比较模糊②。各省、地市和县级政府之间财政分权事实上存在差异③。在既有的财政分权体制下，省份之间以及各省内部各级政府间支出分权出现差异。

1. 大量的转移支付是否促进了县级政府财力均等化和收支稳定性，以及不同转移支付类型的效果有待研究。中央财政为了进一步集中财力，财政部于2002年提出所得税共享办法，由此前中央地方五五分成变为四六分成并于2003年实施，调整后中央多出的资金全用于西部开发建设，解决了一些民族地区需要解决的问题。中央对地方转移支付不断扩大，民族地区财力差异扩大程度是否缩小和缓解，中央转移支付对民族地区财力均等化效应等都需要深入进行分析。本研究将研究转移支付在省内县际之间的财力均等化和稳定效应，完善转移支付制度，促进地方财力均等化和财政收支稳定。

从图1－4中可见，自分税制以来，中央对地方的转移支付数量不断增加，由1994年的0.24万亿元上升到2004年的1.04万亿元，首次超过1万亿元，到2015年中央给地方的转移支付量为5.52万亿元。

2. 财政转移支付已经成为民族地区经济社会发展的重要经济政策。实践证明，国家对民族地区财政转移支付的政策倾斜对缓解民族地区财政困难，保障民族地区社会事业的正常发展，均衡和缩小民族地区与全国的财

---

① World Bank, China: National Development and Subnatioal Finance, A Review of Provincial Expenditures, Washington: World Bank, 2002.

② 中国中央政府与省级政府之间的财政分权相对规范，但在省级政府以下的省级政府与市县级政府的分权根据中央与省级政府分权进行，存在较大的差异。具体分析参见：项怀诚．“分税制”改革的回顾与展望［J］．武汉大学学报（哲学社会科学版），2004（1）：5－11.

③ 例如，近年来的广东省大约九成左右的预算内的财政支出由地级市和县以下政府完成，而青海省的类似支出仅为五成左右，这些实证数据将在后面具体体现。

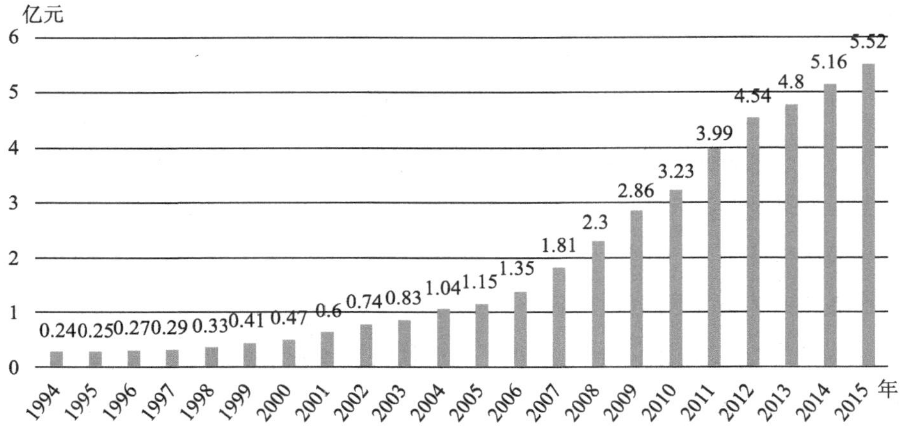

图 1－4 分税制以来中央向地方转移支付总量变化情况

力差异等起到了重要作用。在全面建设小康社会，特别是在精准脱贫政策执行中，民族地区财政转移支付制度还存在一些问题，需要深入到县一级财政实施实际情况中，分析县级基层政府在财力均等化和财政收支稳定性情况，据此对民族地区财政分权、转移支付进行调整完善，以实现包括民族地区在内的全国各族人民共享发展。

从转移支付占中央和地方比重上来看，转移支付占中央财政支出的比重中，2015 年为 68%；同年转移支付占地方财政支出的比重为 37%，说明转移支付在两者中都占有较大的比重，而民族地区转移支付占其地方财政的支出更高，如图 1－3 所示，西藏、新疆等地财政支出中来自中央的转移支付占据 95.83% 和 63.68% 的较高比重。

3. 民族地区财政困难和财力不均等仍然存在。民族地区财政支出压力呈现上升趋势。在城市化进程中，人口高度聚集的大中城市其聚集效应和规模效应显著。人口和产业的高度聚集产生聚集效应，他们可以高效利用基础设施和公共服务，发挥基础设施规模效应，降低大中城市行政成本和提高公共服务水平。民族地区地处边疆、偏远地区，交通不便，发展成本和生活水平高于全国平均水平，民族地区行政成本是全国平均成本的 2 倍

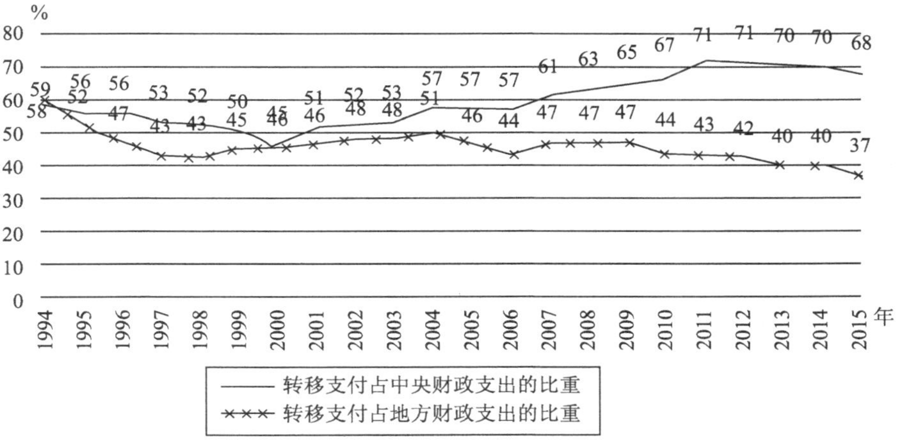

图 1－5 转移支付在中央和地方财政中的比重

左右①。税收返还与民族地区财政政策目标不一致。税收返还制度以税收来源地税收为基础来进行分配，未与均等化目标相联系，固化了既有利益分配格局，税收返还制度逆向调节地区收入差距。从分配方式来看，税收返还的基数法和 1∶0.3 系数递增，只是考虑地方既得利益，没有考虑各地收入能力和支出差异，两税返还与税收收入增长挂钩实际上起逆向调节作用。

表 1－3 显示在 2015 年 17 类支出中，中央支出占全国支出占比超过 97%的有外交与国防，其支出责任几乎完全由中央承担；粮油物资储备支出中，中央占比达 70%，支出的主要责任是由中央承担的。中央支出比重在 40%～51%的有金融业和科技，这两类支出责任由中央和地方分别承担，其余的各类支出其支出任务绝大多数由地方政府执行。在各类地方支出中，中央政府通过专项转移支付和分类整体拨款一般性转移支付的方式承担部分事权，按其承担比重排序依次是住房保障（45.41%）、节能环保（42.12%）、社会保障（38.11%）、农林水（35.8%）、交通运输（32.62%）、医疗卫生（28.06%）、商业服务业（19.43%）、国土海洋气

① 国家民委与中国财政学会联合课题组．民族地区财政体制与转移支付问题研究［R］．2008 年 10 月。

象（14.45%）、教育（11.59%）和文化（10.45%）。

在分税制体制下，中央与地方的财权分配方式同以往相比发生了实质性变化。地方政府所支配的财力包括地方政府征收的收入和从中央获得的转移支付与税收返还收入。事权或支出责任分配基本沿袭了此前按行政隶属关系划分方式，地方政府承担了85%的国家财政支出，中央提供转移支付方式承担或分担支出责任。在地方支出中的专项转移支付和准专项性“整体拨款”占比较高，社会保障、住房保障、节能环保、交通运输等为中央与地方共同事权。

表1-3　2015年一般公共预算支出：中央、地方与转移支付的分布

（亿元,%）

公共支出分类	全国部支出	中央支出占比	地方支出占比	转移支付占地方支出比重
一般公共服务	13547.79	7.79	92.21	1.58
外交	476.78	99.26	0.74	0.00
国防	9087.84	97.59	2.41	12.41
公共安全	9379.96	16.89	83.11	8.23
教育	26271.88	5.17	94.83	11.59
科技	5862.57	42.27	57.73	1.89
文化	3076.64	8.84	91.16	10.45
社会保障	19018.69	3.80	91.66	38.11
住房保障	5797.02	6.92	93.08	45.41
医疗卫生计生	11953.18	0.71	99.29	28.06
节能环保	4802.89	8.34	91.66	42.12
城乡社区建设	15886.36	0.07	99.93	0.78
农林水利	17380.49	4.25	95.75	35.80
交通运输	12356.27	6.90	93.10	32.62
物资勘探信息	6005.88	5.70	94.30	5.70
商业服务业	1747.31	1.29	98.71	19.43

续表

公共支出分类	全国部支出	中央支出占比	地方支出占比	转移支付占地方支出比重
金融业	959.68	48.29	51.71	1.31
国土海洋气象	2114.70	16.45	83.55	14.45
粮油物资储备	2631.06	70.26	29.74	40.38

资料来源：财政部官网“财政数据”专栏，http：//yss. mof. gov. cn/2015js/index. html。

全面实施“营改增”后，民族地区财政收支矛盾将更为突出。虽然新的《预算法》允许地方政府在一定范围内通过特定方式举借债务，但是财政收入对财政支出的约束依然显著，特别是县级政府。重构地方税制体系，寻找新的地方税种是全面“营改增”之后的重要工作。

（三）全国和民族地区的财政分权存在不同形态和差异性，财政分权形态呈现不同形态，省以下财政分权导致更大的省内不平等，影响民族地区省级政府内部财力均等化水平，并影响对省内区域间的认同感

民族地区内部财政分权存在差异和不同表现形态。省区本级、地市和县级政府财政分权状况存在多样性；经济发展水平是影响财政分权的重要因素，转移支付依存度、行政费用占比和财政收入占比都影响财政分权状况；各省份随着经济的发展，财政分权形式呈现出有规律的变化趋势。作为中国边疆为主的地区，民族地区财政既有一般性又具有自身特殊性。与一般地区财政不同，民族地区财政由民族地区政治、经济、文化、历史和传统等多方面因素决定。省以下财政分权导致更大的省内不平等，由省政府进行的均等化努力将会有利于减轻财政分权对于省内不平等的不利影响。有必要分析检验省级以下财政分权和省级政府财力均等化努力对省内不平等的影响。

经济发展对财政分权的影响是明显的，无论是从财政分权指标的图示中，还是其后的分析中都可以发现，越是经济发达的省份，财政越倾向于向省级以下政府分权。相反，越是经济落后的省份，财政权力越向省级政府集中。有学者在之前的研究中将财政分权关系分为财力下沉型、财力中凹型、财力中凸型、财力上浮型四个类型①，较为直观的描述了财政权利的分配状况。经济发展因素影响财政分权。民族地区财政分权和经济发展之间存在显著相关性，东部沿海经济发达地区的财政分权度明显高于西部地区，特别是民族地区财政分权度。

其他影响财政分权的因素还包括财政依存度、行政费用占比和财政收入占比等。财政依存度比较准确地反映各级政府财政支出对财政转移支付的依赖程度。中央对地方的补助主要分为转移支付和税收返还。转移支付项目的划分不断变化，到2009年一般性转移支付涵盖了除专项转移支付外的几乎所有转移支付项目，原来的一般性转移支付项目只是相当于新统计口径中的均衡性转移支付②。行政费用支出是各级政府财政支出的组成部分，代表了各级政府提供公共服务的成本。一般认为一级政府行政费用占整个省区行政费用的比例越高，表明该级政府提供的公共服务越多，相应的财政权利和支出义务越大，财政权利越向该级政府集中。财政收入是财政支出的重要保障，一级政府只有掌握了充足的财政收入才有可能获得较大的财政自主权，即财政分权则越向该级政府集中。

转移支付制度对各级政府间财政权利的分配具有重要影响，特别是一般性转移支付制度。一般性转移支付主要是平衡性转移支付，这部分转移支付担负平衡地区发展差异的重任。专项转移支付由于事先确定了用途，故接受政府在支出上没有太大权限，所以对财政权力分配的影响也是不显著的。转移支付依存度反映一级政府财政支出对转移支付的依赖度，依存度越高，财政支出中转移支付所占的比例越高，政府自主资金支出越少。转移支付作为各级政府的一项收入，也有其收入和替代效应。如果收入效应起主要作用，那么转移支付会带动政府其他财政支出的增加，改善财政权力分配状况。如果替代效应起主要作用，那么转移支付就会减少该级政

① 张光．财政分权省际差异、原因和影响初探［J］．公共行政评论，2009（1）：133－158.

② 参见2009年《地方财政统计资料》。

府的其他财政支出，使财政分权状况恶化。构建科学合理的财政支出制度，在各级政府间合理分配财政权力，完善的转移支付制度是必须的。基本路径，即完善一般性转移支付增长机制，通过一般性转移支付调节中央增支政策形成的地方财力缺口。清理、整合、规范专项转移支付项目，逐步取消竞争性领域专项和地方资金配套，严格控制引导类、救济类、应急类专项转移支付。

民族地区财政分权与转移支付等财政管理具有自身的特点。改革开放使民族地区经济社会发展迈上了新台阶，由于诸多因素制约，民族地区经济社会发展仍然严重落后于发达地区。民族地区财政由民族地区政治、经济、历史、文化传统等综合条件决定，因而与一般地区财政分权和管理具有明显区别。由于民族地区经济社会发展落后，部分民族地区在新中国建立后直接过渡到社会主义社会①。经济基础薄弱、市场发育不成熟，经济社会发展长期处于落后状态。民族地区的人均生产总值较低，经济增长速度偏慢，地区之间经济发展差距在拉大，经济体制改革和社会事业发展均滞后，民族地区经济体制改革明显滞后于全国其他地区。民族地区行政成本较其他地区要高，提供等量的公共服务，民族地区比内地需要多付出更高的人力、物力和财力，尤其是高寒偏远牧区、山区的各项行政开支标准更高，上级政府实施大量财政转移支付将是长期任务。

二、研究对象与核心概念

（一）研究对象

在深入分析民族地区财政分权、转移支付制度基础上，以实现民族地

---

① 以以西藏和云南为例。西藏自治区直接从农奴制过渡到社会主义社会，西藏发展的历史滞后性痕迹至今依然明显。云南边境民族地区从原始社会直接过渡到社会主义社会大约有 138 万人。由于这些地区远离中心城市，发展起步晚，基础薄弱，条件很差，以传统农业为主，原始耕作方式并没有明显改观，仍然属于最贫困地区、最弱势群体。从历史上看，民族地区多是边境地区。在封闭保守的封建社会，王朝多只关心政治边防、军事边防，而鲜有关心发展边疆的经济和社会事业。

区财力均等化为目标，通过对影响财政分权的关键性因素和转移支付对民族地区财政分权的影响分析，以全国及民族地区基层政府为研究对象，深入到对县一级的财政收支数据中，实证分析民族地区财力均等化的实现程度，考察转移支付是否缩小县际间财力差异为核心的均等化效应；考察中央对民族地区和民族地区内部的转移支付对其财政收支稳定性，提出健全长期和公平导向的转移支付分配方式，合理划分民族地区财政事权和支出责任，改善转移支付结构，发挥省级政府实施财力下移的主导作用，促进省级政府合理的财政分权，以基本服务均等化引导转移支付下移，提高民族地区财政收支稳定效应，实现共享发展的政策建议。

（二）核心概念

根据上述研究对象，本研究涉及以下核心概念：

1. 民族地区。民族区域自治制度是中国的基本政治制度之一。根据《中华人民共和国民族区域自治法》，中国对少数民族聚居的地区实行民族区域自治制度，即在国家统一领导下，各少数民族聚居的地方实行区域自治，设立自治机关，行使自治权的制度。其中，自治区相当于省级行政单位，自治州相当于地市级行政单位，自治县相当于县级行政单位。实行民族区域自治的地区均为民族地区。中国省级民族自治区有5个，即内蒙古自治区、广西壮族自治区、西藏自治区、宁夏回族自治区、新疆维吾尔自治区；在吉林、湖北、湖南、四川、贵州、云南、甘肃、青海、西藏等省、自治区设有地市级的民族自治州30个；在河北、辽宁、吉林、黑龙江、浙江、湖北、湖南、广东、广西、海南、重庆、四川、贵州、云南、甘肃、青海、新疆、内蒙古等个省、自治区、直辖市设有120个自治县（在民族地区旗是与县同一级别的行政管理，为行文方便，凡涉及县旗一级政府均以县统称），还有相应的大量民族乡镇。本研究将民族地区的范围界定为内蒙古、广西、西藏、宁夏、新疆5个民族自治区；云南、贵州和青海3个省视同民族地区管理，也是本课题所研究的民族地区。

民族地区区别于一般地区是由民族地区政治、经济、历史、地理、文化等多方面因素决定的。民族地区经济社会发展特点、政治法律制度演变、民族文化特殊性、民族地区客观环境共同构成了民族地区发展问题特殊性的起点。一是历史上长期实行民族自治政策，历代中央政府基本采取因地制宜，实行民族治理政策，以维系大一统局面。二是民族地区是国家安全屏障。由于民族自治地区多为大江大河源头和生态保护重地，有绵延辽阔的草原荒漠和地势过渡的山区，所以全国生态建设规划中的重点地区和重点工程大都在民族地区。地理上民族地区主要集中在边疆地区，民族地区国土总面积占全国国土总面积的63.89%，全国陆地边界2万多公里有1.9万公里在民族地区；55个少数民族中有30个左右的民族与历史上国外同一民族相邻而居，其中8个在境外建有独立的民族国家，4个在邻国建有以该民族为主体的行政区①。许多民族地区处于国防第一线，民族地区为捍卫国家主权和领土完整作出贡献②。三是民族地区是国际势力斗争的焦点。边境地区，特别是边境民族地区是多种势力较量最激烈、维护稳定任务最重的地区。四是民族问题与宗教问题交织在一起。民族和宗教问题是当今世界复杂而敏感的问题。少数民族宗教问题是中国宗教活动中的主要问题。中国实行宗教信仰自由政策，由于宗教问题与民族其他问题经常交织在一起，使中国少数民族宗教问题复杂化、宗教问题政治化、民族问题国际化。

2. 财政分权。分权是公共职能的权威和责任从中央政府向次级政府（中央以下各级政府）或准独立的政府组织或私人部门转移，通常分权包括政治分权、行政分权、财政分权和市场分权等不同维度。财政分权（Fiscal Decentralizatin）与财政联邦主义（Fiscal Federalism）具有共同的含

① 参见国家民委和国家统计局编写的《中国民族统计年鉴2008》（民族出版社，2009年）相关数据。

② 边疆和民族地区不仅事关国家和国防安全，而且对于实施国家内部统一具有重要意义。联国在《1994年人文发展报告》中指出，一国范围内的地区差距扩大和行政分割是导致国家分裂的重要原因。上述国际权威机构观点引起中国重视，由于民族地区经济不发达往往造成公共服务提供不足可能形成离心力倾向，如果任其发展可能影响国家统一和政治稳定，此后西部大开发、民族地区转移支付等相关均衡发展战略可视为对它的积极回应。

义，通过权力分配实现区域经济协调发展是中央政府实现的有效的目标，财政分权是达到上述目标的重要手段，即给予地方政府一定收入和支出责任，允许地方政府自主决定预算支出规模与结构，目标是使地方政府提供更加切合当地居民偏好的公共服务。

马斯格雷夫的分权思想为推进财政分权提供了思想基础。马斯格雷夫提出中央和地方政府存在的必要性时指出，中央政府负责宏观经济稳定与收入再分配，地方政府根据当地居民的偏好进行资源配置，以提高经济效益和社会福利水平，上述即中央政府和地方政府间有必要进行合理分权，这种分权通过税种在各级政府间的分配固定下来，赋予地方政府相对独立的权力。奥茨提出的分权定理指出，分散化对提供公共品具有比较优势，由于地方政府接近当地公众，更加了解他们的效用与需求，如果将公共服务让地方政府提供，地方政府将供给比中央政府向全体选民提供服务的效率更高，即如果下级政府能够和上级政府提供相同公共品，则下级政府提供则效率会更高。

中国财政分权是一种“事实性分权”①，无论是从中央与地方财政支出比重，还是利用中央政府公务员所占比重来衡量，中国都是一个过度分权的国家②。中央对地方转移支付以弥补地方支出缺口为主，转移支付主体分为一般性转移支付和专项转移支付，前者目的在于平衡地区差异，后者在于实现中央或地方特定目标。由此引出转移支付依存度概念，即转移支付在各级政府财政支出中所占的比例，占比越高财政依存度越高，反之则

① 中国从体制上看是统一的中央集权国家，但在财政管理体制上属于典型的联邦管理体制，分权性质十分明显，也有专家认为中国是世界上最为分权的国家。相关观点参见：周业安，章泉．财政分权、经济增长和波动［J］．管理世界，2008（3）：6－16.

② 根据相关统计数据，从中央占地方财政支出比例上看，世界平均水平为65：35，发展中国家为85：15，中国近年数据为15：85；从中央公务员占全国公务员比例上看，世界平均水平为中央公务员占三分之一左右，中国中央公务员目前大约占6%，这可能导致一些本应该由中央承担的事务需要交给地方政府完成，中央对地方进行拨款以及对地方政府的干预可能涵盖经济社会的各个主要领域。具体分析参见：李燕，许宏才：中国政府间财政关系图解［M］．北京：中国财政经济出版社，2006，190－191.

相反。县级转移支付大部分直接或间接地来自上一级政府的转移支付，而省内的转移支付多数是对中央转移支付的再分配，主要参照中央对省级政府转移支付的思路，发达地区和欠发达地区对中央转移支付是进一步向下移或截留于省本级政府存在不同情况。随着中国经济增长，部分省区除了下移该财力以外，还存在运用本省级财政进一步向下级政府转移支付的现象。

3. 转移支付。政府间财政转移支付（Intergoverumental Fiscal Transfer）是中央政府与地方政府之间或上级政府与下级政府之间的财政收入转移，转移支付净值是一级政府获得的下拨收入减去上缴收入的净值①。本研究将把来源地返还的消费税、增值税、所得税基数部分也计入转移支付，计算转移支付时针对一般预算收支，不包括种类基金性收入。政府间转移支付可以作为稳定政策的工具发挥作用。国家为了实现效率与公平目标而实施稳定政策，中央政府是宏观经济稳定职责承担者，在经济萧条时期增加对地方的转移支付，鼓励地方支出；在经济高涨时期减少对地方的转移支付，进而限制地方支出，最终起到稳定经济的作用。

财政转移支付目标是多元的，包括缩小地区之间的财力纵向和横向失衡差距；纠正或调整地区之间外部效应或补偿公共物品或服务成本，促进区域之间的协调发展；促进地方政府支出与中央政府支出目标的一致或同步；刺激地方政府增加本级财政收入；为中央政府实现宏观经济管理和经济稳定政策提供弹性操作空间；为维护国家统一、民族团结和社会稳定付出必要成本；应付不可抗拒因素的非常规支出等。

自分税制以来，中央对地方财力性转移支付体系逐步完善，但多数省区对下级政府的转移支付仍然通过经验和谈判，公式化、程序化、制度化的有效办法并不完整，中国省区对下级政府的转移支付分配体制在路径、核算、激励等方面均由省自行安排，由“省内自主”地按照分税制原则实施至今未变。转移支付在形式和内容上经历了以下过程：

---

① 马骏．论转移支付：政府间财政转移支付的国际经验及对中国的借鉴意义［M］．北京：中国财政经济出版社，1998：1.

（1）原体制补助和税收返还。分税制改革规定有原体制补助和增值税、消费税返还配套措施，随着实施国家所得税收入分享改革，2002 年增加所得税基数返还，2004 年增加出口退税基数返还等内容。原体制补助属于固定值并且数额有限，而税收返还具有约束激励性质，并且对发达地区是一个较大数额，两税返还与县级政府的税收收入挂钩，多收多返。

（2）一般性转移支付。中国政府间转移支付名称和内容在不同时期有不同变化，一般性转移支付在 2002 年前称为过渡期转移支付，2009 年又更名为均衡性转移支付①。随着经济社会形势的发展，结合分税制财政体制改革的逐步深入，2002 年中国实施所得税收入分享改革，建立转移支付资金稳定的增长机制，这标志过渡期结束而改为一般性转移支付。省或市对县级的过渡期或一般性转移支付制度不断规范，各省区都制定了省对下过渡期转移支付办法，各省对县的一般性转移支付遵照中央对省区的办法办理。

（3）民族地区转移支付。为配合西部大开发国家战略需求，从 2000 年开始，中央对 5 个民族自治区、3 个财政体制上享受民族地区待遇的省以及这些地区以外的 8 个民族自治州，实施旨在增加其财力的无条件转移支付，为统一民族地区转移支付政策，于 2006 年将该转移支付政策扩大到全国非民族省区和非民族自治州管辖的民族自治县。民族转移支付资金来源包括，一是 2000 年专项增加对民族地区政策性转移支付 10 亿元，以后每年按上年中央分享的增值税收入增长率递增，成为民族地区稳定的资金来源；二是对 8 个民族省区及非民族省区的民族自治州的增值税（75% 部分）收入采用环比办法，将每年增值税收入比上年增长部分的 80% 转移支付给民族地区，以调动地方增加收入的积极性；考虑到民族地区之间经济发展水平客观上存在差异及地区之间财力不均衡等原因，为体现公平，将

① 目前使用的均衡性转移支付最初始于 1995 年时使用的过渡时期转移支付，目的是为 1994 年顺利推进分税制改革，随后 2002 年改过渡时期转移支付为一般性转移支付，2009 年更名为均衡性转移支付。由于本研究在财力均等化和稳定效应部分使用了 2009 年前的全国县级财政收支数据，其他地方使用了最近数据，为统一起见，本研究使用一般性转移支付。

另一半按照因素法，通过转移支付方式分配给地方。增值税增量的其余20%为中央收入，不再参与中央对地方按1∶0.3系数计算的税收返还。2010年起，中央财政对民族地区转移支付总额扣除民族自治县分配后的部分，在民族省份和民族自治州间分配，其中70%部分按照因素法分配，30%部分考虑各地前三年增值税收入情况来分配。对于按照该方法分配的转移支付额度少于上一年度的省份，按照上年数额进行下发。

民族地区在全国统一的财政体制下，通过国家实行规范的财政转移支付制度，享受上级财政的照顾。随着国民经济的发展和财政收入的增长，上级财政逐步加大对民族地区财政转移支付力度，通过一般性财政转移支付、专项财政转移支付、民族优惠政策财政转移支付以及国家确定的其他方式，增加对民族地区的资金投入，使用于加快民族地区经济发展和社会进步，逐步缩小与发达地区的差距，逐步缓解部分民族地区财力紧张状况。

作为一个统一的多民族国家，民族地区内部能否实现均衡稳定发展，事关民族和国家的长治久安，财政转移支付制度以各级政府之间存在的能力差异为基础，以实现各地公共服务水平均等化为目标而实行的财政资金转移平衡制度。2001年2月，为配合实施西部大开发战略，九届全国人大常委会通过修订后的《中华人民共和国民族区域自治法》规定，“随着国民经济的发展和财政收入的增长，上级财政逐步加大对民族地区财政转移支付力度。通过一般性财政转移支付、专项财政转移支付、民族优惠政策财政转移支付以及国家确定的其他方式，增加对民族地区的资金投入，用于加快民族地区经济发展和社会进步，逐步缩小与发达地区的差距。”为逐步缓解部分民族地区财力紧张状况，2003年10月，中共十六届三中全会通过的《中共中央关于完善社会主义市场经济体制若干问题的决定》提出，“进一步完善转移支付制度，加大对中西部地区和民族地区的财政支持”。2005年5月，国务院常务会议提出国家要充分考虑民族地区的公共服务支出实际，逐步加大对民族地区财政转移支付力度①；上级政府和有关部门通过不同专项资金支持民族地区财政，保证民族地区的国家机关正常运转、财政供养人员工资按时足额发放、基础教育正常经费支出；上级人民政府出台的税收减免政策造成民族地区财政减收部分，在测算转移支付时作为原因给予照顾；国家规范省级以下财政转移支付民族地区的转移支付、税收返还等政策，确保国家对民族地区的转移支付、税收返还等优惠政策落实到自治县。

民族地区财政转移支付除采用一般性因素外，还考虑少数民族人口、可居住面积、工资类别系数、平均海拔高度、公路运输距离、道路状况等能够反映民族地区特点的因素，民族地区比一般地区所得到的转移支付额相应增加。为配合实施西部大开发战略，中央财政设立民族地区转移支付，支持民族地区加快发展。民族地区转移支付范围和分配办法都不断调整完善，对加快民族地区发展起到了重要作用（李萍，许宏才，2006）。

在制定其他转移支付时，对民族地区进行倾斜。一是中央对地方调整工资转移支付和农村税费改革转移支付时，通过提高转移支付补助系数的方式对民族地区予以倾斜；二是从 2001 年起建立艰苦边远地区津贴制度，由此增加的支出全部由中央财政负担，享受此项补助的基本上是西部民族省区；三是专项转移支付资金分配向民族地区倾斜，如边境地区转移支付、西部基层政权建设经费、支援不发达地区发展资金、财政扶贫资金和以工代赈资金等。针对个别省份经济社会发展进程中面临的特殊情况，中央财政出台专门扶持政策。

（4）专项转移支付。专项转移支付在分税制改革时与财力性转移支付相对应，专项转移支付项目多，内容繁杂，多数专项转移支付缺乏规范性、透明性和公正性。专项转移支付一般由中央、省或地市的职能部门掌

---

① 民族优惠政策财政转移支付除采用一般性因素外，还采用少数民族人口、可居住面积、工资类别系数、平均海拔高度、公路运输距离、道路状况等能够反映民族地区特点的因素。民族自治地方比一般地方所得到的转移支付额相应增加。

控，存在事权交叉、职能重叠等情况，在转移支付项目中，每个项目的出现具有特定的政策环境。由于缺乏有效的监督约束和难以评估，专项转移支付的挤占和挪用现象比较严重，资金使用率不高。

4. 均等化效应。均等化效应是在中央政府与地方政府之间或上级政府与下级政府之间的财政收入转移发生后，转移支付在财力上的均等变化程度，即财力离散程度降低，具体地讲包括在财力、公共服务或经济发展水平上的均等化效果或其中的某一项效果；可以体现为分析上级政府对下级政府实施转移支付之后是否缩小了它们原有的财力差距，达到经济和社会发展水平基本相同的地区获得大致相同的转移支付，转移支付在区域内应保持较小差距；可以进一步将财力均等化效应细化为转移支付对下级政府财政能力的均等化效应，将它简化为财政收入或支出的衡量，即财力均等化①。

民族地区转移支付均等化效应指在一省区范围以内，地方政府所获得所有上级政府对其的转移支付在缩小该地区政府间的人均财力差异的效应。本研究中暂时不涉及关于公平、正义等价值判断层面的均等化效应内容。本研究转移支付均等化主要是研究对象离散程度的降低，不包括关于公平、公正等价值判断，而其他地方通常说均等化效应包括转移支付在财力、公共服务、经济水平上的均等化效应，但以财力均等为主的经济上的均等是包括实现公平、公正的基础和重要内容。

三、研究意义

（一）有助于促进国家稳定与民族地区繁荣发展

中央对地方的转移支付主要用于平衡各地区之间的财力差距，实现全

① 由于征税努力程度和支出成本比较复杂难以衡量，本研究不考虑标准的税收努力程度和各地区税收支出成本，而将焦点放在财政支出的账面差异上。另外，由于公共服务均等化水平难以直接衡量，有的研究以地区之间的财政均等化程度衡量公共服务均等化水平，此时的公共服务均等化接近财力均等化。参见张恒龙，陈宪．政府间转移支付对地方财政努力与财政均等的影响[J]．经济科学，2007（1）：15－23.

国范围内公共服务均等化。中国作为转型发展中国家，出于中央政府的政治考虑和省级政府的博弈能力影响中央政府转移支付资金分配，中央政府政治考虑在民族地区体现得更加充分（王绍光，2002；Raiser，1998）。国际经验表明，如果落后地区长期得不到中央政府强有力的财政支持，难以改善经济与公共服务状况则将产生离心倾向，而转移支付是缩小地区间差异、平息民族问题的重要手段。加快民族地区发展，共享繁荣和发展是做好民族工作的经济基础和物质保障，关系到民族团结和祖国统一。

1. 支持民族地区经济社会发展是巩固和加强民族团结的基础和根本。中国封建王朝在边境民族地区客观上存在“重军事、轻经济”倾向。自改革开放以来，在民族地区经济社会面貌发生巨大变化并取得显著成就的同时，民族地区经济社会发展与其他发达地区相比或在民族地区内部存在较大差距。在新的形势下巩固和加强民族团结尤其重要，遏制民族地区发展差距扩大的趋势，并逐步缩小发展差距，是巩固民族团结的物质基础。

2. 加快民族地区经济社会发展关系国家发展战略。从国家全局意义上来看，加快民族地区经济社会发展关系实现全面小康社会和国家现代化的战略目标，只有民族地区和各族人民实现全面小康水平和现代化，才是真正实现全面小康水平和现代化。由于受历史、自然、人口分布等因素影响，大部分民族地区公共服务供给的成本高，地方财政无法提供与全国大体均衡的公共服务。为了促进民族地区发展，中央对民族地区财政转移支付实施政策倾斜，提出加大对民族地区的转移支付，促进地区间基本公共服务的均等化。国家在转移支付、民族地区转移支付、一般性转移支付等具体政策安排上，对民族地区实施倾斜政策。

3. 加快民族地区经济社会发展是解决中国贫困问题的难点之一。民族地区经过多年奋斗，特别是改革开放以来，中央财政相继制定支持民族地区经济社会发展的政策措施，对促进民族地区发展起到了重要推动作用，民族地区经济社会取得长足发展，但从整体上来看民族地区经济社会发展仍然处于落后状态，与全国平均发展水平特别是发达地区的差距很大。大多数民族地区经济社会发展落后，民族地区地处边远，自然环境恶劣，是全国贫困人口最集中地区，极端贫困人口占全国总数的一半以上，是解决贫困问题的难点。长期以来，在财政体制、税收、投资、提供公共服务等方面，对民族地区经济社会发展给予了倾斜。由于受历史、自然、人口分布等影响，大部分民族地区公共服务供给的成本过高。国家对民族地区财政转移支付实施政策倾斜，促进地区间基本公共服务的均等化，发挥转移支付在推动和促进民族地区经济社会发展中的作用。

（二）有助于提升民族地区转移支付的财力均等化效果

实施分税制政策在一定程度上是由于中央财政“两个比重”偏低，中央政府财政汲取能力不足并影响到国家能力建设①，一个财力上处于弱势的中央政府，如果宏观调控意愿没有财力保障则调控能力必然被动。分税制改革通过与地方划分税种和税收分成以重构央地财力构架。在利益重新调整面前，为了推动分税制改革，特别是从获得地方支持角度来看，中央承诺在推进分税时，既保证发达地区既得利益，又将对欠发达地区推进资金倾斜。中央对地方的转移支付以及地区内部的转移支付对地区间财力均等化效应具有重要影响，合理的转移支付政策事关地方特别是民族地区财政能力建设。随着民族地区间经济发展不平衡，发展问题日益突出，可能影响对国家的认同甚至内部稳定，也需要在转移支付上进行必要的支持。

现代国家中央政府收入大于其支出、地方政府收入不足以支持其支出，在此财政收支不完全匹配的条件下，必须依靠中央转移支付弥补纵向财政不平衡。在实施转移支付过程中，难以避免上一级政府留存相关资金情况，但不能否定转移支付的合理性，特别是从中央和地方各自拥有的信息优势上来看，应该实施有效的转移支付制度。如果其他条件保持不变时，一个地区财政分权程度与收入划分向基层政府倾斜程度呈正相关，与

---

① 王绍光. 分权的底线［M］. 北京：中国计划出版社，1997：1. 由于当时中央政府财政收支存在困难，从1980年代末到1990年代初，中央财政出现过两次向广东等地方财政“借钱”的事情，通常称为有目的的“借而不还”行为。

它对转移支付依赖程度呈负相关。尽管地方政府在实施支出项目上具有比较优势，但是它们对于税基覆盖面超过一个区域范围的宽泛税种和那些税基流动性高的税种征税没有比较优势，反而表现出比较劣势。如果让地方政府征收类似税种，则可能出现大量避税漏税行为。流动税种可能出现避税“天堂”，这扭曲了社会资源配置。

1994 年分税制改革建立的财政体制确立了中央与地方关系，它是将收入中央集权、支出地方分权的改革组合。增值税、企业所得税和个人所得税相继成为由国税局征收的共享税，因为此类税收税基广且流动性强。中央与地方之间的分税制是改革的一部分，各省区政府及其管辖下的地市县政府的财政分权也是分税制改革的重要内容。在中央与地方的事权分配不做重大改变情况下，中央与地方之间实行收入集权于中央，而在省以下各级政府之间实行收入分权于基层政府，这是一个中央与地方双赢的最优制度安排①，但实际情况是省级政府可能截留转移支付资金或在与省以下政府财政分权中占有优势资金，或者上述两者同时发生，这都将导致县一级政府出现财力不均。

中国居民收入的基尼系数近年来处于警戒线之上，地区之间经济发展不平衡现象虽然有所缓解，但收入差距和社会公平问题凸显②，居民对发展的认同感和改革开放的获得感有待增强，对民族地区群众来说，可能涉及民族地区群众对国家的认同甚至区域内部社会稳定，中央政府需要严肃对待分税制改革的转移支付和区域财力均等化问题。以落实当初改革设计需要相应的财政能力为基础，在中央与省区的有效财政分权及省区内部的有效财政分权，同时需要有相应配套的从中央到地方、由地方再到基层政府的转移支付体系。世界银行驻中国代表曾指出，分析各个省区之间以及

---

① 张光. 财政分权省际差异、原因和影响初探［J］. 公共行政评论，2009，（1）：133 - 158 + 204 - 205.

② 中国高度重视居民收入分配公平性问题，近年收入分配状况有所改善，表示居民收入分配状况的基尼系数分别如下，2007 年 0.484、2008 年 0.491、2009 年 0.490、2010 年 0.481、2011 年 0.477、2012 年 0.474、2013 年 0.473、2014 年 0.469、2015 年 0.462、2016 年 0.465。

省区内部财力差距和收入差距的程度和原因是促进财力均等化的前提[①]。

转移支付不仅反映中央与地方财政收支与分享比例，而且反映各项财政转移支付的制度安排。在推进分税制改革进程中，需要大规模的转移支付进行配合，一方面通过税收返还等方式保证发达地区既得利益不受损，另一方面通过对民族地区等欠发达地区实施资金倾斜。各省份经济发展水平差异是决定它们县际财力分布差异的重要因素，各个省份转移支付的财力均等化作用大小有别；有的省份本级财政放大或缩小了省内县际财力不均等水平；财力县际分布在省份间的均等化程度不同，分析这些问题有助于改进和提升转移支付内容及结构安排，进一步完善民族地区转移支付制度。

（三）有助于从基层政府分析转移支付的财力均等化实现程度和财政收支稳定效应

1994 年的分税制改革主要是确定中央与省级政府之间的财力分配关系，中央政府制定并实施了中央和省级政府之间的分税制和转移支付制度，而省级政府以下政府间财政关系由各个省自行决定[②]。在中国转移支付体系中，中央对省的转移支付制度比县具有较明确的可预见性，它改变了此前中央和地方讨价还价现象[③]。现有文献对转移支付均等化效果的测算主要是针对省级政府间进行，基本认同转移支付不同程度地缩小省际间财力差异，但转移支付以后各省区财力不均衡仍然明显[④]。在全国范围内财力均等化难以比较，而省内各级政府间的公共服务财力指标测量具有可比性。现有文献对省内财力差异及转移支付均等化效应研究较少，而将县

---

① 黄佩华、迪帕克等．中国：国家发展与地方财政［M］．北京：中信出版社，2003：14. 黄佩华、迪帕克等指出，如果中央政府想得通过分配财力实现区域发展均等化，首先需要明白各个省份之间及各省份内部财力差距的程度和原因，以及它们之间收入不平等的程度和原因；这意味着解决省区之间和内部财力差距与收入分配不均应该是联系在一起的。

② 世界经济合作与发展组织．中国公共支出面临的挑战：通往更有效和公平之路［M］．北京：清华大学出版社，2006：69.

③ 李萍，许宏才．中国政府间财政关系图解［M］．北京：中国财政经济出版社，2006：37.

④ 黄佩华、迪帕克等．中国：国家发展与地方财政［M］．北京：中信出版社，2003：49.

一级财力逐级汇总到省一级，从而在很大程度上掩盖了县之间的财力差异。

中国现行转移支付体系中最不确定的是省区以下的转移支付框架和实际效果，已有研究多是立足于省一级转移支付和部分对省内市间的转移支付，而对县一级政府是为基层民众提供公共服务的最基本单位，由于转移支付数据可获利性、数量的繁杂性等被忽略，各省区经济、社会、政治环境差别较大；省区以下的转移支付财力分配框架并不统一，各省区体系的设计和运行效果不尽相同。黄佩华、迪帕克等指出，省级以下政府的省内不平衡至少与省级不平衡一样严重①。国际标准比较，中国地方政府之间在人均公共支出上存在较大差距并不断扩大。这种差异现象可能削弱对改革开放的支持力度，并且可能威胁社会凝聚力，从而导致非期望的人口流动②。世界经济合作与发展组织研究表明，“将衡量人均财政支出不均等性的泰尔系数分解可知，2002 年观察到的县级差异有 63% 来自于省内差异，其余 37% 来自于省际差异”③。纵观理论界和实践界，仅有少量文献研究省内财力差异以及转移支付对这些差异的缩小作用，民族地区内部的差异更加明显，也仅有为数不多的文献系统分析民族地区内部财力差异、形成原因，特别转移支付在其中的作用。

从地方财政运行总体情况来看，县级财政是地方财政运行情况最基层单位，县级财政成为财政运行能力最低的政府级次，处于财政收入的最初阶段和财政支出的最终阶段，直接向其辖区居民提供公共产品，最贴近于基层社会经济。中国县级基层政府数量多，县级政府是最稳定的政府部门，具有管理、服务、协调的基本功能，承担着向居民提供公共产品的责任和发展基层社会经济的重任。县级政府已经成为当今中国政治、经济、

① 黄佩华，迪帕克，等．中国：国家发展与地方财政［M］．北京：中信出版社，2003：49.

② 黄佩华，迪帕克，等．中国：国家发展与地方财政［M］．北京：中信出版社，2003：10.

③ 世界经济合作与发展组织．中国公共支出面临的挑战：通往更有效和公平之路［M］．北京：清华大学出版社，2006：62.

社会、行政运作和民生改革的重要载体，在中国政治稳定和经济繁荣以及社会管理等方面发挥无可替代的作用。所有收支矛盾、体制矛盾和经济运行问题都集中反映在县级财政运行过程中。随着县级财政收入和支出的迅速增长，县级财政收支矛盾可能愈显突出，特别是县级财政支出的自给能力却比较低，县级财政支出中大约一半来自上级政府的转移支付，转移支付已成为维持县级财政收支平稳的主要来源。

而作为政府组织体系基础的县级政府，也是离居民最近、最直接的政府层级，政府各项职能在县级政府基本有所体现，县级政府的重点职能是提供公共服务，从财政支出结构上来看，除了维持县级政府机关运行以外，县级政府还承担了主要的文教卫生等社会事业发展支出，一般来说，县级政府的基础教育支出占县级财政收入的四成以上。农村大量的公共产品。例如，农田水利建设、乡村道路建设、农村合作医疗和社会最低生活保障等，也主要通过县级财政组织落实。上述对于县级政府承担的公共服务与支出结构，在全国范围内基本相同。

第二节 研究综述

财政分权条件下的转移支付对地方财力均等化和财政收支稳定性具有重要影响，转移支付受到经济发展条件，特别是具体的财政管理制度等多种因素影响，为此本部分综述从影响转移支付分配的关键性因素，转移支付对地区内部的财政分权、地区财力均等化和财政收支稳定性产生影响等方面分别展开，最后进行简要的评述。

一、转移支付分配的关键性因素研究

随着中国分税制改革和转移支付制度的实施和完善，有较多文献对转移支付问题进行了研究，涉及转移支付决定因素、制度设计和激励效应等多方面。在推进分税制实施过程中，中央和地方政府不断完善分税制。著

名财政学者罗宾·鲍德威和沙安文（2011）指出，“虽然首先可能会令人想到通过选择更喜欢的转移支付级次和占据税收的程度，联邦政府（中央政府）在纵向财政差距上起到主导作用，但是可以想象，州政府（地方政府）仍然可以影响对其转移支付的数额。”① Raiser（1998）观察分析影响中国中央转移支付的因素指出，虽然所有贫困省份都从中央转移支付政策中得到不同的转移支付资助，但转移支付数量与各省份贫困程度不存在正相关关系，即最贫困的省份获得的人均转移支付数量不一定最大，那些以非汉族为主，从事矿产、能源生产的省份获得的转移支付人均数量最高，因而初步判断中国转移支付可能更多地由中央政治平衡因素驱动，而公平性因素考虑还在其后。Sorensen（2003）强调政治家偏好在转移支付对地方政府支出决策影响中可能产生重要影响，不同的政治价值取向所导致的中央对地方的转移支付数量和水平不同。由于存在地方政府游说，政治家可能采取并通过议会批准实施因地制宜的政策，因此导致对地方政府的拨款分配出现明显差异。地方政府收入持续存在差距，不能通过区域政策目标或平等主义目标来解释。分配给全国选区的议会和政治席位数量差异以及当地游说活动的差异，这些因素都影响了市县之间的转移支付等款项分配不同。Martinez－Vazquez 等（2007）指出中国作为单一制国家，省级政府作为可以直接通过不同方式与中央进行博弈的政府层级，在财力均等化中所承担的重要角色和地位使转移支付成为受到地方政府谈判及寻租活动干扰的重要原因，即如果利益主体行为对地方政府决策存在明显影响时，这种利益主体势力将影响地方政府对转移支付相应行为反应。

从中央对地方转移支付数量因素研究方面来看，有文献分析如何合理确定转移支付数量。孙开（1996）认为科学合理的因素法对各个地方财政收入能力和支出需求进行全面、客观的评估是选择转移支付方式和确定转移支付金额的前提。可以采取分步实施，合理确定转移支付量，关注支出

① 参见罗宾·鲍德威，沙安文. 政府间财政转移支付：理论与实践［M］. 北京：中国财政经济出版社，2011：2－3.

比重较大的项目中有关转移支付资金如何确定，特别是包括行政管理、基础设施、教育卫生等相关项目，力争实现支出需要评估客观准确，使各地区居民享受到水平相当或相近的公共服务。马骏（1997）针对在中央和地方财政关系中各级政府间事权还没有明确界定、各级政府间的财政转移支付还保有旧体制特征，提出均等化转移支付目标是使各省在相似的税收努力水平下提供的公共服务能力均等，建议使用公式化的方式对转移支付进行分配，并建立示范性的模型说明按公式化进行转移支付的优势和必要性及可操作性。严剑峰（2003）提出为了缩小地区间的经济社会发展差距，实现各个地区间财政均等化，运用主成分分析方法对中国区域经济社会发展和公共服务水平进行综合评价，提出建立横向均等化财政转移支付的分配公式，各省综合评价得分只与各省发展状况有关，并不考虑形成各省社会经济发展差异在自然环境、财政经济、成本等方面因素，提出分配横向均等化财政转移支付的解决思路。

钟正生和宋旺（2008）考察自分税制改革以来，中央对地方总量转移支付影响因素及在均等化方面的有效性提出，对外开放水平、工业化水平、医疗卫生服务水平、民族因素和预算外、非预算资金的规模都影响中央政府对地方政府总量转移支付的数量，从全国范围来看，总量转移支付并未起到促进地区经济收敛的作用；总量转移支付均等化效应缺失原因在于那些拥有特定的关键资源，因而拥有更强谈判力的地方政府能向中央政府施压，谋取过多的总量转移支付。谷成（2009）认为作为分权化财政体制的组成部分，政府间转移支付在不同制度环境下产生的效果存在差异。中国自上而下的财政分权强调发挥中央政府的宏观调控作用和保证中央政府取得足够财政资源，转移支付在很大程度上被用于弥补地方财政缺口并成为中央政府实现纵向控制的重要手段。改进中国转移支付体系的策略应当是进一步完善以公式为基础的分配标准，在政治可行的情况下促进均等化。理想的政府间转移支付形式应当在数量上具有可预见性，且不会因受益人的行为而发生改变。李永友和沈玉平（2009）通过省级面板数据分析大规模转移支付对地方财政收支决策产生的影响表明，地方财政收支决策对专项转移支付和非特定用途转移支付的反应存在显著差异，支出决策对前者反应强于后者，而收入决策对前者的反应却弱于后者；地方财政收支决策对转移支付的反应显著受到地区间竞争程度和地区开放程度的影响，地区间竞争程度增加了地方财政收支决策对转移支付变化的反应程度，而地区开放程度却在一定程度上减缓了上述反应。

郭庆旺和贾俊雪（2010）通过构建最优地方政府支出规模理论模型，探寻财政分权和政府组织结构对地方政府支出规模影响机理表明，纵向政府级次减少和辖区政府数量增加对县级地方政府支出规模均具有显著的负效应，“撤乡并镇”改革对县级地方政府支出规模具有显著负效应。财政支出分权对县级地方政府支出规模具有显著的正效应，财政收入分权则具有显著的负效应。财政收支分权对县级地方政府支出规模的非对称性影响，自2002年所得税分享改革以来以及在东部地区均相对较弱。财政分权特别是财政收入分权对县级地方政府支出规模的影响在一定程度上取决于政府组织结构特点。郭庆旺等（2010）指出中央转移支付未能有效促进中国地方公共服务发展和均等化，没有很好顾及地方公共服务需求和区域财力状况，未能充分重视各区域一般性财力差距；就政治因素而言，少数民族人口比重对中央财政转移支付具有正向影响但不具有统计显著性，中央政府出于维护民族团结、确保领土完整的政治考虑，对少数民族地区给予了一定资金支持，但力度仍有提升空间。中央对地方政府的政治考虑是中央转移支付的重要影响因素。

相关文献提出转移支付受到经济因素和政治社会因素共同影响。张晏和龚六堂（2005）根据中国1986—2002年财政分权与经济增长实证检验发现，中国财政分权效应存在显著的跨时差异和地区差异，分税制改革后，各级政府之间政策协调能力的加强是发挥财政分权积极作用的重要原因之一。体制变革的因素、转移支付的设计和政府财政支出的构成影响了财政分权与经济增长之间关系。袁飞等（2008）研究了财政供养人口与转移支付的关系，提出财政集权过程中转移支付增加对地方财政供养人口的影响，即转移支付增加与财政供养人口规模膨胀关系，在中国目前政府管理体制下，上级政府面临无论增加哪种转移支付都可能带来问题的两难处境，在控制政府冗员增长的同时，促进公共服务有效供给，中国需要建立财政上更加分权和行政管理上更有基层参与的政府管理体制。马骁等（2013）采用转移支付前后的基尼系数构造效果系数对2003—2011年中央转移支付对区域财政收入差异调节效果进行探讨认为，转移支付起到了缩小区域财政收入差异作用，这种效果呈现出增强趋势。通过运用秩和检验对转移支付的区域分配结构进行评价认为，人均本级财政收入与人均转移支付分布无差异，东、中、西部都存在人均本级财政收入多而转移支付反而多，财政收入少而转移支付反而少的省份。通过采用转移份额法对影响转移支付区域分配因素进行分析认为，东部财政努力度没有带来人均转移支付的增加，而中西部财政努力度越高，人均转移支付越多。

郑浩生等（2014）认为县级政府承担了中国绝大部分基本公共服务的供给责任，县级也是政府间转移支付的最终落脚点。通过对1994—2009年中国县级社会经济数据建立计量经济模型对转移支付制度的影响因素进行实证检验发现，自分税制改革以来那些财政自给能力弱、财政努力程度低的县级地区获得了更多的财政转移支付，促进财政均等化是中央向地方财政转移支付的基本目标；2002—2009年，那些教育供给水平低的县级地区获得了更多的财政转移支付，表明相比于分税制初期，近年来中央政府开始关注基本公共服务均等化因素。县级经济发展水平、政府人员规模与财政转移支付正相关，经济效率和维持地方政府的正常运转是中央政府在转移支付分配过程中考虑的因素。转移支付制度顶层设计很重要，需要强化转移支付的积极效应，同时降低其可能带来的负面影响。董艳梅（2016）分析认为影响中央财政转移支付规模的因素包括非制度性因素和制度因素，各地自然条件、经济发展水平、公共服务支出需求成为影响中央转移支付数量的关键因素，分税制包含改变中央财权弱化格局的导向和制度安排，其制度的不完善性正向影响中央转移支付数量；地方政府是否为边疆省份、少数民族多寡和区域安全性等政治考量，从而影响中央转移支付。

经济效率和维持地方政府运转也是影响转移支付的重要因素。詹晶（2011）为解释转移支付在各个地区分配的关键性因素，围绕转移支付主要目的应该实现地方财力均等化目标，通过对 1994 年至 2006 年中央对各省财政转移支付的面板数据研究提出，中国财政转移支付分配虽然在一定程度上遵从均等化原则并反映地方政府的议价能力，但更大程度上还是追求经济效益。汪冲（2015）研究发现中国转移支付分配总体表现为基数加上与地方财政收支挂钩的边际性增长渐进预算模式，地方政府针对转移支付的策略行为和机会主义做法影响转移支付分配，虽然目前中国转移支付分配考虑了均等化效应，但与规范的因素法均等化模式尚有较大差距，需要加快推进规范化的因素法均等化的转移支付机制，重视针对转移支付预算软约束问题的机制设计。杨旭和李竣（2015）利用多项 Logit 模型对影响农村转移支付资金分配与获取的因素进行实证分析认为，影响转移支付的因素与转移支付类别与金额有关，地方政府采取了不同的分配与获取策略：数额较小的转移支付主要考虑公平因素，兼顾了各方利益；而大额转移支付更多流向了经济社会条件较好地方。村级层面数据印证了转移支付结构性失衡的特征，说明“项目制”治理结构的普遍性。自然灾害频发与少数民族因素并没有引起转移支付增加，反而产生负向影响，农村转移支付呈现结构性失衡状态。

有部分文献研究了转移支付分配中的政治社会因素，王绍光（2002）分析了转移支付分配背后隐藏的政治平衡因素，从公正性、政治考虑、地区要价能力三个大的方面以及人均 GDP、少数民族人口占比、政治局席位等十个小方面研究了转移支付的决定性因素，实证研究结果显示，地区平等之外的其他因素左右了中国的转移支付分配，在可控制范围之内，国家统一是其中决定性的因素；而传统的公正性因素在中央与地方之间的财政转移支付决定过程中缺乏实质性影响，地方政府的博弈要价空间有限，政治考虑成为中央转移支付的最重要因素。王绍光（2004）进一步指出政治因素在决定转移支付的分配中比经济因素更加重要①，中国确实存在出于政治稳定性和民族团结考虑，中央对少数民族地区给予更多转移支付等经济照顾；比较各省人均财政收入和财政支出数量发现，发达省份人均财政收入比欠发达省份人均财政收入高，但人均财政支出的差别却没有明显区别，这说明中央对贫困省转移支付的力度比对富省要大得多。

宋小宁和苑德宇（2008）认为传统财政分权理论关于政府间转移支付中没有充分重视政治的因素，中国处于改革和利益调整过程中，中央转移支付经常出于政治平衡考虑。通过省际面板数据分析转型期中央对地方转移支付的决定因素认为，在控制了影响转移支付其他因素后发现，中国转移支付主要出于中央维护国家稳定、减少改革阻力的政治平衡考虑，成为中央进行转移支付的决定性因素，公共服务均等因素在所考察时间及区间并不显著。范子英（2013）根据中国对转移支付起到决定性作用的省部级官员是中央委员的决策执行实际，中央委员会对一些重要决议进行表决，因而中央委员的支持对地方获得转移支付具有重要影响，大部分的中央委员更加倾向于将专项转移支付的项目分配给与其关系密切的省份。作者通过分析十四、十五和十六届在西部地区工作过的中央委员及相应的转移支付数据，中央委员在西部省份工作分布相差巨大，最多的是甘肃，而最少的是青海，甘肃历年所获得专项转移支付都多于青海，而其获得财力性转移支付和税收返还与政治资源无关，可以初步判断曾在某省有过工作经历的中央委员越多，该省所获得专项转移支付越多。

陈志广（2014）根据均衡性转移支付在形式上由一系列客观因素和一定公式进行配置，通过引入政治影响力变量，检验其对均衡性转移支付效

---

① 该观点在国外有较为成熟的研究成果。例如，美国联邦政府对那些与总统再次当选有关的州的转移支付更多，而这往往会使得经济因素和政治因素的作用是冲突的，那些政治上重要的州往往收入较高，因而导致收入越高，转移支付也越多，具体分析参见：Wallis，J. J.，1996，“What Determines the Allocation of National Government Grants to the States?” NBER Working Papers Series on Historical Factors in Long Run Growth.

应发现，由于中国采取以财政供养人口为主的资金配置方式受地区政治力量的影响，均衡性转移支付将流向财力较强的省份。政治影响力、行政权力等指标越高的地区均衡性转移支付也越高，未来完善均衡性转移支付体系、优化资金配置需要对此进行改革和完善。范子英和李欣（2014）认为分税制导致财政集权使国家部委掌握了大量资源，地方与部委的政治关联强度显著影响其获得的转移支付额度。文献通过部长更换自然实验和倍差法研究部长政治关联影响发现，新任部长的政治关联效应使其来源地的地级市获得专项转移支付增加，并随着时间推移呈现非线性趋势；增加政治关联和减少政治关联的效应是非对称的，部长卸任并没有伴随专项转移支付的显著减少。田超（2016）认为中央在向地方转移支付过程中，政治集权导致地方政府为做出政绩而开展“晋升锦标赛”，转移支付、税收优惠成为省级和地级政府促进地区发展最主要的财政手段。转移支付能够扩大外围城市预算，保障地方政府提供更完善的公共产品服务，缩小与首位城市之间的发展差距，但是转移支付的缺陷是导致实施效果并不理想，而税收优惠能够赋予首位城市更大的吸引力和辐射力。政府转移支付政策对于抑制首位城市规模增加，平衡区域发展缺乏效力；对于中央政府财政依赖度越高的省区，其首位城市规模越大；省级政府对于外围城市偏向性的转移支付政策无法有效阻止首位城市的扩张。

有文献认为，针对地区间财力平衡因素是转移支付分配的决定性因素之一，Tsui（2005）利用中国县级层面数据和 Shorrocks 分解方法发现，在转移支付项目中原体制补助有利于缓解财力差距，在 2000 年时有超过 21% 的财力差距由税收返还造成；过渡时期转移支付目标是财力均等化而结果拉大了财力差距，有 3% 的财力差距由过渡时期转移支付造成，使得财力差距扩大。在所有转移支付分类中，专项补助和税收返还的非均等性最强，因为这两项非立足于缩小财力差异。Shih 和 Zhang（2007）认为即使是立足于解决财力差距的因素法转移支付也出现非均等化结果，这些转移支付往往按财政供养人口进行分配，并不一定缩小人均意义上的财力差距。决定财力性转移支付分配既有经济因素，又有政治因素。依据经济因素的转移支付有助于缓解财力差距，但在实际的转移支付分配公式中，即使是立足于缩小地区财力差距的转移支付也是以地方财力缺口为标准，而不是与经济发展水平直接挂钩，这诱使地方政府特别是县级政府通过扩大人员规模方式增加标准财政支出，使财力缺口增加，以诱导中央向地方转移更多财力资源，而中央政府出于执行力和政治稳定的考虑，也不得不增加转移支付以弥补地方的缺口。尹恒等（2007）运用中国 2000 多个县级地区 1993—2003 年的财政数据，对转移支付的财力均等化效应分析认为，中国县级政府财力差距悬殊且财力不均等存在上升趋势；大部分财力不均等是由组内差异解释的，地区间差距对不均等的贡献相对较小；上级财政转移支付不但没有起到均等县级财力的作用，反而拉大了财力差异，特别是在分税制改革后，转移支付造成了近一半的县级财力差异。专项补助和税收返还的非均等性最强；明确定位在缩小财力差异的各项因素法转移支付并没有达到预定效果，从财政供养人口平均财力的不均等角度来看，它们具有一定均等化效应，而从总人口平均角度分析它们是非均等的。

陈秀山和张启春（2004）认为政府转移支付的目标体系是由包括实现财政纵向和横向均衡、矫正外溢性和政治稳定在内的多个层次构成的，追求区域间财政能力或公共服务水平均等化。中国现行转移支付从设计到实施，在矫正区域间横向均衡方面缺乏成效，没能有效地控制区域间财政能力差距扩大，需要调整和创新转移支付制度，以发挥其区域均衡效应。范柏乃和张鸣（2011）利用面板数据模型研究中国省级行政区域获取中央财政转移支付影响因素表明，目前财政转移支付资金分配不利于推进基本公共服务均等化。转移支付资金分配在一定程度上考虑到了各省区经济发展水平和预算内财政收入，但忽视了各地预算外及非预算的财政收入。影响转移支付分配的重要因素是中央政府对国家统一的政治考虑，进一步验证了王绍光的论断，发现维护国家稳定和统一，中央政府对国家完整性的政治考虑是影响财政转移支付资金分配的决定性因素，而平衡性的因素对转移支付分配的影响能力有限。贾晓俊和岳希明（2012）根据一般公式资金分配原则，均衡性转移支付是中国按照一般公式分配资金，实证分析结果表明，就获得转移支付资金多寡的角度而言，人均转移支付资金获得量与财力水平之间存在明显的正相关关系，即财力越强的省份人均转移支付量越多。上述资金分配结果主要源于以财政供养人口为主的资金分配方式。财力较强的省份总人口中财政供养人口比重较高，以财政供养人口为主的资金分配方式最终导致资金向财力较强的省份倾斜。在资金分配过程中对少数民族省份的优势也是资金向财力较强省份发生倾斜的另一重要原因。楼继伟（2013）认为一般性转移支付目的是推动区域间公共服务均等化，专项转移支付主要解决外部效应问题，由于政府间事权和支出责任划分模糊，转移支付体系零乱，导致一般性转移支付专项化，专项转移支付一般化；现行转移支付制度体系是渐进改革的产物，转移支付项目设立与中央出台的相关政策衔接，从而出现转移支付种类繁多、结构复杂、目标多元的转移支付体系，这种转移支付体系结构不尽合理。

二、转移支付的主要效应研究

（一）转移支付对地方财政分权的影响研究

财政分权的思想源于古典财政联邦主义理论，它强调居民对公共产品偏好的差异以及中央政府对地方居民偏好认知的不足，认为除了多个地区共同受益的公共产品外，其他公共产品最好由当地地方政府提供，相应的财权尽量下放给地方政府。传统财政分权理论对财政分权合理性、必要性给出解释和说明，核心是如果将资源配置的权力更多地向地方政府倾斜，则通过地方政府之间进行竞争能够使地方政府更好地反映纳税人偏好，从而加强对政府行为预算的约束。蒂伯特（Tiebout，1956）从竞争角度分析各级政府间分权认为，如果人们可以自由迁移，那么理性的人会选择使自己付出税收最少和获得公共服务最多的地方居住，即采取“用脚投票”行为。马斯格雷夫（Musgrave，1958）从考察财政三大职能出发分析中央和地方政府存在的合理性和必要性认为，宏观经济稳定与收入再分配职能应由中央负责，因为地方政府对宏观经济稳定实施控制缺乏充足的财力，另外，经济主体的流动性严重束缚了地方政府进行收入再分配的尝试；而资源配置政策则应根据各地居民的偏好不同而有所差别，在这方面地方政府比中央政府更适合，更有利于经济效率的提高和社会福利水平的改进。他还指出在公共产品供给效率和分配的公正性实现方面，中央政府和地方政府间分权是可行的，这种分权可以通过税种在各级政府间的分配固定下来，从而赋予地方政府相对独立的权力。奥茨（Oates，1999）的分权定理认为，分散化提供公共产品具有比较优势，它对某种公共产品来说，如果对其消费涉及全部地域的所有人口，关于该公产共品的单位供给成本对中央政府和地方政府都相同，则让地方政府将一个帕累托有效的产出量提供给他们各自的选民，则比中央政府向全体选民提供的任何特定的且一致的产出量更加有效。与中央政府相比，地方政府更接近公众，更了解其所管辖区选民的需求。如果下级政府能够和上级政府提供同样的公共产品，由下级政府的提供则效率会更高。综上所述，传统分权理论侧重研究财政分权与经济效率之间的关系，并未深入研究包括转移支付在内的政策因素在财政分权中的作用。

新一代财政分权理论在分权框架上引入激励相容与机制设计学说，在财政分权问题上更关注如何设计机制实现对公共政策制定者的激励。以钱颖一和温加斯特（Qian 和 Weingast，1997）、钱颖一等（Qian 等，1997）等经典论文为代表，钱颖一等（1997）借助新厂商理论打开传上认为的政府“黑箱”，构建了第二代财政分权理论。新的第二代财政分权理论认为，传统分权理论只从地方政府信息优势说明分权的好处，没有说明分权机制，特别是对政府官员忠于职守的假设与事实差距较大。事实上是政府和政府官员都有自己的物质利益追求，与微观企业和厂商行为类似，政府官员缺乏约束则可能出现寻租行为，故一个有效的政府结构应该实现官员和地方居民福利之间的激励相容。政府通过某种承诺和激励，防止政府掠夺性行为，并惩罚预算软约束。

随着理论的完善和财政分权实务推进，财政分权受到了国内外学术界越来越多的关注。学界开始转向各级政府间财政分权现状、经济效应以及其影响因素的分析。在理论讨论的基础上，利用数据实证检验财政分权对经济增长的影响，实证结果可以分为财政分权对经济增长具有正效应、负效应或者无效应、正负交互效应。大多学者测量和检验了财政分权的效应之后认为财政分权对经济增长具有正向的促进作用（沈坤荣，1997；林毅夫，刘志强，2000；沈坤荣，付文林，2005；肖文，周明海，2008）；部分学者认为财政分权应该存在最优状态，过度分权或者分权不足都不利于经济增长，通过实证分析发现，目前中国存在财政过度分权的问题，而这对经济发展有负面影响（殷德生，2004；宋玉华，等，2008；范子英，张军，2010）；有部分学者认为财政分权对经济增长的影响是复杂的，随着研究时间和研究地域的改变，财政分权对经济的影响可能是正向的，也可能是负向的，但并非一以贯之（傅勇，张晏，2007；王文剑，覃成林，2008；周业安，章泉，2008；王韬，沈伟，2009；范子英，张军，2009）。褚敏和靳涛（2013）以分税制改革后现实数据为基础分析了中央转移支付对地区间增长公平和效率的影响研究表明，中央转移支付效果总体上与其目标相悖，中央财政集权的二次分配与分权理论是冲突的。

学者在研究中对财政分权所选用的测量方式存在差异。转移支付均等化效应测量上主要包括标准差系数基尼系数、泰尔系数、库兹涅茨比率、熵指数等指标的广泛使用，有研究者根据不同收入来源对总收入进行 shorrocks 分解或基尼系数分解，分析不同类型转移支付对地区间财力差异贡献。部分学者注意到如何合理测量分权（张光，2011；徐永胜，乔宝云，2012）。部分学者认为财政分权对经济增长影响的不同结论受到不同研究特征影响，对财政分权的不同定义和测量导致了实证结论出现差异（龚锋，雷欣，2010；谢贞发，张玮，2015）。Tusi（2005）通过分析通熵指数等多种差异化指标，采用中国 1994—2000 年县级政府财政数据，考察主要转移支付对中国县级政府的不同影响和不均等的发展趋势，认为除原体制补助外，各类财政转移支付都不具备财力均等化效应。张光（2011）通过对分税制改革后的省级政府以下政府间财政关系的差异、原因和影响研究发现，省级政府以下财政分权与省内财政收入划分向县级政府倾斜并呈正相关，与地方政府对转移支付依赖度呈负相关。财政分权对地方政府的教育投入、财政供养人员下沉基层、农民收入、城乡差别和经济发展产生了积极影响。

部分学者探讨了影响财政分权程度的因素，研究涉及转移支付对财政分权的影响。何庆光（2009）针对中国财政分权问题提出转移支付、地方税收入和财政分权之间的相关性及影响程度分析认为，通过对 1985—2006 年省级面板数据对转移支付、地方税收入和财政分权之间的关系进行实证检验提出，除部分省份外，中国转移支付和地方税收入与财政分权之间呈正相关关系，且从影响程度上来看，地方税收入对财政分权的影响程度大于转移支付对财政分权的影响。陈硕和高琳（2012）认为考察财政分权程度的描述及作用机制有助于理解中央地方关系变动的逻辑，科学合理度量和使用分权指标是这些工作的基础和前提。除了考虑必要的地方政府财权和事权不对称问题以外，未来需要增加转移支付或增加中央政府的事权比重，提高地方财政自主度，进行大规模的转移支付转向给予与地方政府支出相匹配的自有收入。侯石安和靳友雯（2013）认为财政分权对经济增长的促进表明，中央财政转移支付作为财政分权的产物在实现财政纵向均衡的同时加剧了地区间横向的财力失衡。根据中国 1995—2010 年的省级面板数据考察财政分权水平与地方转移支付依存度间的关系提出，财政分权与地方财政转移支付依存度呈正相关，财政支出分权较之财政收入分权的影响更为明显。财政支出分权对中西部地区经济发展转移支付依存度的影响最大。

黄佩华和迪帕克（2003）通过对甘肃和河北的实地调研指出，分税制改革的重点不应该只加强中央财政集权，而应该是合理配置各级政府的支出责任与事权，更加公平有效的是财政资源在各级政府间的分配。吴木銮和王闻（2011）认为各省之间财政分权差异巨大，得到越多的中央转移支付，财政分权程度越低，省级政府有扮演"攫取之手"角色而截留转移支付的可能，建议建立更加透明高效的转移支付体系，进一步规范财政分权。宁家耀和吴自强（2012）认为省份过高的转移支付依存度降低了省内分权，从而导致省级政府过度集权。中国财政分权改革中省以下分权由地方政府参照中央与省级政府的制度自行安排和调整，通过中国县级数据实证结果表明，地方政府"双重援助依赖"引起省以下政府过度集权。与县级政府相比，省级政府权力和资源更容易被地方政府占用，产生横财效应和贪婪效应，县级政府在省直管县体系下剩下的权力空间更小，资本等生产要素在省内的流动性比省际间容易，建立省以下分权制度是缓解不合理财政分权的有效途径。王华春等（2016）将转移支付细化到了一般性转移支付和专项转移支付，在此基础上分别分析了省本级、地市本级和县级财政权力的影响因素，发现一般性转移支付和专项转移支付有利于省本级和地市本级的财政权力扩大，而对县级财政权力有负面影响；经济发展水平是影响财政分权的重要因素，转移支付依存度、行政费用占比和财政收入占比都影响财政分权状况；各省份随着经济的发展财政分权形式呈现出有规律的变化趋势。

（二）转移支付对基层财力均等化影响研究

由于区域经济发展不平衡，民族地区特别是欠发达地区财力失衡问题突出，不仅区域之间财力为核心的公共服务不均，而且区域内部不均等表现也很突出。学术界对转移支付的均等化效应研究主要体现在转移支付对地区财力均等化与公共服务均等化两个方面。其中对转移支付促进地方政府财力均等化问题上存有争议。相关研究表明，通过转移支付进行政府间财力分配可以有效缓解政府间的财政失衡，转移支付对地方财力均等化、对地方经济、对地方政府行为和对地方政府财力均等化等都具有不同影响（王雍君，2006；伏润民，等，2012；胡祖铨，等，2013；钟辉勇，陆铭，

2015；刘明，2016；付文林，赵永辉，2016）。一些学者认同转移支付财力均等化效应，转移支付对省级财力具有一定均等化作用，促进了地区间财力均等化，人均财政支出不均等程度要比人均财政收入不均等程度小（王绍光，2002；付文林，沈坤荣，2012；张光，2013）。

伏润民等（2012）以云南省转移支付为分析对象认为，应该以标准收支差为依据确定均衡性转移支付资金补助对象；每个县（市）级政府根据标准公式进行测算，以实现均衡性转移支付资金分配制度公平、公正和透明；削弱上级政府在均衡性转移支付资金分配中的自由裁量权，降低上下级政府的博弈成本。未来完善该制度需要从支出责任划分、绩效考核等方面着手。县（市）级政府是中国提供基本公共服务的主体，如果缺乏规范、科学和公正的省对县（市）均衡性转移支付制度，以均等化为目标的均衡性转移支付就难以实现其政策意图。戴平生和陈壮（2015）通过结构分解方法分析2001—2012年中国省域转移支付均等化地方财力效应认为，中央政府转移支付对地方财力均等化产生了积极效果且均等化效应不断增强；转移支付均等化水平效应与垂直效应都产生了积极效果且水平均等化效应逐年增强，中央政府通过财政干预、缩小地方财力差距实现了区域均衡发展目标，将转移支付更多地向经济欠发达地区倾斜，从而有利于地方财力均等化。

贾雪俊和岳希明（2015）通过基尼系数分解的方法考察中国转移支付的地区间财力均等化效应显示，一般性转移支付和专项转移支付在资金分配上均向财力较弱的地区进行了倾斜，具有财力均等化效应，在强度上，一般较专项强。在构成一般性转移支付的诸多子项目中，农村税费改革转移支付向财力较弱地区的倾斜程度最强，教育转移支付次之，紧随其后的分别是基本财力保障机制奖励补助以及调整工资转移支付。由于均衡性转移支付规模较大，财力均等化效应最强。马海涛和任强（2015）认为中央对地方转移支付种类繁多且占中央支出比重较大，一般性转移支付具有均等化效果，但需要清理合并；专项转移支付亟待提高管理效率。今后应该降低中央对地方财政转移支付的比重；相对提高一般性转移支付在转移支付总额的比重；建立分类转移支付体系；提高专项转移支付的效率。

有学者认为虽然转移支付在缩小地区间财力差距方面起到一定作用，即转移支付具有均等化作用，但成效有限即转移支付后地区间财力差异仍然较大（孙开，李万慧，2008；胡德仁，刘亮，2008）。还有学者认为转移支付并没有起到财力均等化作用，在考虑公平时产生效率损失，平衡性转移支付没有促进地方经济发展，反而损害经济增长（马拴友，于红霞，2003；王雍君，2006；解垩，2007；范子英，张军，2009）。黄佩华和迪帕克（2003）通过建立转移支付与地区经济发展水平的回归方程分析，指出现行转移支付制度存在与均等化目标相悖的地方，转移支付与地区财政收入和人均 GDP 存在高度的正相关关系，有悖于公共服务均等化的目标。范子英（2011）认为中国地区差距体现在地方政府提供的公共服务上，转移支付部分激励了地方政府提高公共产品的水平，但是没有证据显示地区之间的财力差距因此缩小，转移支付诱导地方政府扩大自身人员规模，降低了地方的财税努力。改革既要涉及转移支付体制本身，涉及政府间关系的调整和劳动力市场的建设，又要优先通过市场机制而不是行政干预的方式促成区域平衡发展，以最大限度降低增长的代价。李俊清和谢星全（2017）通过边疆 9 省（区）2000—2015 年面板数据分析中央一般转移支付对公共服务供给规模的政策效果表明，一般转移支付能显著促进公共服务供给，地方财政收支缺口和地区发展和民生水平有效削弱中央一般转移支付促进边疆公共服务供给的政策效果；边疆人口密度与特殊的省（区）情使中央一般转移支付对边疆公共服务供给的影响不再显著。边疆安全与稳定，转方式与跨越式发展，资源开发与环境保护，保护民族文化多样性作为边疆过去或今后的主要省（区）情，显著影响边疆公共服务供给水平。

刘勇政（2008）认为转移支付在缩小区域间财力差距方面起到一定作用，由于税收返还过于兼顾地方政府既得利益，财力性转移支付，特别是一般性转移支付比重偏低，其决定了在缩小财政能力差距方面作用有限。另外，由于地方政府在支出安排次序上的不合理性和地方政府的“渗漏”行为使转移支付的公共服务提供水平均等化效应难以实现。胡德仁和刘亮（2008）认为财政转移支付是实现基本公共服务均等化的供给保证，实践中很多其他因素可能在转移支付分配过程中起作用。通过采用多元线性回归方法对各地区财政数据建模分析认为，中国财政转移支付政策导向是更倾向于民族地区，坚持效率优先兼顾公平。即使转移支付具有均等化作用，但转移支付后地区间财力差距仍然较大。尹恒和朱虹（2009）认为转移支付在均等现实财政责任的意义上具有一定作用，因素法转移支付、专项转移支付、结算补助等项目在一定程度上向财力缺口较大地区倾斜。以普遍接受的公共财政和财政公平观念为标准，转移支付均等化相对不足。自 2003 年以后转移支付开始表现出关心公共服务均等化的倾向。

一般性转移支付和专项转移支付在均等化效应方面存在争议，有观点认为一般性转移支付和其他一些因素法的财力性转移支付。例如，增加工资转移支付、农村税费改革转移支付、民族地区转移支付都具有较好的均等化效应，只是一般性转移支付的规模较为有限（刘亮，2003；世界经济合作与发展组织，2006；刘勇政，2008）。世界经济合作与发展组织（2006）提出专项转移支付具有较高的均等化效应，在所有转移支付类型中，专项拨款对于缩小地区间财政收入差异的效果最好。文献梳理普遍认为税收返还基本不能带来均等化效应，有学者认为有些年份反而扩大了地区间的财力差距（刘亮，2003；刘勇政，2008）；体制性补助和上解支出具有正的均等化效应，但作用在逐年减弱（曾军平，2000；刘溶沧，焦国华，2002；刘勇政，2008）。江新昶（2007）通过描绘转移支付与人均 GDP 之间的散点图得出认为，转移支付与人均 GDP 两者之间存在正相关关系，即越是富裕的地区得到的转移支付量越多。转移支付对经济增长的推动效应有助于接受转移支付地区的经济发展，转移支付在地区间的分布呈现出“马太效应”。田发（2010）认为财政转移支付横向财力均等化效应影响各地区财政能力均等化水平，进而影响地区公共服务均等化实现程度。从总体效应上来看，转移支付起到一定的横向财力均等化效果，但各地区财力差异仍然很大；从分项转移支付效果来看，一般性转移支付的财力均等化效应最强，专项转移支付次之，税收返还效果最差。可以通过调节转移支付的地区分配结构和建立均等化转移支付体系来提升转移支付的横向财力均等化水平，促进各地区公共服务均等化。

付文林（2010）通过在地方政府内生化财政选择背景下，考察了均等化转移支付制度对地方财政行为的激励效应发现，转移支付总体上对提高落后地区人均财力有积极作用，但在一定程度上降低了地方征税积极性，转移支付规模扩大可能助长地方财政支出更加偏向于行政性支出。中国目前地区财力的巨大差异，客观上要求稳步提高均等化财政转移支付规模，但现行财政预算体制对地方政府的财政行为约束相对有限。实现政府间财政分配体制可持续发展，需要完善对地方征税行为和地方公共产品供给结构优化的激励机制。

成艾华（2010）认为财政转移支付在均衡民族地区地方财力方面发挥了较好作用，民族地区与全国及非民族地区基本公共服务支出差距已经较小。但考虑到民族地区当前基本公共服务水平存量低、成本高，民族地区基本公共服务支出的需求缺口仍较大。对地方政府基本公共服务支出供给影响因素回归分析认为，等量财政转移支付对提升民族地区基本公共服务支出效应更为明显，需要进一步增大对民族地区的财政转移支付力度，充分发挥其基本公共服务均等化效能。陈旭佳（2014）利用时间序列泰尔指数发现，转移支付制度在财政收入均等化方面效果较为明显，但在均衡地方政府财政支出方面未能取得预期效果，由于现有转移支付制度设计倾向于政府财政收入均衡作用，缺乏对公共产品支出需求和成本约束考虑。中国均等化转移支付设计需要考虑地方政府公共物品支出需求和财政收入能力在内的双重标准，这应作为未来公共财政框架下完善转移支付均等化的重点。

一般性转移支付和税收返还对区域财力均等化起不同效果，吴强和李楠（2016）通过实证研究表明，一般性转移支付的财力均等化效果明显，专项转移支付扩大了区际财力差距，部分地抵消一般性转移支付效果；税收返还成为区域间财力差距扩大的主要原因。由于转移支付中一般性转移支付有1/3难以支出到基本公共服务领域，它弱化了应有的均等化效果；欠发达地区往往由于没有必要的配套资金而失去专项补助，故专项转移支付难以发挥均等化作用。赵永辉和付文林（2017）认为转移支付在一定程度上缓解地区间财力失衡并提升地方性公共产品供给，但相比发达地区，欠发达地区因受限经济发展压力和自有财力欠缺，地方政府对追加公共服务投入能力和激励均不足，需要完善转移支付针对性帮扶是中央引导欠发达地区实现跨越式发展的政策取向，优化地方财政支出。

郭庆旺和贾俊雪（2008）研究表明，中央转移支付有助于省份公共医疗卫生服务的均等化，但抑制了其发展；促进了公共交通基础设施服务的发展却加剧了省份间差异；在公共基础教育服务方面，转移支付不具有显著影响，中央政府在转移支付资金分配时，对不同地方公共服务公平与效率的关注不同，进而对地方公共服务发展产生的财政激励不同。为促进中央财政转移支付既能实现地方公共服务的均等化又能促进其发展，需要完善转移支付模式，优化转移支付结构。马海涛和任致伟（2017）认为转移支付之后人均一般预算支出不均等程度小于人均GDP及人均一般预算收入不均等程度。人均一般预算收入差异程度大于人均GDP差异程度，现行财政收入机制在经济发展不平衡基础上放大了县域间的财政收入不平衡。县域间财力不平衡主要来自于省内，调节县域财力不均等需要中央政府调节省与省之间的不平衡，而保障县级政府基本财力实现基本公共服务在县域之间均等化主要责任的是省级政府。

中国政府权力层级为五级，相应的财政层级也为五级，研究最基层的县级层面的转移支付制度具有重要的意义。徐涛（2013）认为随着“省直管县”“乡财县管”的大力推进，县级政府在财政职能上发挥越来越重要的作用。县级政府是中国地方经济最基层组成部分，实现基本公共服务均等要求主要体现在县一级政府，要求各县级政府拥有相对均等的财力，提高县级政府财力保障和财力均等化水平。从地方财政角度来看，县级财政是地方财政运行状况的反映，县级财政是具有财政运行能力的最低政府层级，处于财政收入的初始阶段和财政支出的最终阶段，直接向辖区居民提供公共产品。卢洪友和陈思霞（2012）认为基本公共服务均等化要求财政转移支付应有效保障贫困地区提供大致均等化公共服务财政能力，通过运用边际受益归宿分析技术实证评估2003—2007年中国县级财政转移支付资金的边际受益分配状况认为，贫困县市从增加的一般转移支付补助中受益更高；调整工资补助和农村税费改革补助中富裕县市是新增财政转移支付资金的最大受益者；专项转移支付增量资金受益分配存在配置失效问题。需要提升一般性转移支付补助在财政转移支付资金中的占比，制定向欠发达地区倾向的一般性财力转移支付制度，增强其均等化功能；规范专项转移支付分配机制。

鲍曙光（2016）利用泰尔指数构建均衡系数对中国税收返还和转移支付均等效果分析认为，转移支付缩小了地区财力差异，但地区间财力差距仍然较大，均等效果在2008年后弱化；就省际差距而言，省内差距是地区财力差距的主要组成部分，需要重点推进省以下转移支付体系建设，转移支付向中西部地区倾斜。一般性转移支付均等化效率高，专项转移支付均等也较强，但体制性补助和税收返还均等效率较低。马光荣等（2016）基于中国县级层面数据和中央对国家级贫困县资格的划分，采用断点回归方法估计一般性转移支付和专项转移支付对地方经济增长的影响，认为一般性转移支付具有更高的财力均等化程度，在完善转移支付制度、调整转移支付结构时应该在促进地区间财力均等化和经济增长之间适当权衡。在加大对贫困地区的转移支付力度时应配套建立激励和约束机制，防止地方政府对一般性转移支付资金的低效率使用。

关于民族地区转移支付均等化效应方面研究，主要研究包括民族地区转移支付均等化效应测量、转移支付分配原则、分配规模以及影响其地区内均等化效应发挥等各个方面。毛捷等（2011）针对民族地区财政转移支付是实行财政分权制度的多民族国家缓和民族矛盾，并成为缩小地区差距的重要政策。作者认为转移支付有助于减少民族地区与其他地区之间的公共支出差异和经济发展差距。通过中国县省两级数据并采用基于趋势评分匹配的双重差分法检验提出，民族地区转移支付政策显著促进了民族地区公共支出水平的相对提高和公共支出结构的相对优化，但促进作用未显示出随时间而不断增强的态势；上述政策未显著缩小民族地区与其他地区之间的经济发展差距，民族地区转移支付在中国发挥了均等化效应，但程度有限。段晓红（2016）提出财政转移支付是很多发达国家平衡地区之间财力差距、实现公共服务均等化的主要手段。鉴于专项财政转移支付存在种类过多、需要配套资金、分配不够公平、拨付不够及时等，加大均衡性转移支付成为优化转移支付制度方向。在民族地区转移支付现状中，受地方支出偏好影响，民族地区人均财力明显增长，但公共服务水平并未同步增长，均衡性转移支付并不是促进民族地区公共服务均等化的最优选择，应该综合均衡性转移支付和专项转移支付的制度优势，加大专项性一般转移支付。

雷振扬和成艾华（2009）分析认为首先民族地区均衡性转移支付的均衡绩效最高，其次为原体制定额补助，此两项在转移支付总额中所占比例较小。财力性转移支付，尤其是一般性转移支付均衡民族地区财政能力绩效较为明显；专项转移支付虽然对均衡民族地区财政能力发挥了一定作用，但绩效释放并不明显；所得税基数返还在均衡民族地区地方财政能力中起到负效作用，而税收返还对均衡民族地区地方财政能力的绩效低效。关于民族地区转移支付均等化问题，颜学勇和周美多（2012）采用标准差系数和相关系数两种比较直观的测量标准，分析国家不断加大对民族地区的财政转移支付规模背后，转移支付后民族地区内部县际间的财力差异得到有效控制。转移支付在广西、宁夏两个自治区内部的县际间财力均等化效应并不理想。民族地区应当通过采取均等化导向的转移支付分配原则，在转移支付的纵向分配上更多地向县级政府倾斜以优化转移支付的地区内分配。中央应特别加大对广西的转移支付力度，以避免在民族地区转移支付规模中出现厚此薄彼现象。

在民族地区转移支付的政策建议方面。尹恒和朱虹（2009）通过县级地区财力缺口与转移支付均等化研究发现，从均等现实财政责任意义上看，转移支付在一定程度上向财力缺口较大地区倾斜，如果以公平为标准则转移支付均等性仍然显得不够，但均等化缺少相应效应，农村税费改革转移支付、取消特产税降低农业税率补助、缓解县乡财政困难补助等因素法转移支付项目均衡性转移支付的均等化效果低于专项转移支付。伍文中等（2014）认为对口支援是中国特色横向财政转移支付雏形，基于国家财政均衡体系建设需要将对口支援进行归并、划转、改造，一部分归并到横向财政转移支付归属于国家财政均衡体系，将对口支援由行政层面上升到法律层面，适时转型为横向财政转移支付，与规范化的纵向财政转移支付制度相配合，形成运行有序的国家财政均衡体系。

（三）转移支付对民族地区收支稳定性研究

中央对地方转移支付规模的快速增长，转移支付体系日趋完善，它对民族地区等财政收支稳定效应研究有所涉及。转移支付激励效应主要是转移支付对财政收支行为的激励和影响，将在一定程度上影响财政收支稳定效应。乔宝云等（2006）认为政府间转移支付对于平抑地区财政收支能力差异具有重要作用，以税收返还和总量转移支付为主要内容的现行转移支付制度对刺激地方财政努力总体上并不成功，发达地区与落后地区财政努力行为有差异，前者财政努力程度低于后者，这导致地区人均财政收入差距扩大，财政转移支付效果被弱化。张恒龙和陈宪（2007）认为完善的政府间转移支付制度应当在实现财政均等的同时，提高地方政府财政努力程度。通过各类转移支付与各省份财政努力间的相关性分析表明，现有政府间转移支付制度不利于提高地方政府的财政努力，在实现财政均等化方面的作用相当有限。刘勇政和赵建梅（2009）认为分税制下政府间转移支付与地区财政努力存在差异，现行转移支付在总体上抑制了地方政府财政努力，转移支付在促进东部发达省份财政努力的同时，抑制了中、西部落后地区财政努力。以税收返还为主的条件性转移支付激励地方政府努力征税，而非条件性转移支付将不同程度地抑制地方财政努力。徐涛和杨荣（2009）利用中国31个省的财政面板数据将偏离趋势值变动的比率作为因变量，实证分析了转移支付对省级财政收入稳定效应认为，转移支付对省级财政收入在财政收入处于下降阶段时有较大稳定效应，在财政收入处于上升阶段时转移支付仍然推动财政收入上升。适当的政策工具不是解决政府收入波动的万能手段，恰当的政策工具可能在使用时脱离正确的目标，正确的解决方案需要有基本的财政约束和政策纪律。

胡祖铨等（2013）认为完善的转移支付制度应该尽可能改变对地方征税努力的扭曲，不同性质转移支付对地方征税努力的影响，不同税收返还、均衡性转移支付和定额补助对地方征税努力存在抑制；除均衡性转移支付、定额补助外的一般性转移支付和专项转移支付都能增进地方征税努力。地方政府对中央转移支付的依赖显著扭曲地方征税努力。配套性转移支付能增进地方征税努力，但激励效果小于总量性质转移支付和均等性质转移支付。

转移支付对财政支出激励相关研究还包括，贾俊雪等（2010）认为中央转移支付对省级地方政府竞争性支出行为总体有显著影响，其中税收返还与财力性和专项转移支付的激励效应存在差异。税收返还对省份间财政总支出和各类支出竞争均具有显著强化作用。需要规范专项转移支付，增强资金分配科学性和透明性，加大一般性转移支付，在资金分配公式的设计上适当引入合理激励。付文林和沈坤荣（2012）通过检验地方财政资金再分配地位与地方公共支出结构的关系特征发现，中国转移支付制度不仅会带来地方财政支出的“粘蝇纸”效应，地方政府财力改善后可能通过调整现有财政支出结构，偏离转移支付的基本公共服务均等化目标，即存在地方财政支出的可替换效应，越是经济欠发达的财政资金净流入地区，地方政府对基本建设、行政管理支出项目的诉求越强烈。地区间财政分配制度改革过程中不仅要规范转移支付资金分配程序，更重要的是应强化地方财政决策监督机制。李丹和刘小川（2014）以民族贫困县为研究对象，分析净转移支付和各类转移支付对民族扶贫县财政支出结构影响，以及转移支付增量对地方政府财政支出行为影响，认为地方政府更倾向于将转移支付用于上级主要考核的教育支出和维护自身利益的行政管理支出上，而较少用于更能促进经济发展的基本建设支出和居民较为关注的社会保障支出上。在增量分析中，地方政府可支配转移支付增量在既有分配格局下并没有特别偏向某类财政支出，财政转移支付被用于维护自身利益支出以及协调各方的利益关系。

张光（2013）考察了转移支付对省内县际财力分布的影响，财政转移支付放大而不是缩小省际间的财力分布差距。转移支付对各省内财力的县际分布产生减小差距的积极影响，转移支付是唯一能够平衡财力县际分布的因素。中国省内县际财力分布不均衡水平、转移支付的均等化作用因省而异，这由各省内县域经济发展水平差异、本级财政收入水平差异和转移支付收入水平差异共同决定，其中首先是经济发展水平作用，财政转移支付其次，最后是本级财政收入。鲍曙光（2016）基于县级财政数据对中国税收返还和转移支付的均等效果进行实证分析认为，税收返还和转移支付在2004年以后起到财力均等化作用，但仍未打破固有分配格局，向财力薄弱地区倾斜不够；转移支付存在规模效应，规模是转移支付发挥较强均等作用的基础；专项转移支付均等效应不理想，但一般性转移支付均等效果较强，税收返还由于其自身分配机制设计而导致其均等作用也较强；一般性转移支付各项目财力均等效应普遍较强，均衡性转移支付规模较大，体现出较强财力均等效应。中国转移支付向财力薄弱倾斜不够，提高转移支付横向均衡效果。

任超然和曾益（2016）利用1994—2009年的县级财政数据构建的省内县际财力均等化指标基础上，通过省级面板数据分析研究各省转移支付的纵向分配结构对省内县际财力均等化影响提出，实现公共服务均等化最重要的是缩小县际财力差距，需要发挥转移支付功能，省内转移支付分配结构中县级所占比例越大，省内财力均等化效果越好；省内支出分权程度越高，省内财力均等化效果越好；由于“省直管县”改革从资金分配和信息渠道方面促进了县级政府转移支付资金，需要通过改善省以下转移支付纵向分配结构和加快“省直管县”改革促进基本公共服务均等化。李永友（2015）基于中国县级截面数据，对转移支付融资和分配机制与相邻县之间财政竞争关系进行实证研究表明，中国转移支付整体上并不具有协调地方政府间财政竞争的作用。作为转移支付重要组成部分的一般性转移支付对地方政府间税收竞争有弱化效果，无法从整体上矫正地方政府间竞争行为。

徐涛（2013）利用1993—2006年中国31个省市、自治区的2860个县（区）的财政面板数据，把偏离趋势值变动的比率作为因变量，利用固定效应模型和Prais－Winsten模型，实证分析了转移支付对县（区）财政收支的稳定效应。实证结果表明，转移支付对县（区）财政收支有较大的拉动作用；在财政收支处于下降阶段时实现了逆向操作，在稳定县（区）财政收支方面发挥了有效作用；转移支付对县财政收支的稳定效应要比对区财政收支的稳定效应更加明显。张冬梅和黄少侠（2015）发现民族自治地方县域财政自主性缺失严重，为使民族地区县域财政自主性更加有效地发挥应基于民族区域自治制度，促进包容性政治与经济良性互动，加强各级政府间财政分权的协调制衡，加速县域财政民主化与法制化进程。

三、已有研究评述

目前已有转移支付研究大部分以总的转移支付为研究对象，主要围绕省一级政府分析中央转移支付对缩小省际间财力差距，对向下级特别是深入到县一级基层政府的研究相对较少，对省内县级政府之间的财力均等化效应和财政收支稳定性有待深入；民族地区是作为接受转移支付的典型代表，对转移支付在民族地区县级政府财力均等化和收支稳定性研究则更少，民族地区的转移支付及其县一级的财力均等化和财政收支稳定性研究并未引起重视。相关文献对财政分权关键性因素研究多集中于省际间财政分权，较少研究省级政府内部分权决定。县级政府是作为最直接与民生相关，提供最多公共服务，未被引起足够重视，类似研究相对而言最少①，实际上民众对转移支付均等化公平感受首先来自区域内部的比较。

以全国范围内转移支付的财力均等化效应和财政收支稳定性为研究对象的相关结论与以民族地区特别是深入到县一级基层政府的财力均等化和财政收支稳定性为研究的相关结论并不完全一致。例如，已有研究结论多数认为一般性转移支付的财力均等化效果明显而专项转移支付拉大其差距等，但这些结论就民族地区而言，有的符合，有的相反，故有必要以影响民族地区内部财政分权的关键性因素、转移支付对财政分权、财力均等化和收支稳定性为对象进行深入研究，观察民族地区内部上述研究的具体结论。

本研究将通过深入到全国和民族地区县级大量财政收支数据的统计描述和计量分析，探讨民族地区影响财政分权的关键性因素，转移支付对财政分权的影响，即以民族地区为代表的省内财政分权关键性因素为对象，以全国县级，特别是民族地区县级政府财力均等化和财政收支稳定性为中心，研究一般性转移支付、专项转移支付和税收返还对省级政府范围内的财政分权的影响；采用民族地区县级财政收支数据，研究转移支付对民族地区内部省内转移支付的均等化效应，探讨不同类型转移支付对民族地区内部均等化效果；实证分析不同转移支付类型对县级财政收支稳定性；结合民族地区发展实际对提出改革和完善转移支付和财政收支稳定性政策，探讨完善转移支付体系，尤其是省以下转移支付方式，促进省级政府财力

① 出现民族地区财政分权和转移支付研究较少还可以与学科建设和人才培养有关。根据中国财政理论研究总体现状看，研究民族地区财政力量相对薄弱，实际情况是研究财政理论比较深入的学者通常接触民族问题相对偏少，将财政分权等财政政策理论和民族问题结合起来进行研究就更是不多；另一方面看，民族问题学者大多从政治学、社会学、民族学、宗教学等不同角度进行考察和研究，系统研究民族经济问题特别是财政问题的专家不多，研究广度深度也需要拓展。

下移的主导作用，提出通过转移支付结构性改革使民族地区获得财力均等化效应提出政策建议。

第三节 研究设计

一、研究框架与主要内容

以分税制条件下中央实施大规模的转移支付为出发点，通过对影响财政分权的关键性因素实证分析，以全国特别是民族地区不同层级政府财政收支数据为基础，通过实证分析民族地区财力均等化实现程度，即转移支付是否缩小县际间的财力差距的均等化效应，民族地区转移支付的稳定性效应，提出在更为合理财政分权条件下，改善转移支付对民族地区财力均等化和财政收支稳定性效果。

研究框架紧紧围绕民族地区转移支付在公平性、政治性和财政性等关键性因素影响下，转移支付需要更加重视和体现公平性和长期性因素；民族地区转移支付对区域内部形成不同的财政分权形态，并对财力均等化和收支稳定性产生影响；提出需要重视发挥民族地区省级政府财力下移主导作用，合理划分民族地区财政事权与支出责任，努力实现财力均等化，进而推进基本公共服务均等化和财政收支稳定建设。研究框架参见图 1－6 所示。

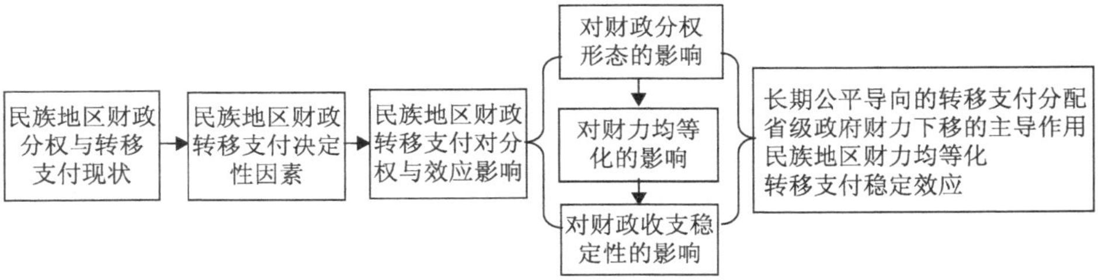

图 1－6 研究框架图

根据上述研究框架，在了解全国及民族地区转移支付现状基础上，本研究围绕以下五个方面展开，相关内容主要包括：

（一）民族地区转移支付分配的关键性因素

以转移支付分配的关键性因素为研究对象，利用省际面板数据，分析公平性因素、政治性因素以及财政性因素对转移支付分配的影响。分析期内转移支付分配更多的关注了短期效应，如自然灾害、政治影响力、财政供养人口等，地方自然条件、经济条件、公共服务支出需求是影响中央转移支付数量的关键因素，而忽视长期效应，对地区间差异、民族成分缺乏必要的关注。财政制度选择也是影响中央转移支付的关键因素。

公平性因素、政治性因素以及财政性因素都影响转移支付分配，从经济因素和民族因素对转移支付分配的影响来看，全国范围内人均 GDP 对转移支付的分配有正向作用，而少数民族占比则与转移支付绝对量呈负相关关系。无论是转移支付总体还是一般性转移支付和专项转移支付，政治力量确实在其中起到了作用，决定了转移支付的投向。民族地区接壤国家的多寡与省份获得转移支付多少存在正向关系。从绝对量来看，非民族地区获得更多的转移支付，这种情况在民族地区内部转移支付总量以及专项转移支付决定中也存在。有效的转移支付制度可以抑制，进而缩小区域差距，是谋求社会公平的重要手段。就民族地区而言，人均 GDP 与转移支付保持负向关系，即经济发展落后的地区获得了较多的转移支付。

（二）转移支付对民族地区财政分权的影响

通过以省内各级政府间财政分权为研究对象，以省、地市、县级财政数据为支撑，结合转移支付制度对影响省内财政分权的因素进行分析，发现一般性转移支付、县级财政收入占比、地区 GDP、以预算内教育卫生支出计量的基本公共服务支出都促进了省内财政权力的下移，而专项转移支付由于其特定的目的性和配套资金要求，不利于省内财政权力的下移。促进基本公共服务和财力均等化，不仅需要完善中央和省级政府之间的财政分权并配合以相应的转移支付，而且在省级地方政府内部合理有效分权和匹配合理的转移支付同样重要。就民族地区而言，一般性转移支付可能由于省级政府未伸出“援助之手”进一步将转移支付向市县等基层政府下移，而可能施以“攫取之手”截留部分上级政府的转移支付，这并不利于改善区域内部财政分权，其余指标和全国基本一致。

（三）转移支付对民族地区财力均等化效应

中央对全国转移支付后的基尼系数小于转移支付前的基尼系数，中央转移支付增加了地方财力，使各地区财力差距不断缩小，而转移支付对民族地区没有起到应有的财力均等化作用，它拉大了民族地区间财力差距；税收返还和均衡性转移支付对地方财政努力有正向的作用，而专项转移支付激励作用则不明显；不同的转移支付类型对民族地区内部的财力均等化水平的影响不同，其中一般性转移支付在同性质地区间政策较为相似，一般性转移支付均等化效果不明显；专项转移支付根据各地区的特殊地理环境、交通运输等因素不同，灵活性较大，均等化效果较为明显，这与其他包括全国范畴为对象的研究结论有所不同；原体制补助和税收返还，均等化效果不明显。转移支付在一定程度上扭曲地方政府的财政支出行为，使民族地区的财政支出倾向于行政性支出。在中央政府调节省区间的不平衡条件下，促进县级财力均等化和提升县级政府公共服务均等化的主要责任在于省级政府，需要省级政府积极进行财政分权改革，改革转移支付结构和提高转移支付效率。

（四）转移支付对民族地区财政收支的稳定效应

以不同的转移支付类型对基层县级地方财政收支稳定性为研究对象。根据全国县级总体转移支付系列数据，采用固定效应模型实证研究了一般性转移支付、税收返还、原体制补助和专项转移支付四种不同转移支付方式对县级地方财政收支稳定效应的影响。一般性转移支付和专项转移支付对县级地方财政收支稳定效应具有显著的正向影响；税收返还对县级地方政府财政收支稳定效应具有显著的负向影响；原体制补助对县级地方财政收入稳定效应有较为显著的正向影响，对地方财政支出稳定效应影响不显著。为提升县级基层财政转移支付的稳定效应，需要完善以一般财力性转移支付和专项转移支付相结合的转移支付制度，适当提高两者比重和优化转移支付结构，提高以均衡财力为目标的一般性转移支付，提升专项转移支付规范性，降低税收返还在转移支付中的比重。

从实证结果来看，一般性转移支付对地方财政收入稳定具有显著的正向作用，对地方财政支出同样具有显著的正向作用。税收返还对地方财政收入稳定具有较显著的负向作用，对地方财政支出稳定具有较显著的负向作用。原体制补助对地方财政收入稳定性具有较显著的正向作用，对地方财政支出稳定性不具有显著影响。专项转移支付对地方财政收入稳定性具有显著的正向作用，对地方财政支出的稳定性同样具有显著的正向作用。一般性转移支付无论对民族地区还是全国的财政收支稳定效应均呈现正向显著。专项转移支付对民族地区和全国财政收入稳定效应方面表现一致。民族地区与全国财政收支稳定效应影响的差别主要体现在税收返还对财政收支的稳定效应影响、原体制补助对财政收入的稳定效应影响，以及专项转移支付对财政支出稳定效应影响的差别。上述差别源于民族地区的特殊性，一般性转移支付和专项转移支付占转移支付的90%左右，税收返还和原体制补助占比较小且数额较小，并未产生显著财政收支稳定效应。

（五）完善民族地区转移支付和财政分权，促进财力均等化和财政收支稳定

重视并落实转移支付中的公平性、政治性和财政性等关键性因素。改革和完善转移支付制度，形成合理有效的转移支付分配制度是发挥转移支付作用的前提。完善转移支付分配制度要求上级政府正确处理短期效应和中长期效应之间的关系，既要关注短期效应，又要关注长期效应，逐步缩小区域间的差距。

转移支付影响各级政府间财政分权，有必要发挥转移支付在促进民族地区内部合理财政分权的作用。整合归并部分一般性转移支付项目，按照因素法分配一般性转移支付资金，提高一般性转移支付比重。部分地区财政权力并未向县级基层政府倾斜，而是向省级政府倾斜，这与省级政府未能对下伸出“援助之手”，而是伸出“攫取之手”有关。专项转移支付在分配时已经事先确定了用途，专项转移支付不利于财政权力向下转移。需要全面清理和合并部分专项转移支付项目，逐步压缩专项转移支付比重，规范专项转移支付资金的使用。

不同的转移支付类型对民族地区内部的财力均等化水平的影响不同，其中，一般性转移支付在同性质地区间政策较为相似，一般性转移支付均等化效果不明显；专项转移支付根据各地区特殊地理环境、交通运输等因素不同，均等化效果较为明显；原体制补助和税收返还，均等化效果不明显。民族地区需要优化转移支付在地区内部的纵向分配结构，把更多的转移支付留给提供基本公共服务的县级政府，而不是过多地截留在省市两级政府。一般性转移支付应在提高其占比的同时，需要制定科学合理的因素法分配方案，准确、客观反映民族地区财力收入水平、支出状况和公共服务供给能力，提高一般性转移在民族地区内部县级政府之间的均等化效应。基于民族地区与其他地区之间差异较大的情况，中央政府应建立起合理的转移支付制度来平衡地区间纵向与横向的财力差距。

以民族地区内部均等化为导向，发挥专项转移支付激励作用。中央政府需要进一步优化转移支付在民族地区内部的分配方式，采用均等化导向，根据民族地区间地理、交通等综合因素，制订科学完善和合理的转移支付分配方案，准确、客观的反映民族地区财力收入水平、支出状况和公共服务供给能力。以中央和省级政府之间的分税制为参考，切实完善省区内部的财政分权。中央对省级政府的财政分权实际效果好于民族地区内部省以下的财政分权，说明省区内部的财政分权还有较大的改革空间，需要及时完善省区内部合理财政分权，落实省级政府在县级政府间财力均等化的主体责任，完善民族地区内部的财政事权与支出责任。

自改革分税制改革以来，通过税收返还维护地方既得利益，逐步减少税收返还在转移支付总额中所占的比重，将缩小地区间财力差异作为转移支付的重要目标。在调整转移支付结构的过程中，不断提高以均衡财力为主要目标的一般性转移支付的比重，适当的缩小对稳定效应具有负向作用的税收返还比重。提高专项转移支付管理规范性，切实发挥其在调控经济、优化支出结构等方面的积极作用。专项转移支付在调控经济、优化地方财政支出结构、引导地方财政资金流向方面发挥其他转移支付形式不可替代的作用。实施严格的专项准入机制，建立项目评审反馈和监督机制，对已经分配至地方的项目同样需要加强监管，建立有效的项目绩效考评机制，提高专项转移支付资金使用率。

实施重心下移的民族地区财力均等化政策，引入以均等化指标为导向的考核体系。中央对民族地区的转移支付额呈逐年增加趋势，并且均高于全国平均水平，中央对民族地区的转移支付能够有效的促进民族地区财力均等化水平，尤其是专项转移支付。不管是中央对民族地区转移支付还是民族地区内部的转移支付均能够及时的弥补落后地区与发达地区之间的短板，提高民族地区人均财力水平。省级政府内部向下转移支付过程，需要中央政府积极引导和监督。将转移支付均等化效果纳入省级地方政府考核指标体系，建立相应激励性制度积极引导，有效推进转移支付总量增加和结构优化。

二、研究路径和研究方法

以分税制条件下，民族地区影响财政分权的关键性因素研究为起点，运用计量分析、比较分析等研究方法，通过描述中央与民族地区财政分权、转移支付状况和财力均等化效果、地方财政稳定性的分析，通过数据分析提出民族地区财政严重依赖转移支付的事实；分析中央转移支付对民族地区财力均等化和财政收支稳定性影响，分析转移支付中的一般性转移支付、税收返还、专项转移支付等对地方财政稳定性作用，提出中央和民族地区合理财政分权、提高转移支付均等化效果和财政收支稳定性，实现民族地区与全国共享发展。具体研究路径参见图 1 - 7 所示。

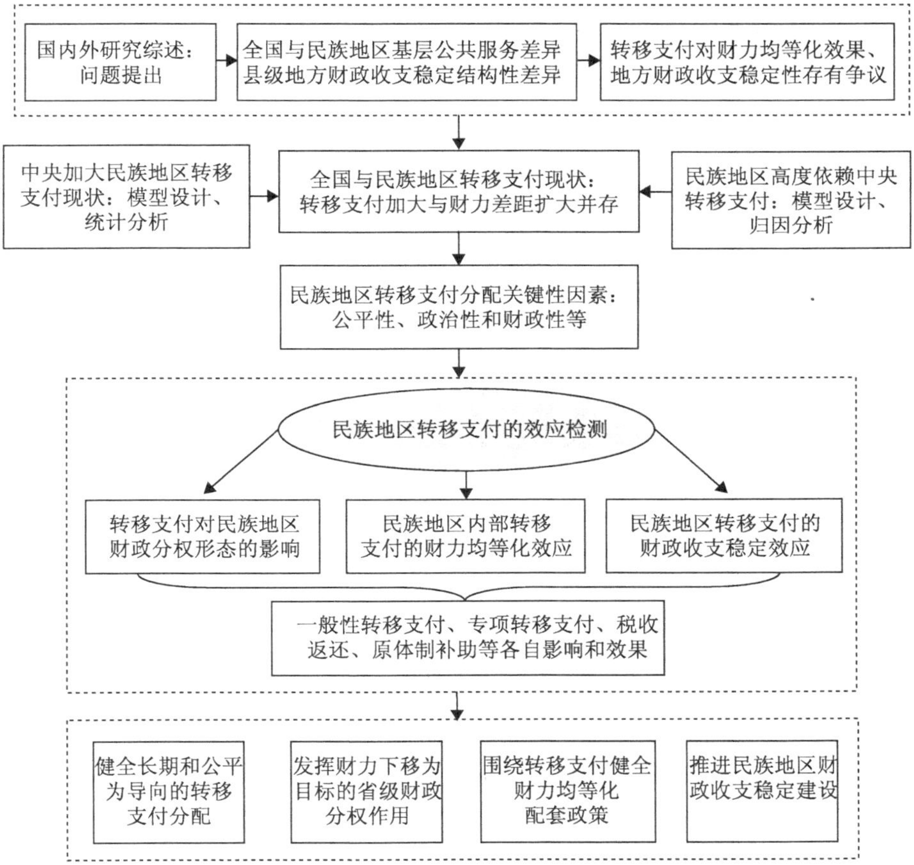

图 1－7　课题基本思路与研究路径

根据已有研究文献和实践数据，全国以及民族地区县级基础政府之间居民享受到的公共服务存在差异，最直接地体现在财力差异方面；不同的转移支付类型对全国县级财力均等化和财政稳定性也具有不同效果，需要关注财力均等化和财政收支稳定性与转移支付类型的关系，据此提出整改建议。

本研究将首先实证分析以全国与民族地区转移支付现状为基础，说明中央在加大对全国的转移支付条件下，地区间财力差距逐步拉大，民族地区对转移支付依存度较高且民族地区内部财力差距仍然在不断扩大，因而有必要认真研究转移支付在取得一定成效的前提下，具体哪些转移支付类型对于财力均等化产生的实际影响。通过对民族地区转移支付关键性因素的实证研究，提出公平性、政治性和财政性因素对于中央对地方转移支付决定具有重要影响，而转移支付多寡在内的一系列因素，影响民族地区内部的财政分权状况，这对于财力均等化和财政收支稳定性具有重要影响。其次分析实证分析民族地区财力均等化效应和财政收支稳定效应，提出一般性转移支付、专项转移支付、税收返还和原体制补偿等对财力均等化和财政收支稳定性具有不同的影响，共同作用形成了转移支付财力均等化和财政收支稳定性效果。这些不同的转移支付类型在全国和民族地区效应呈现一定的共性，但同时表现出明显的差异性。在此分析基础上，提出从健全长期和公平导向的转移支付分配，发挥省级政府财力下移的主导作用，合理划分民族地区财政事权和支出责任、完善民族地区转移支付制度、实施重心下移的民族地区财力均等化政策和推进民族地区财政收支稳定效应等方面，共同促进民族地区与全国一道，共享改革开放发展成果。

根据上述研究路径，本研究利用财政分权、转移支付等相关理论与原理，综合运用规范与实证、定性与定量和比较分析等研究方法，从理论和实践两个层面、全国和地方两个角度实证分析中央与地方财政分权、转移支付的财力均等化效应和财政收支稳定效果，本研究重点探讨民族地区财政分权条件下的财力均等化效应和转移支付稳定性等以及相应的政策建议。

在数据选取和使用上，本研究在描述分析全国转移支付和财力现状时，主要根据全国2000—2015年的财政收支数据，在深入分析民族地区财力均等化和财政收支稳定性时，主要使用财政部预算司和国库司编撰的《全国地市县财政统计资料》（2000—2009年）数据，上述县一级的财政收支数据是迄今最新的统计资料，数据庞大，信息量丰富，是进行到县一级最基层政府中最为全面的数据。

1. 计量分析法。以实证分析法作为研究手段，采用面板数据（Panet Data）、运用固定效应（Fixed Effects Model）和随机效应（Randm Effects

Model）等计量分析方法，分析中央转移对民族地区的财力均等化效应和对地方财政收支的稳定效果。同时，使用面板数据经济计量模型和固定效应、随机效应和最小二阶乘数法，分析中央对民族地区转移支付均等化效应和激励效应。财力均等化效应、财政转移支付与民族地区基本公共服务供给的计量模型，包括横截面回归模型、时间序列数据模型。通过建立地区基本公共服务供给回归模型，分别对民族地区、全国及非民族地区进行回归，比较其影响因素及其差异的程度。

统计方法包括标准差、基尼系数、泰尔指数、相对变异系数以及泰尔指数的地区分解、相对变异系数的结构分解等。通过上述相关统计，获得民族地区财政能力、基本公共服务水平差异的总体情况、结构分布及动态变化，为计量等实证分析服务。

2. 比较分析法。采用纵向比较分析，揭示一般转移支付、专项转移支付等与民族地区财力发展特点，在研究中央转移支付的现状时主要采用纵向比较方法，以揭示其在实施分税制改革后的变化趋势；横向比较分析民族地区和非民族地区接受中央转移支付的均等化效应和激励效应。

三、可能创新与研究展望

本研究以最需要接受转移支付的民族地区县级财力均等化和收支稳定性为研究对象，转移支付的关键性因素和对财政分权的影响，以及不同的转移支付类型对实现民族地区财力均等化和收支稳定性与全国的情况比较，都具有自身特点，即如果将民族地区置身于全国范围而不再将民族地区单独作为研究对象，很可能掩盖民族地区接受转移支付以及财政管理体制在民族地区的特征，相应地，对于实现民族地区财力均等和收支稳定，以此推进民族地区基本公共服务均等化，需要有区别于全国的更加针对民族地区的政策措施。从总体上来看，本研究主要希望在以下方面能够有所创新。

1. 围绕聚焦探讨全国或民族地区县级基层政府对转移支付结构的均等

化效应和财政收支稳定效应。在已有分析财政分权、转移支付财力均等化和稳定效应等研究文献中，主要针对中央和省一级的转移支付和财力均等化效应进行分析，主要聚焦于中央对省级政府转移支付的均等化效果，对财政分权条件下的转移支付对于县级等最为基层单位的财力均等化效应和财政收支稳定性方面鲜有研究。本研究在分析财政分权决定条件、财力均等化效应和转移支付稳定性问题时，关注民族地区县级政府对转移支付的财力均等化效应和财政收支稳定性。中国县级基层政府是提供公共服务的最基本单位，理应更多关注转移支付体系在缩小县际间财力差距上发挥的作用如何。除中央与省区之间的转移支付具有国家规定的相关指导性文件以外，省区以下的转移支付体系由相应层级政府参照中央与省区的转移支付方式确定，形成各省内部具有自身特点的转移支付方式。省级政府在中央公共服务均等化政策执行过程中扮演重要角色，成为公共服务均等化政策执行效果的决定性力量。这个过程中的中间层级政府对相关转移支付资金可能扮演着“援助之手”或“攫取之手”等不同角色，这对基层政府财力均等化和财政收支稳定性产生不同影响。

2. 突出省级政府财力下移导向，形成合理的财政分权，为省内县际间财力差异以及转移支付的省内财力均等化研究提供新的思路。中央出于政治稳定的目的对民族地区转移支付投入较大，民族地区获得的人均中央转移支付较多，但在民族地区内部区域间财力均等化效果有差异，除了看到民族地区获得转移支付数量以外，还应该分析这些转移支付在民族地区内部不同层级政府间的分配情况。本研究提出除了按照既定要求加大一般性转移支付以外，对民族地区的专项转移支付的财力均等化效果明显；需要省级政府合理地进行财政分权，发挥省级政府在促进财力下移中的主导作用。

3. 为实现民族地区与全国共享发展提供财政转移支付视角的微观基础，有针对性地提出民族地区财政主要依靠中央转移支付，为实现民族地区财政均等化和激励效应，实现民族地区共享发展需要从调整中央和民族地区的利益分配关系，完善分税制改革制度和加强中央转移支付安排合理性的同时，民族地区需要更加突出经济社会协调发展并完善自身财政能力建设。本研究正是立足于中央与民族地区财政分权背景下，分析中央与民族地区财政分权的影响因素和差异以及民族省区内部的财政分权影响因素，以民族省区为单位测算转移支付对省区内县际之间的财力差异均等化效应，从微观上分析比较各个民族省区转移支付均等化效应和对财政收支稳定效应。以中央与民族地区财政分权和转移支付为宏观、以民族地区省级与地市级财政分权和转移支付为中观、以民族地区县级财政为微观，以宏观、中观和微观相结合为广阔视角，更长的时间序列，以分析财政分权影响因素和差异性，转移支付对地方政府和基层政府的均等化效应和稳定性，并提出完善中央与民族地区及民族地区内部财政分权，提高转移支付财力均等化和稳定效应的政策建议。

当然，限于主观和客观，本研究未来在以下方面还可以加强。比如，作为分税制改革的配套政策，中央对地方和对民族地区内部的转移支付，它的实施对地方财力均等化和财政收支稳定效应影响是一个纷繁复杂的问题，除了它对财政分权的影响，转移支付的均等化效应和财政收支稳定效应以外，对相关影响因素的考虑可能存在偏差，未来可以将预算外收入和支出数据考虑，也可以就相关民族地区进行个案研究。转移支付体系是包括人、财、物、权力结构、信息结构、时空因素等多元要素的复合系统，并不是单靠改变几个变量的取值可以反映全部产出和结果，理清系统内各个要素之间的作用机理，需要对具体个案进行研究，以更加接近研究对象。本研究重点集中在转移支付对省内县际间的财力均等化效应和财政稳定效应方面，将转移支付对公共服务、区域经济的均等化界定在研究之外。转移支付其实受到其他更多因素制约，各种影响因素考虑不同，其效果估算可能并不全面。

第二章　全国及民族地区转移支付现状

中国作为幅员辽阔的大国，由于其庞大的国土面积存在地理位置、资源禀赋、经济活动等方面的空间分布和发展水平差异。由区域经济不平等带来的财政不均衡是必然现象，区域之间享受公共产品和服务存在巨大差异，包括民族地区在内的欠发达地区从中央政府或省级政府获得直接或间接的转移支付资金，以降低公共支出不平等。

公共服务均等化是财政体现再分配功能的最根本目标。分税制改革对中国政府间财政关系进行了较大调整，中央与地方划分税种，提高了中央财政的“两个比重”。但随着财权上收和公共服务事权下移，地方政府出现财政收支缺口。为弥补分税制改革给下级政府带来的财政缺口，减轻财政的纵向不均衡，同时为了逐步缩小地区间财力不均等状况，转移支付开始成为处理中央与地方关系中的重要财政工具，并推动着全国基本公共服务均等化不断实现。

实现公共服务均等化需要通过财政手段把财政能力较强地区的财政收入转移给财政能力较弱地区，达到财政资源丰富地区和财政资源匮乏地区之间实现公共服务水平基本均等，对财政能力较弱地区的转移支付是财力均等化研究的关键环节（Robin，2006）[①]。中国是一个统一的多民族的国家，民族地区内部是否能够均衡稳定发展，事关整个民族和国家的长治久安，而在民族地区管理政策中，妥善处理政府间财政关系是不可或缺的重要环节。考察中国及民族地区财力均等化现状，对地区间财力差距和转移支付进行分析，有助于推动进一步的转移支付对民族地区的财力均等化和收支稳定效应研究，因此，需要了解全国及民族地区财力均等程度，民族地区接受了转移支付之后表现情况，为接下来的分析提供观察现象。

第一节　全国地区间转移支付与财力差距现状

为增强中央政府的财政调控能力，正确处理中央和地方的关系，中国自1994年1月1日起实施分税制并逐步推行新的税制。从总体上看，分税制改革实施使财权上移，公共服务的事权下移，扩大了地区财政收支差距，各省级政府之间财力分配明显失衡，转移支付成为弥补地区之间财政收支失衡的重要手段。

一、分税制改革以来地区间财力差距变化

中国地区间区域经济水平的差距自改革开放以来逐渐扩大，分化成东、中、西三级水平，地区之间经济发展不均衡问题常态化。中国地区发展由于资本流动、人力资本积累等原因形成差异，而地理位置、制度政策等地区属性的因素也是影响地区发展的关键因素，多重因素导致地区经济差异日益明显，并在很大程度上决定未来地区的经济发展变动趋势。将中

---

① Boadway提出社会公正作为经济政策主要目标，注重处理效率与正义问题，但仍然未能妥善解决。作者认为包括使用转移支付在内的强制性收入再分配可以减少区域间效率损失。具体参见以下文献：Robin Boadway. Intergovernmental Redistribution Transfers：Efficiency and Equity［Z］. Handbook of Fiscal Federalism，2006.

国的经济区域划分为东部、中部、西部和东北四大地区，东部地区因为优厚的社会经济和区位条件率先发展起来，经济水平相较中西部地区更加发达，西部地区经济处于比较不发达的状态，中部地区处于东部和西部之间，经济水平也是中等水平，东部率先发展、西部大开发、东北振兴、中部崛起等不同战略先后实施，并取得一些成果。西部地区主要有内蒙古自治区、广西壮族自治区、重庆市、四川省、贵州省、云南省、西藏自治区、陕西省、甘肃省、青海省、宁夏回族自治区、新疆维吾尔自治区，其中有 8 个地区是少数民族聚集的地区，西部地区疆域辽阔，大部分地区经济发展水平较低亟须发展的地区。

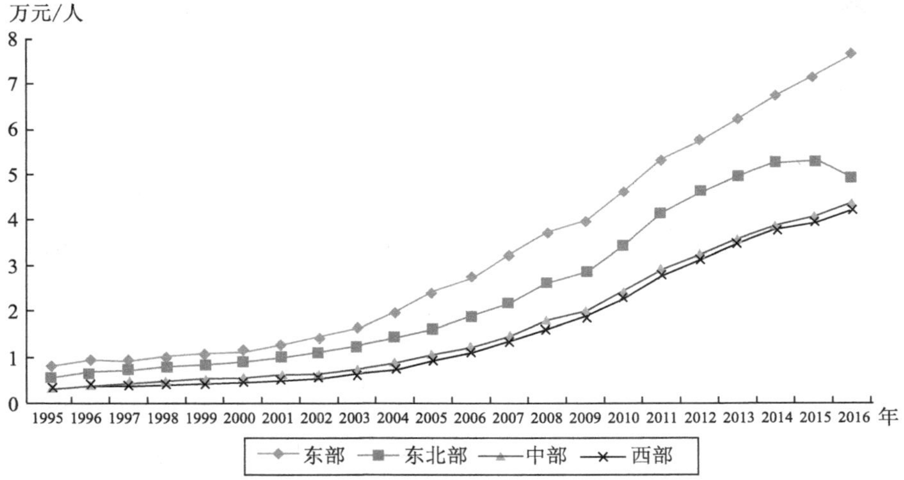

图 2－1 中国各区域经济水平变化情况①

资料来源：根据 1995—2015 年《中国财政统计年鉴》；2016 年和 2017 年的转移支付数据来自中华人民共和国财政部预算司公布的“2017 年中央对地方税收返还和转移支付分地区预算汇总表”自行计算而成。

① 按照传统的划分方法，将中国除港澳台外的 31 个省级地区分为东部、中部、西部、东北部地区。其中东部地区包括 10 个地区，分别是北京、天津、河北、上海、江苏、浙江、福建、山东、广东和海南；中部地区包括 6 个地区，分别是山西、安徽、江西、河南、湖北、湖南；西部地区包括 11 个地区，分别是四川、重庆、贵州、云南、陕西、甘肃、青海、宁夏、新疆、广西、内蒙古；东北部地区包括 3 个地区，分别是辽宁、吉林、黑龙江。

图2－1中是1995年到2016年各地区人均GDP的分布与变化情况，从东部、中部、西部和东北部地区的人均GDP来看，东部地区长期处于高位，东北部地区经济增长近年来显明下降，中部和西部地区经济增长速度回落，明显进入了由高速增长到中低速增长的经济新常态。东部地区的人均GDP从1995年的8107.62元/人持续提高到2016年的76595.16元/人，增长了8.45倍。东北部地区从1995年的5595.5元/人增长到2016年的49168.58元/人，增长了7.79倍，中部和西部地区人均GDP最低，然而增长幅度较大，从1995年的3195.17元/人和3217.51元/人分别增长到2016年的43499.57元/人和42022.66元/人，增长均超过12倍。中部和西部地区长期处于经济的欠发达区域，东部、东北部和中部西部之间的经济差异巨大，虽然分税制改革后，经济均有所增长，但是西部地区的总体经济仍然比较落后。

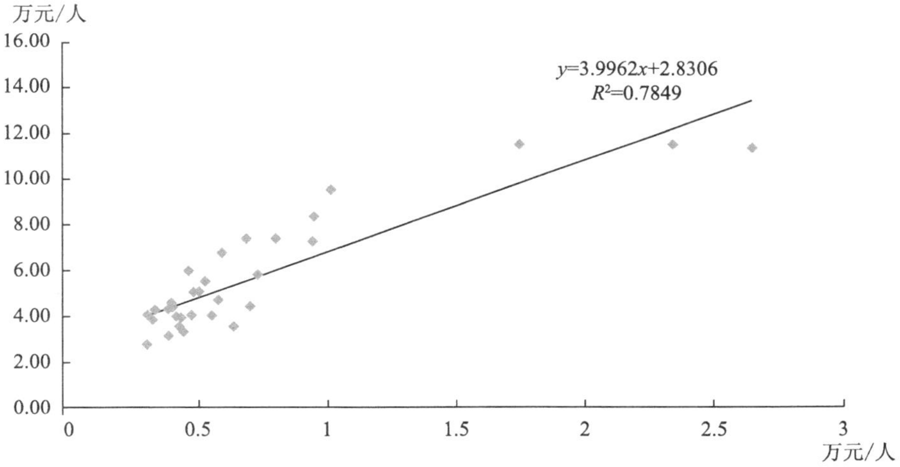

图2－2 地区经济发展水平与人均财政收入①散点图

数据来源：根据2016年《中国统计年鉴》自行计算得到。

经济发展水平与地区人均财政收入存在紧密的联系，经济发达地区税

① 文中所提到的财政收入与财政支出都是指的地区本级收入和本级支出。

源丰足，财政收入相对较高。图 2－2 显示地区经济水平与人均财政收入成正比，趋势线拟合的方程 R^2 为 0.785，拟合效果较高，可见，经济越发达的地区财政收入可能越高，经济欠发达地区较低的财政收入可能无法满足财政支出需求，导致财政自给能力被削弱。每一级政府都必须为其公共支出筹措资金。在不依赖高层级政府财政援助的情况下，各级政府独立地为本级支出筹措收入的能力，称为财政自给能力。如果一级政府从自有来源征集的收入足以满足本级的公共支出，则该级政府就具有财政自给能力，反之则被视为财政自给能力不足。王雍君（2000）利用各级政府负责征收的收入与其本级支出的比例测算财政自给能力系数反映地区财政自给能力高低，即财政自给能力系数 = 本级自有收入/本级公共支出。本研究利用这一公式测算中国 1997—2016 年各地区财政自给能力水平及其随时间的变化情况，并绘制箱形图（见图 2－3）。

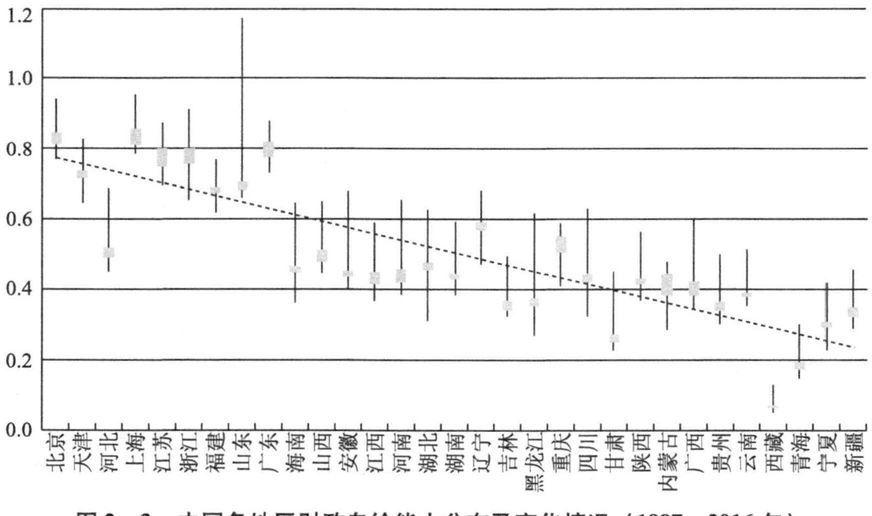

图 2－3　中国各地区财政自给能力分布及变化情况（1997—2016 年）

资料来源：根据 1997—2016 年《中国统计年鉴》自行计算而成。

图 2－3 中可以看出现行分税制财政体制下的政府间财力分配能力差异明显，中国当前政府间财力差异明显。各地区由于经济发展水平的差异，

其财力集中能力也存在显著不同。图 2－3 中虚线表示中位数的线性趋势，用平均值去衡量整体的情况有时很不合理，用中位数比较稳定，因为中位数不太会收到极值的影响，而平均值则受极值的影响很大。箱体的上边缘和下边缘分别为三分位数和二分位数，箱体的跨度越大说明数据在过去 20 年越分散，跨度越小表示数据分布越集中。竖线表示最大值与最小值跨度，反映过去 20 年转移支付依存度的变化幅度。

图 2－3 显示出从 1997 年到 2016 年中国各地区财政自给能力的变化情况。其中横轴从左到右为从东部、中部到东北部、西部地区，最后的八个省份为本研究界定的少数民族聚集的民族地区，虚线表示根据中位数在各地区的变化情况形成的趋势，可以看出东部地区财政自给率除河北和海南外，基本超过 0.6，而西部地区的自给率基本在 0.5 以下，尤其是西藏的自给率最低，并且在过去的 20 年变化最集中，维持在 0.2 以内，长期处于自给率较低的情况，其他民族地区除内蒙古和广西外均非常低。根据财政自给能力系数的计算公式，系数越小，代表地方政府的财政自给能力月底，需要其他级别的政府提供转移支付的规模越大，甚至可能通过举债满足支出需求，缺乏财政自给能力的低层级政府，在得不到足够的财政收入来源的情况下，通过寻求制度外的财政来源（如乱收费）去弥补其财政支出，这正是 20 世纪 80 年代中期以来中国财政领域中面临的一个大问题。基于这样的现实背景及图 2－3 中反映出的地区间财力不均等情况，中央对地方政府进行转移支付以平衡地区间财力差距。

二、中央对西部地区转移支付比重逐渐提高

转移支付是各级政府之间为解决财政失衡而通过一定的形式和途径转移财政资金的活动，是用以补充地方政府提供公共物品而由上级政府给予的补偿，是政府财政资金单方面的无偿转移，体现非市场性的分配关系；从地方财力分布上来看，弥补财政纵向和横向失衡是进行转移支付的主要目的，以实现矫正辖区间公共产品和服务外溢的目标，促进区

域经济快速增长和均衡发展，并最终增强财政可持续发展能力。现行的财政转移支付制度是建立在分税制财政体制基础上，并且主要是上下级政府之间的纵向财政转移支付①。一般性转移支付、专项转移支付和税收返还成为中国现行财政转移支付的重要组成部分。由于区域之间的税收能力差异巨大，中央对地方转移支付侧重西部地区，并逐渐提高一般性转移支付比重。

1. 中央对地方转移支付向西部地区侧重。根据财政部公布的数据，2016 年中央向地方的转移支付总额（含税收返还）为 62479 亿元（含有未落实到地区数），落实到地区数为 59486.36 亿元，其中对东部地区转移支付总额为 11999 亿元，中部地区为 15649 亿元，东北部地区为 6687 亿元，西部地区最高，为 25150 亿元，占这些区域总的 42.28%，中部地区占比以 26.31% 居于其次，东部地区和东北部地区占比最低，分别为 20.17% 和 11.24%。根据财政部预算司发布的 2017 年中央财政预算中对地方转移支付的预算情况，2017 年中央预算对地方转移支付总额为 65650 亿元（含有未落实到地区数），落实到地区数为 54558.77 亿元，其中对西部地区的转移支付最高，为 23002 亿元，占比 42.16%，中部地区其次为 14538 亿元，占比 26.65%，东部和东北部最少，分别为 11142 亿元和 5877 亿元，占比分别为 20.42% 和 10.77%②。可见，中央向地方的转移支付中，西部地区占有较大份额。

① 中国在进行区域之间的“对口支援”等横向活动涉及经济社会等交流，其实更为直接的体现是以发达地区支持欠发达地区包括民族地区的横向财政转移支付关系。一系列的“对口支援”项目即由横向财政资金转移支付所完成。

② 本章使用了全国及民族地区相关财政数据源于《中国财政统计年鉴》相应年份以及《全国地市县财政统计资料》（2000—2009 年），如无特殊说明，以下均出于此年鉴。

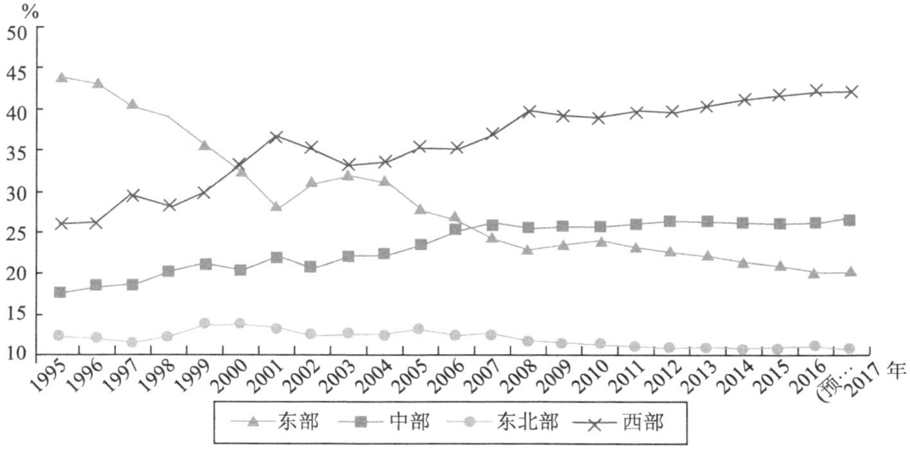

图 2－4　中央对地方转移支付（含税收返还）在各区域分布占比

资料来源：根据 1995—2015 年《中国财政统计年鉴》；2016 年和 2017 年的转移支付数据来自中华人民共和国财政部预算司公布的“2017 年中央对地方税收返还和转移支付分地区预算汇总表”自行计算得到。

从转移支付在地区间占比的动态变化情况来看，图 2－4 中显示自 1994 年分税制改革以来，西部地区转移支付占总体的比重逐年上升，东部地区转移支付比重逐年下降，东北部地区和中部地区变化幅度不大，其中东北部地区在 10%～15% 以内变动，中部地区在 15%～25% 变动。从变化幅度最大的东部和西部地区来看，东部在 1995 年时以 43.92% 的比重远超过西部（26.22%）和其他地区，到 2000 年降到 32.54%，被西部地区以 33.16% 反超，2007 年东部地区转移支付占比已经仅为 24.51% 低于中部（26.04%）和西部地区（36.99%），比重继续下降到 2016 年仅为 20.17%，2017 年预算为 20.42%，西部地区的转移支付比重一路飙升到 2016 年的 42.28%，在 2017 年被预算为 42.16%。综上所述，自分税制改革以来，中央向地方政府的转移支付重心正在逐渐向西部地区转移，东部地区摆脱过度依赖转移支付的阶段。

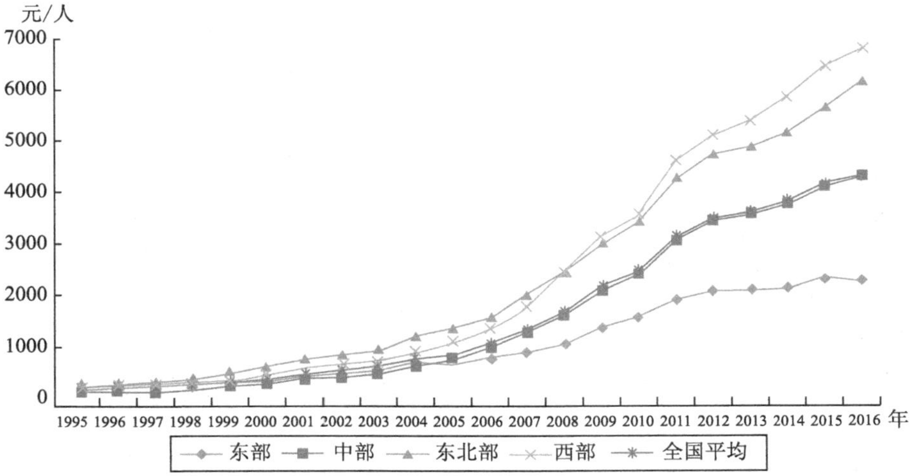

图 2-5 全国各区域转移支付水平

资料来源：根据1995—2016年《中国统计年鉴》和1995—2015年《中国财政统计年鉴》；2016年转移支付数据来自中华人民共和国财政部预算司公布的“2016年中央对地方税收返还和转移支付分地区预算汇总表”自行计算得到。

而从测算得到的人均转移支付来看，2016年全国人均转移支付148.83元。其中，东部地区人均转移支付53.88元，中部地区人均转移支付70.25元，东北部地区为172.14元，西部地区为353.9元，西部地区人均获得的转移支付远高于中国地区人均转移支付的两倍。从分税制改革以后各区域人均转移支付水平来看，所有区域的人均转移支付均有所增长，其中东部地区人均转移支付保持在最低的水平增长缓慢，始终低于全国平均水平，西部地区增长幅度最大，东北部地区次之。从涨幅来看，西部地区从1995年的人均177.11元增长到2016年的人均6735.5元，增长超过37倍，其次是中部地区从1995年的129.1元/人增长到2016年的4263.2元/人，增长超过32倍，东北部地区从1995年的300.5元/人增长到2016年的6121.7元/人，增长了19倍。东部地区增长缓慢，从1995年的268.1元/人增长到2015年的2266.2元/人，增长了7.5倍。东部和东北部地区增长幅度均低于全国平均水平增长幅度20倍，如图2-5所示。可见，无论是考察总体还是人均，中央向地方的转移支付重心都在向西部地区转移。

2. 转移支付逐渐向一般性转移支付为主的结构转变。目前，中央对地方的转移支付即一般性转移支付、专项转移支付、税收返还三种形式，一般性转移支付主要是为弥补财政实力薄弱地区财力缺口，均衡地区间财力差距，实现地区间基本公共服务能力的均等化；专项转移支付主要是国家对地方政府上报各类专项项目的拨款，但是容易在分配和使用过程中被挪用，所以无法起到显著政策扶持的效果；税收返还实际上是一项保护各地区既得利益的一项财政政策，分配的过程中容易出现马太效应，分配更多资金给财力强的地区，而财力弱的地区获得较少资金，从实际实施效果上来看，某种程度上违背转移支付原则。

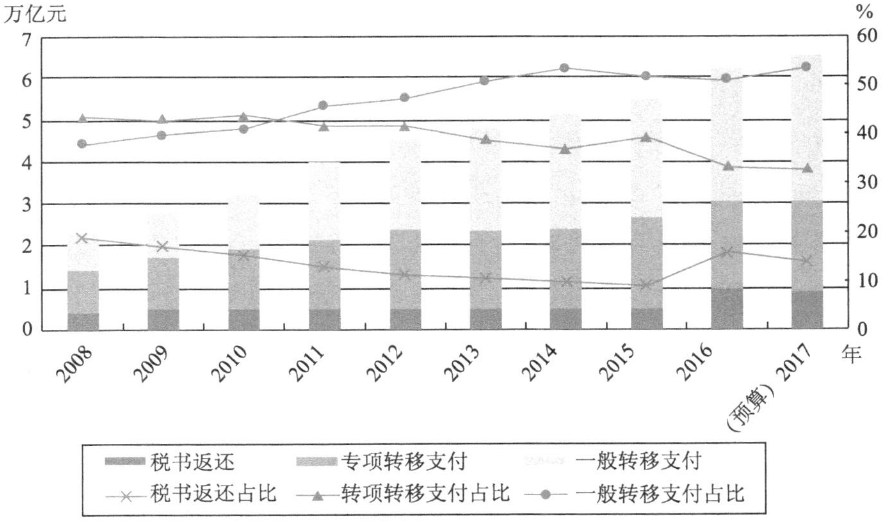

图2-6　中央对地方转移支付结构总体变化情况（万亿元，2008—2017）

资料来源：根据中华人民共和国财政部预算司公布的2008年-2017年中央对地方税收返还和转移支付预算表自行计算而成。

近年来，一般性转移支付规模不断扩大，数额不断增加，其占总额的比重也在不断增加。根据财政部统计，从全国层面来看，2016年中央对地方进行的税收返还和转移支付中一般性转移支付和专项转移支付分别为

31977.35亿元和20826.56亿元，税收返还为9675.35亿元，税收返还和转移支付总计为62479.26亿元。其中，一般性转移支付占比51.18%，专项转移支付占比33.33%，税收返还占比15.49%。2017年的预算中一般性转移支付为35030.49亿元，专项转移支付为21481.51亿元，税收返还在2017年的预算为9138亿元，总计税收返还和转移支付为65650亿元，其中，一般性转移支付占比53.36%，专项转移支付占比32.72%，税收返还占比13.92%。可见，2017年制定预算时相较于2016年，一般性转移支付比重有所上升，专项转移支付和税收返还占比有所下降。从图2－6中2008年到2017年一般性转移支付呈现稳定快速增长态势，从2008年的8746亿元增长到2016年的31977亿元，增长了2.66倍，而专项转移支付和税收返还增长幅度较小，分别从2008年的9962亿元和4282亿元增长到2016年的20826亿元和9675亿元，分别增长了1.09倍和1.26倍。

从转移支付结构占比的变化情况来看，2008—2016年一般性转移支付的比重呈现逐年增长的趋势，专项转移支付的比重逐年下降，税收返还占比变化趋势不明显。2008年一般性转移支付占总比重为38.04%，低于专项转移支付43.33%，而到2011年一般性转移支付占比以45.87%超过专项转移支付41.51%，到2016年增长到51.18%，而专项转移支付占比降到33.33%。一般性转移支付的比重在近五年均超过50%，尤其是2017年预算中一般转移支付占比增长到53.36%，专项转移支付占比降到32.72%，可见，中央对地方转移支付逐渐向一般性转移支付倾斜，比重逐年增长，目的是弥补财政实力薄弱地区财力缺口，均衡地区间财力差距，实现地区间基本公共服务能力的均等化。

三、西部地区转移支付依存度长期处于较高水平

中国区域间经济发展非均衡已经成为常态，尤其是东部与西部地区经济差距逐年拉大的社会现实威胁到社会可持续发展。经济发展不均衡导致地区间财力差距拉大，西部地区财政自给能力严重低下使地区无法完成必

要的公共服务支出。中央向地方的转移支付逐渐向西部地区侧重，并且转移支付结构以一般性转移支付为主，希望通过转移支付弥补财力差距，帮助欠发达地区实现公共支出，从而促进地区间均衡发展。转移支付依存度指的是地方政府公共财政支出中来自转移支付收入的份额，转移支付依存度越大说明该地区公共财政支出越依赖中央转移支付。

转移支付依存度值越大的地区转移支付依存度越高。经测算可以得到，东部沿海地区的转移支付依存度最低，上海市的转移支付依存度最低，仅为0.069，广东省位于其次为0.101，北京市为0.112。中国从东部到西部，转移支付依存度逐渐增大，尤其是西藏地区达到0.875，青海省为0.698，转移支付依存度非常高。测算得到，西部8个民族地区的转移支付依存度均在0.51以上的区间内，即超过一半的财政支出需要依赖转移支付。

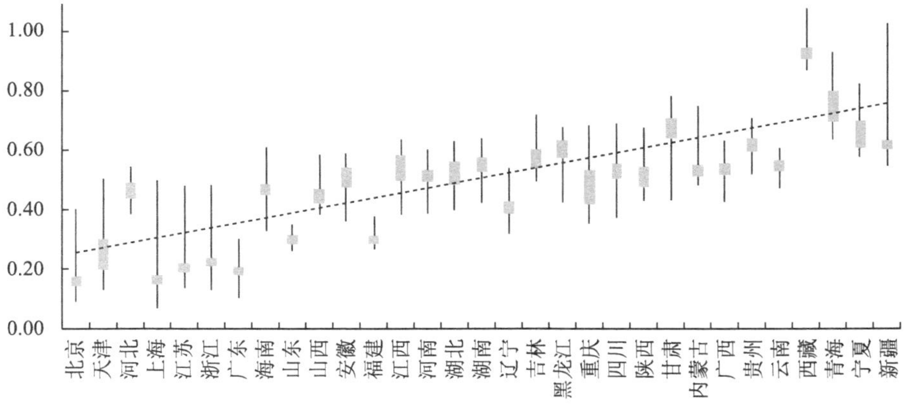

图2-7　转移支付依存度的变化（1997—2016年）

资料来源：根据1997—2016年《中国统计年鉴》和1995—2015年《中国财政统计年鉴》，2016年转移支付数据来自中华人民共和国财政部预算司公布的“2016年中央对地方税收返还和转移支付分地区预算汇总表”自行计算而成。

图2-7表示的是中国各地区1997—2016年转移支付依存度的变化箱形图。图中虚线表示中位数的线性趋势。箱体的跨度越大说明数据在过去20年越分散，跨度越小表示数据分布越集中。竖线表示最大值与最小值跨

度，反映出过去20年转移支付依存度的变化幅度。在从图中可以看出，过去20年来从东部到西部地区转移支付依存度是上升的，这可以从中位数的变化趋势看出来，可见西部地区的转移支付依存度普遍高于东部地区。具体来看，西藏地区的转移支付依存度最高，变化幅度较小，在0.87～1.08波动，说明在过去20年里西藏的1单位公共财政支出中最小时有0.87来自转移支付，最大时全部来自转移支付。北京、上海、江苏、浙江、广东等东部沿海地区的转移支付依存度最低，尤其是广东地区变化幅度最小，基本在0.1～0.29变化。东部地区的转移支付依存度存在较大差异，河北和海南属于转移支付依存度较高的地区，而其他地区则较低。八个民族地区中内蒙古、广西、贵州、云南、西藏、新疆的转移支付依存度在过去20年的分布较为集中，而青海、宁夏的转移支付依存度较分散。东部地区除天津和河北外，转移支付依存度分布都较为集中，变化幅度不大。

此外，从近年来民族地区财政收支赤字上来看，民族地区需要中央财政转移支付予以支持，很大程度上依赖中央财政的转移支付。相关数据如表2－1所示。2016年，宁夏财政缺口规模732亿元，青海1225亿元，内蒙古2564亿元，新疆3162亿元，西藏1397亿元，云南2229亿元，贵州2270亿元，广西2412亿元，其中，当年青海国地税总收入为298亿元，一般预算支出为1523亿元，支出是收入的5倍，即青海政府每花一元，中央财政就要补贴四元；从2014年到2016年，新疆国地税总收入连续两年下降，总支出反而升高，其中主要是转移支付发挥了补充作用。

表2－1　近年民族地区财政收支与赤字情况　　单位：亿元

	年份	2016	2015	2014
新疆	国税收入（含代征关税）	994	911	1055
	地税收入（含代征关税）	775	859	865
	国税地税收入总和	1769	1770	1920
	财政一般预算支出	4931	3805	3323
	财政缺口（税收收入—支出）	－3162	－2035	－1403

续表

	年份	2016	2015	2014
西藏	国税收入（含代征关税）	244	191	175
	地税收入（含代征关税）	1641	1427	1240
	财政缺口（税收收入—支出）	–1397	–1236	–1065
内蒙古	国税收入（含代征关税）	982	867	855
	地税收入（含代征关税）	980	1224	1140
	国税地税收入总和	1962	2091	1995
	财政一般预算支出	4526	4352	3884
	财政缺口（税收收入—支出）	–2564	–2261	–1889
宁夏	国税收入（含代征关税）	336	282	270
	地税收入（含代征关税）	190	232	222
	国税地税收入总和	526	514	492
	财政一般预算支出	1258	1138	1000
	财政缺口（税收收入—支出）	–732	–624	–508
广西	国税收入（含代征关税）	1150	964	874
	地税收入（含代征关税）	910	1013	923
	国税地税收入总和	2060	1977	1797
	财政一般预算支出	4472	4076	3770
	财政缺口（税收收入—支出）	–2412	–2099	–1973
青海	国税收入（含代征关税）	159	148	176
	地税收入（含代征关税）	139	210	195
	国税地税收入总和	298	358	371
	财政一般预算支出	1523	1505	1366
	财政缺口（税收收入—支出）	–1225	–1447	–995
云南	国税收入（含代征关税）	1710	1690	1674
	地税收入（含代征关税）	1080	1111	1138
	国税地税收入总和	2790	2801	2812
	财政一般预算支出	5019	4713	4438
	财政缺口（税收收入—支出）	–2229	–1912	–1626

续表

	年份	2016	2015	2014
贵州	国税收入（含代征关税）	1028	841	806
	地税收入（含代征关税）	964	1082	992
	国税地税收入总和	1992	1923	1798
	财政一般预算支出	4262	3930	3542
	财政缺口（税收收入—支出）	-2270	-2007	-1744

资料来源：《中国财政统计年鉴》（相应年份）、《中国统计年鉴》（相应年份）整理。

第二节　民族地区转移支付加大与差异并存

中国少数民族八省区包括内蒙古自治区、宁夏回族自治区、新疆维吾尔自治区、西藏自治区和广西壮族自治区五大少数民族自治区和少数民族分布集中的贵州、云南和青海三省。根据《中国民族统计年鉴2013》的统计①，青海、云南、贵州三省少数民族人口分别为238.50万人，1272.70万人和1961.43万人，占全省民族自治地区年末总人口的比重分别为64.23%、56.57%和60.72%，超过一半的人口是少数民族，这一比例远高于其他非民族自治省区；同时，青海、云南、贵州三省民族地区面积分别为70.90万平方公里、27.55万平方公里和9.78万平方公里，占全省面积的98.32%、69.94%和55.59%，这一比例远高于其他非民族自治省区，因此，研究中将贵州、云南和青海划分为民族地区。

一、中央对民族地区转移支付比重逐年增加

自1994年实行分税制以来，中央不断加大对地方政府的转移支付力度，特别是《过渡期转移支付办法》的实施，中央进一步加大了对民族地

① 考虑到数据的可获取性，选择最近的2013年的《中国民族统计年鉴》数据。

区的转移支付力度，不仅在转移支付系数中额外增加了民族因素，而且还从2000年起专门单独列出一项“民族地区转移支付”款项，这些举措都极大地加大了民族地区转移支付的规模，在西部大开发政策实施以后，中央也不断加大对西部地区的扶持力度，使西部民族地区获得中央转移支付规模不断扩大。

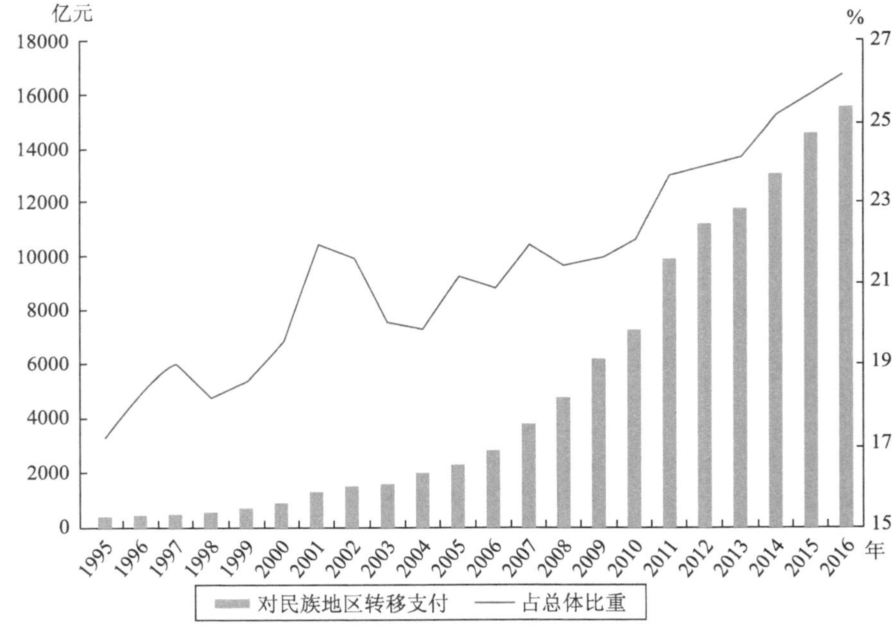

图2－8　中央向西部民族地区转移支付总额及比重变化

资料来源：根据1995—2015年《中国财政统计年鉴》，2016年转移支付数据来自中华人民共和国财政部预算司公布的“2016年中央对地方税收返还和转移支付分地区预算汇总表”自行计算而成。

图2－8显示出中央对民族地区转移支付规模自分税制改革以来快速增长，中央财政对西部民族地区转移支付规模从1995年的435.48亿元增长到2016年的15556亿元，增长了将近35倍。中央对地方转移支付从1995年的2532.89亿元增长到2016年的59486.36亿元。中央对西部民族地区转移支付占中央对地方转移支付的比例由1995年的17.19%上升到2016

年的26.15%，同时西部民族地区转移支付的增长速度高于全国平均增长速度。1995 年至 2016 年中央财政对西部民族地区转移支付额累计113519.4 亿元，占中央对地方转移支付总额的 23.49%。中央对民族地区的转移支付比重正在逐年增加。

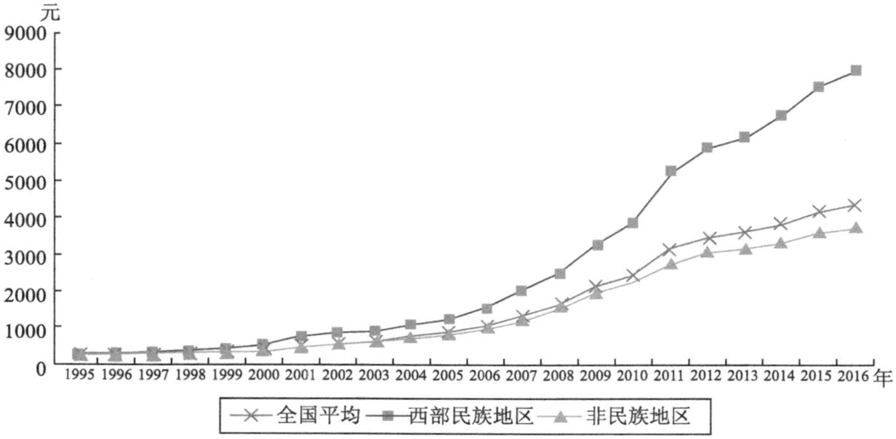

图 2-9 地区人均转移支付变化

资料来源：根据 1997—2016 年《中国统计年鉴》和 1995—2015 年《中国财政统计年鉴》，2016 年转移支付数据来自中华人民共和国财政部预算司公布的“2016 年中央对地方税收返还和转移支付分地区预算汇总表”自行计算而成。

图 2-9 显示出人均转移支付的变化情况，可以看出西部民族地区的人均转移支付快速增长，增长幅度远高于非民族地区和全国平均水平，其中，全国人均转移支付从 1995 年的 204.62 元增长到 2016 年的 4313.05元，增长了约 20 倍，民族地区人均转移支付从 1995 年的 256.2 元/人增长到 2016 年的 7970 元/人，增长幅度超过 30 倍，非民族地区从 1995 年的196.41 元/人增长到 2016 年的 3710.2 元/人，增长幅度仅为 17.89 倍，低于全国平均水平，由此可见，民族地区人均转移支付长期高于非民族地区和全国平均水平，并有持续增长态势。

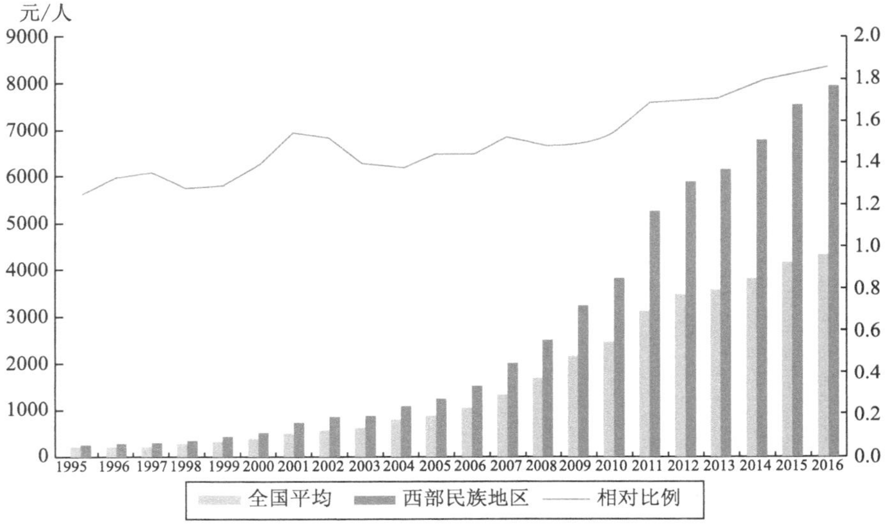

图 2－10　民族地区与全国人均转移支付及相对比例

资料来源：根据 1997—2016 年《中国统计年鉴》和 1995—2015 年《中国财政统计年鉴》，2016 年转移支付数据来自中华人民共和国财政部预算司公布的“2016 年中央对地方税收返还和转移支付分地区预算汇总表”自行计算而成。

注：此处的相对比例指的是民族地区人均转移支付/全国人均转移支付。

西部民族地区特殊的地域性和民族性，使中央加大了对西部民族地区的政策扶持，从而让西部民族地区获得了高于全国平均水平的人均转移支付额。从增长的绝对值来看，西部民族地区的人均转移支付额从 1995 年的 256.2 元上升到 2016 年的 7920 元，从增长的相对值来看，1995 年西部民族地区的人均转移支付额与全国人均转移支付额的比例为 1.25∶1，但是到 2016 年这个比值就上升到了 1.84∶1。自 1994 年实行分税制以来，西部民族地区的人均转移支付额不仅是绝对值的上升，还表现在相对于全国人均转移支付额的相对增长。

二、中央对民族地区转移支付促进财力均等化

中央对民族地区财政通过转移支付可能起到作用，促进财力均等化。

观察图 2－11 中 1995 年至 2016 年西部民族地以及全国的人均财政收入与支出，不难发现西部民族地区人均财政收入明显比全国人均财政收入低，但是西部民族地区人均财政支出却明显高于全国人均财政支出，这就是中央财政对西部民族地区进行转移支付产生的作用，有利于促进财力均等化。

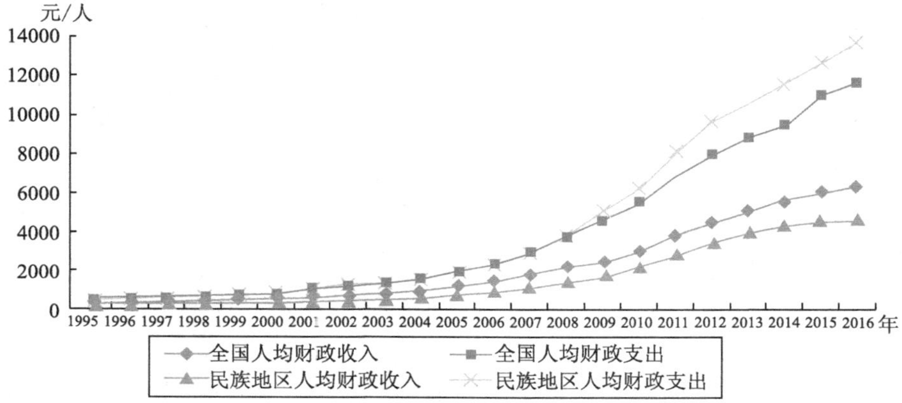

图 2－11　全国与民族地区人均财政收支

资料来源：根据 1995—2016 年《中国统计年鉴》自行计算而成。

从图 2－11 中可以看出总体上全国人均财政支出高于人均财政收入，同时，民族地区人均财政支出远高于民族地区人均财政收入，2016 年全国人均财政支出 11618 元，全国人均财政收入 6329 元，收支差 5289 元，民族地区人均财政收入 4630 元，民族地区人均财政支出 13669 元，收支差达到 9040 元。自 1994 年分税制改革以来，民族地区人均财政收入缓慢增长，而人均财政支出增长幅度较大。这与中央向地方转移支付重点转移到民族地区有关，对民族地区的转移支付对民族地区财政收支稳定起到了作用，有助于区域间财力均等化。

表 2-2 2016 年民族地区财政收支与人均转移支付排名 元/人

	人均财政收入	全国排名	人均财政支出	全国排名	人均转移支付	全国排名
西　藏	6359	11	49387	1	43206	1
青　海	4018	24	25655	4	17916	2
宁　夏	5744	13	18635	6	10806	3
新　疆	5505	14	17550	8	10202	4
内蒙古	8002	7	17961	7	9313	5
贵　州	4392	20	11988	16	7178	8
云　南	3822	26	10586	21	5625	11
广　西	3217	29	9244	27	4942	14

资料来源：2016 年《中国统计年鉴》，2016 年转移支付数据来自中华人民共和国财政部预算司公布的“2016 年中央对地方税收返还和转移支付分地区预算汇总表”。由课题组自行计算得到。

对西部民族地区进行转移支付，能在很大程度上改善本地区的人均财政支出，其中最为明显的是西藏和青海，表 2-2 中 2016 年西藏的人均财政收入为 6359 元，位居全国第 11，但是西藏的人均财政支出为 43206 元，在全国 31 个省市中排第 1，青海的人均财政收入在全国排 24，但是人均财政支出排第 2，可见中央对这两省的财政扶持力度之大。

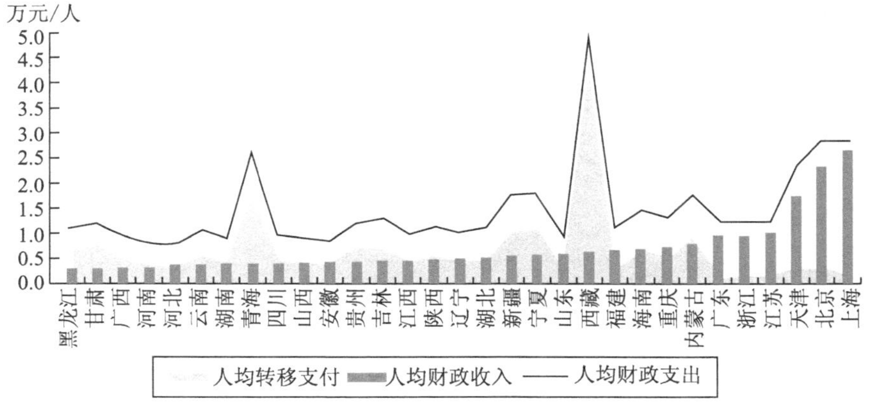

图 2-12 各地区人均财政收支与人均转移支付关系图

资料来源：根据 2016 年《中国统计年鉴》，2016 年转移支付数据来自中华人民共和国财政部预算司公布的“2016 年中央对地方税收返还和转移支付分地区预算汇总表”自行计算而成。

图 2－12 显示中国各地区人均财政收支和获得的人均转移支付情况，图中按照人均财政收入的高低进行省份排列，可以看出八个民族聚集的地区人均财政收入都较低，阴影部分表示人均转移支付水平，折线表示人均财政支出水平，可以看出云南、青海、贵州、新疆、宁夏、西藏等民族地区虽然人均财政收入较低，但是人均财政支出相对较高，这几个地区的人均转移支付也较高，图中可以看出人均财政支出与人均转移支付相关性较大，说明人均转移支付对地区财政支出有重要影响。

三、西部民族地区之间转移支付差距较大

西部民族聚集的 8 个地区整体的转移支付相比于其他非民族地区人均转移支付水平较高，但是地区之间的转移支付水平并不相当，人口、经济等因素影响财政自给率从而使这些地区的所接受的转移支付差距较大。

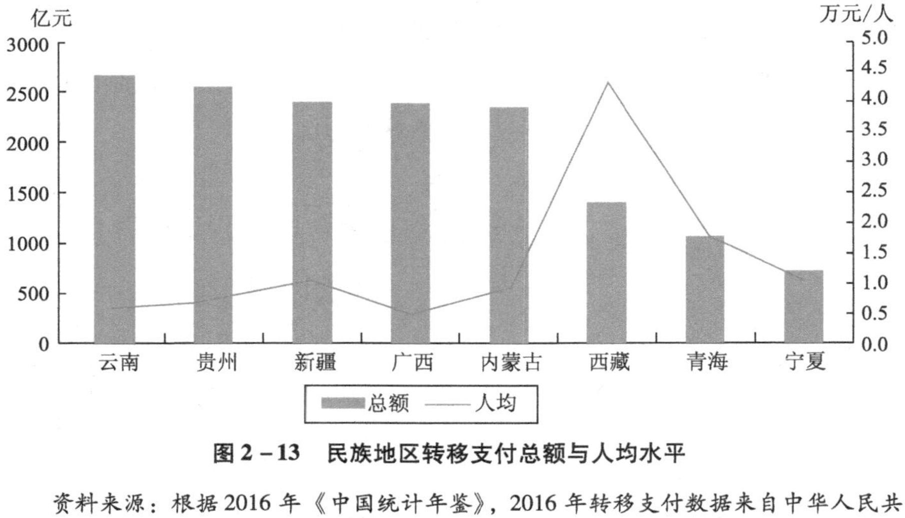

图 2－13　民族地区转移支付总额与人均水平

资料来源：根据 2016 年《中国统计年鉴》，2016 年转移支付数据来自中华人民共和国财政部预算司公布的“2016 年中央对地方税收返还和转移支付分地区预算汇总表”自行计算而成。

比较民族地区得到的转移支付总额与人均水平在地区间的差异，从图 2－13 中可以看出西部民族地区中云南省的转移支付规模是最大的，2016

年云南省获得中央财政的转移支付为2667亿元，占中央财政对西部民族地区转移支付17.14%，其次是贵州省得到的转移支付总额为2551.61亿元，占比为16.4%，宁夏得到中央的转移支付规模最小，仅为729.32亿元，占比为4.69%，是在西部民族地区中最少的。青海地区为1063.22亿元，占比为6.83%，比重仅高于宁夏地区。可见地区间在转移支付总额上差距较大。当考察人均转移支付时，西藏人均转移支付水平最高，达到43206元/人，超过平均水平7970元/人，其次是青海为17915.6元/人，宁夏地区以10806元/人居于第三位；贵州、云南、广西的人均转移支付水平分别为7177.5元/人、5624.5元/人、4942元/人低于平均水平。

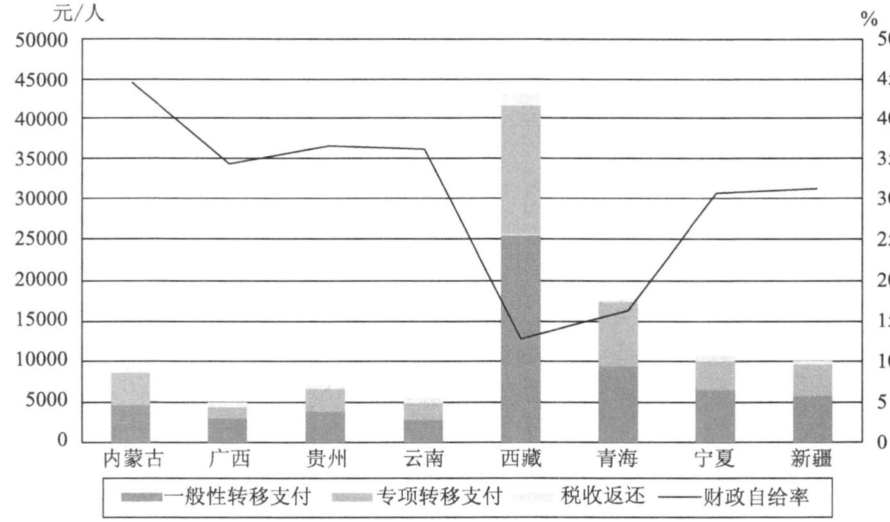

图2－14 民族地区人均转移支付水平与财政自给率

资料来源：根据2016年《中国统计年鉴》，2016年转移支付数据来自中华人民共和国财政部预算司公布的“2016年中央对地方税收返还和转移支付分地区预算汇总表”自行计算而成。

图2－14中显示民族地区2016的人均转移支付水平和财政自给率，民族地区人均一般性转移支付为4415.65元/人，西藏以25553元/人高于平均水平，青海、宁夏、新疆、内蒙古超过平均水平，贵州、云南、广西低

于平均水平，平均专项转移支付为 2978.82 元/人，而西藏地区以 16240.39 元/人远高于平均水平，其次是从图中可以看出西藏地区和青海地区的总转移支付最高，达到43206 元/人，青海、内蒙古、新疆、宁夏超过平均水平，税收返还为 539.51 元/人，西藏、云南、内蒙古、宁夏超过平均水平，而从 2016 年的财政自给率来看，西藏的财政自给率以 12.88%为最低，其次是青海和宁夏，分别为 15.66% 和 30.82%。内蒙古以 44.55%的自给率居最高，民族地区之间自给率的差异影响了人均转移支付水平。

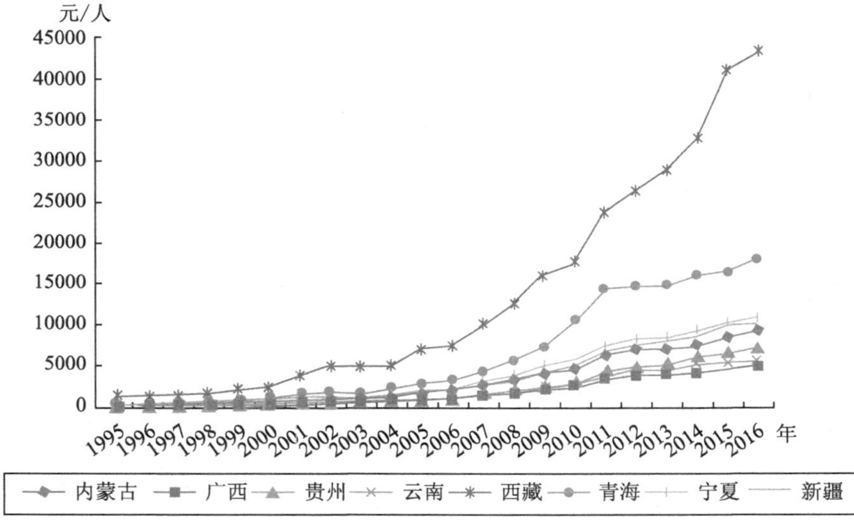

图 2－15　人均财政转移支付在民族地区变化情况

资料来源：根据 1997—2016 年《中国统计年鉴》和 1995—2015 年《中国财政统计年鉴》，2016 年转移支付数据来自中华人民共和国财政部预算司公布的“2016 年中央对地方税收返还和转移支付分地区预算汇总表”自行计算而成。

人均地区转移支付在分税制改革后的变化情况如图 2－15 所示，西藏地区人均转移支付产生突飞猛进的增长，从 1995 年的 1306 元/人增长到 2016 年的 43206 元/人，增长了 32 倍。青海地区从 1995 年的 396 元/人增长到 17915 元/人，增长 44 倍，增长幅度较大。从整体变化情况来看，分税制改革后，西藏地区和青海地区的人均转移支付水平远高于其他民族地区，并有持续增长态势。

表 2-3　2017 年中央对西部民族地区税收返还和转移支付预算表

单位：亿元

	一般性转移支付	专项转移支付	税收返还	总额
内蒙古	1168.61	746.95	178.64	2094.20
广　西	1484.59	527.46	233.93	2245.97
贵　州	1375.57	715.45	190.49	2281.51
云　南	1297.53	843.66	337.44	2478.63
西　藏	746.42	494.47	47.35	1288.24
青　海	549.02	332.91	35.16	917.09
宁　夏	439.90	192.17	47.13	679.20
新　疆	1276.34	688.79	120.16	2085.29
民族地区	8337.98	4541.86	1190.30	14070.13
全国	35030.49	21481.51	9138.00	56512.00

资料来源：中华人民共和国财政部：2017 年中央财政预算：http：//yss.mof.gov.cn/2017zyys/。

表 2-3 中显示西部民族地区各省的各项转移支付所占本省转移支付总额的比重具有较大差异。中央预算对西部民族地区各省进行的一般转移支付分别为：内蒙古 1168.61 亿元、广西 1484.59 亿元、贵州 1375.57 亿元、云南 1297.53 亿元、西藏 746.42 亿元、青海 549.02 亿元、宁夏 439.9 亿元、新疆 1276.34 亿元，除西藏、青海、宁夏外，其他五个省份的转移支付都比较平均，西部民族各省的一般转移支付占各省财政转移支付总额都在 55% 以上。在 2017 年中央对地方税收返还和转移支付的预算，税收返还比例最高的是云南，占中央对云南财政转移支付总额的 13.61%，税收返还额度为 337.44 亿元，其次是广西、贵州、内蒙古、新疆、西藏、宁夏、青海，最少的为青海仅为 35.16 亿元，税收返还额仅占财政转移支付总额的 3.83%。从西部民族地区内部各省来看，中央对西部民族地区各省

主要进行一般性转移支付，但是专项转移支付的比重也不低，其中在税收返还方面表现出，相对富裕的地方得到较多的税收返还，相对贫困的地区得到较少的税收返还支持，云南、广西、贵州的经济相对于西藏、宁夏、青海要好很多，但是获得的税收返却更多，这与转移支付的目标相违背，没有体现出转移支付促进落后地区经济增长，缩小地区经济差异的目标。

四、民族地区转移支付依存度较高

本研究利用财政支出中转移支付所占的比重衡量地区的转移支付依存度，表示的是地区财政支出对转移支付的依赖程度，转移支付依存度的值越高，表示该地区财政对转移支付的依赖程度越高，转移支付在其中承担的角色越重要。

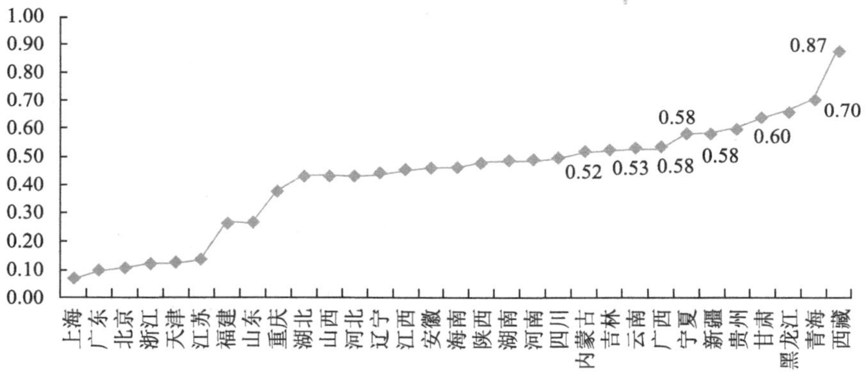

图 2-16 中国各地区转移支付依存度

资料来源：根据 2016 年《中国统计年鉴》，2016 年转移支付数据来自中华人民共和国财政部预算司公布的“2016 年中央对地方税收返还和转移支付分地区预算汇总表”自行计算而成。

从图 2-16 中显示 2016 年各地区的转移支付依存度，按照从低到高排列，根据测算得到的结果，2016 年转移支付依存度最低的是上海 0.069，其次是广东和北京，分别为 0.101 和 0.112，而转移支付依存度最高的是西藏和青海，分别达到 0.875 和 0.698，8 个民族聚集的地区均位于转移支付依存度很高的12位中，均在0.5以上，分别是内蒙古（0.519）、云南（0.531）、广西（0.535）、宁夏（0.58）、新疆（0.581）、贵州（0.599）和青海、西藏。这说明根据转移支付依存度的测算方法，民族地区至少超过一半的财政支出都是来源于转移支付，以确保有能力提供基本的公共服务。可见，转移支付在民族地区财政支出中的比重较大，对均衡民族地区财政收支，促进财力均等化从而实现基本公共服务均等化均具有重要作用。

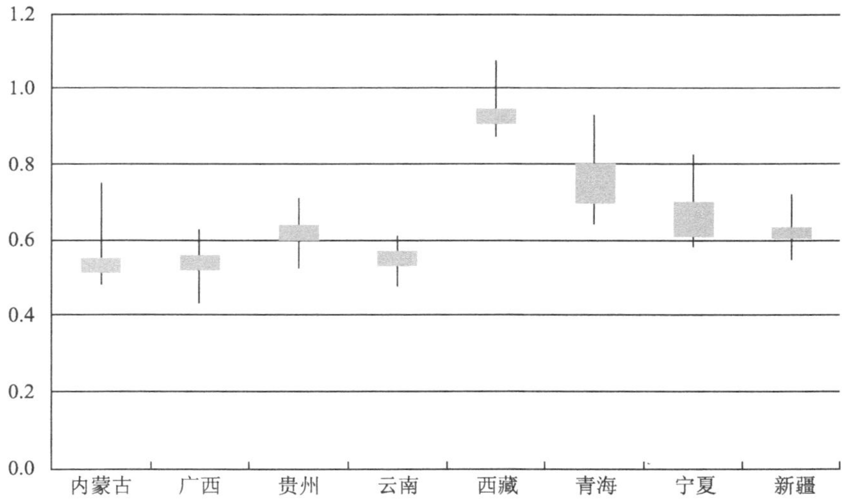

图2－17　民族地区转移支付依存度变化情况

资料来源：根据1997—2016年《中国统计年鉴》和1995—2015年《中国财政统计年鉴》，2016年转移支付数据来自中华人民共和国财政部预算司公布的“2016年中央对地方税收返还和转移支付分地区预算汇总表”自行计算而成。

图2－17显示的是民族地区转移支付依存度从1997年到2016年20年的变化情况，从图中可以看出民族地区转移支付依存度在过去20年里表现出差异化特征，其中，西藏地区的转移支付依存度长期处于高位，在过去20年的分布较为集中，最低时为0.873，最高时为1.075，变化幅度不大但是转移支付依存度集中在较高的水平，从1997年的0.907经历了上涨到1999年的1.075，达到最高点，然后开始下降，到2016年降到0.875，整

体波动不大，有轻微下调，这可能与近些年地区经济增长提高了财政收入从而降低对转移支付的依赖程度有关。

从图2-17中可以看出青海和宁夏的转移支付依存度在过去20年变化幅度较大，青海的转移支付依存度从最低的0.639到最高时达0.93，在1997年时青海地区的转移支付依存度为0.681，到2001年达到第一个高点0.915，后经历下降又增长到2004年的最高点0.93，然后持续下降，到2015年降到最低的0.639，到2016年有轻微上涨为0.698。宁夏的转移支付依存度从最低时的0.58到最高时的0.826波动，从1997年宁夏转移支付依存度为0.581经历波动但是总体趋势为增长，到2004年达到0.826的最高点，然后持续下降到2016年的0.58，也是过去20年来的最低点。其他民族地区的波动不大，转移支付依存度相对较低。可见民族地区转移支付依存度存在较大差异，并且在过去的时间里变化趋势与变化幅度并不一致，这可能影响转移支付的财力均等化效应，因此，作进一步研究时应注重这些差异，进行针对性分析。

第三节　转移支付事关民族地区财政收支稳定

一、转移支付成为民族地区财力的重要来源

转移支付为弥补地区间财政横向与纵向失衡发挥了巨大的作用。地区间长期存在横向与纵向财政失衡，这是转移支付产生的缘由，横向财政失衡是在同级政府之间的财政收支差异导致在提供相似公共物品时质量产生差异，其产生的原因是自然资源、地理位置等不同造成公共物品提供成本产生巨大差异，如交通便捷的地区提供相似公共物品时的运输成本相对较低，或者自然资源相对丰富的地区在提供公共物品时花费的成本也会相对较低，而较弱的地区则不可避免扩大政府开支。另外，财政收入在地区间的差距导致横向财政失衡，如经济发展阶段不同、税收政策不同等都会引

起财政收入产生较大差异。这些因素引起的横向财政失衡导致地区间经济差距进一步拉大，不利于地区经济的可持续健康发展。而各级地方政府不具备主动调节财政失衡的动力，需要中央通过对地方转移支付进行地区间财力的协调，缩小地区间收支差距，促进协调发展。

纵向财政失衡是上下级地方政府财政收支没有达到协调造成的失衡，使上级政府财力盈余而下级政府出现财政赤字。产生这种现象的主要原因是上下级地方政府财权、事权不对等，支出责任划分与收入划分不一致造成的，下级政府对课税的控制权较弱，但是却承担了与财权不对等的公共服务支出责任，这种情况在基层政府中比较集中，层级越低，财权越少，支出责任越大。中央政府可以通过进一步完善转移支付制度对上下级政府之间的财政收支缺口进行填补，最大程度的解决纵向财政失衡问题。

转移支付资金矫正了地方政府辖区间公共品外溢效应。在各个层级的地方政府进行公共产品供给时均存在外溢特征，因为地方政府提供的公共产品无法控制受益范围，往往导致受益区域跨越本地区辖区而进入周边地区，当这种外溢效应未达到辖区边界时出现公共产品数量不足的问题，而当超过边界则使其他地区“搭便车”却没有付出成本。考虑到自己要承担成本风险同时公共产品的外溢效应，许多地方政府在提供公共物品时可能产生偏差，只提供使本地区受益的公共产品。不愿意独立提供超出自身辖区范围的公共产品，不愿意承担这部分产品的成本。当政府形成这种思想时，很可能导致地方公共产品供给扭曲，不利于辖区内居民公共利益，也对区域间经济的协调发展产生抑制作用。这就需要依靠转移支付制度进行调整，对具有效益外溢的公共物品进行一定的补偿，对成本外溢的公共物品进行合理限制。

转移支付在客观上促进区域经济增长和均衡发展。虽然在地区间进行梯度发展有利于提高经济增长效率，但是地区间发展差距过大容易产生问题，导致资金、人才和劳动力等流动到相对发达的地区，不利于欠发达地区经济增长，形成“马太效应”，使发达地区越来越发达，而欠发达地区经济增长更加缓慢，地区间差距快速拉大，不利于社会公平正义，阻碍稳定和谐发展。中央政府是国家整体利益的代表，有利于制定并出台相应措施帮助落后地区发展经济，以改善区域经济发展不平衡的状态。转移支付作为政府财政政策的重要手段，有利于区域间经济协调发展，能够维护社会秩序稳定，从而起到增进市场对资源配置的基础性作用。因此，完善转移支付制度对中国区域间缩小经济社会发展差异具有重要意义，有利于实现地区间经济均衡增长。

二、转移支付促进民族地区基本公共服务发展

民族地区财政支出成本相对较高，需要转移支付予以支持和弥补。地区财政支出成本受到很多因素的影响，包括自然调节、区位分布、行政建制、经济发展水平等，民族、宗教等社会因素也具有重要影响。民族地区相较于一般地区具有特殊性，导致其财政支出成本相对较高，财政负担沉重。一是民族地区地广人稀，交通不便利，从而造成财政供养人口相对较多，行政运转成本增加提供社会服务的规模效益难以形成，财政支出的单位成本非常高。二是民族地区地理环境多地处高寒地区或山区，导致人员经费和公用经费增加，也间接提高经济建设成本。高寒地区同样质量要求的工程造价高于一般地区，再加上运输成本高，加大了民族地区企业经营成本。三是特殊的民族构成增加了教育、文化、卫生和宣传等费用支出，按照《宪法》和《民族区域自治法》的有关规定，民族地区从事文化、教育、广播电视、出版发行等各项事业都需要同时采用普通话和当地少数民族通用语言，大大增加财政支出。民族、宗教因素的特殊财政支出也较多，财政要对少数民族特殊的生活用品生产销售进行补贴，民族地区在宗教方面的财政支出日趋增加。另外，民族地区多是边疆地区，巩固边防和边境建设任务是重中之重，中国 8 个民族省区有 5 个处在边疆地区，边境线长达 17000 多公里，每年必须安排边境建设事业补助费。全国贫困人口基本集中在民族地区，面临着艰巨的扶贫任务。这些特殊的因素使民族地区如果达到均等化

的公共服务水平，人均财政支出必须高出一般地区很多。

民族地区财政收入能力相对薄弱，需要上级政府转移支付以提供相应的公共服务。民族地区多出于西部地区，自然环境较差，交通和信息获取不够便利，发展地方经济的成本高。民族地区规模以上的工业企业多是计划经济体制下的，有相当一部分是原“三线”军工企业，在市场经济体制下，多数企业市场竞争能力较弱，无法形成民族地区经济增长支柱，很多企业甚至成为地区发展经济的负担。富有竞争活力的微观主体是税收的主要来源，由于上述原因导致民族地区企业竞争力不足，当地收税有限，财政转移支付成为当地财力的重要来源之一。

加速民族地区基础设施建设需要相应的转移支付支持。民族地区财政收入规模较低，人均财政收入低于全国平均水平，这制约了民族地区公共服务的供给，民族地区基础设施落后已经成为普遍问题，制约民族地区经济发展。国家西部大开发战略将西部地区基础设施建设放在突出位置，主要目的是改善投资环境，增强经济增长动力，以规模建设带动西部经济。从民族地区的财政特点来看，一方面财政支出的成本较高；另一方面经济增长动力不足，财政自给能力低。财政收支矛盾突出使民族地区仅仅依靠自身财力无法保障基本的政权运转，不利于边疆地区稳定。需要中央财政通过建立规范的财政转移支付制度对民族地区发展给予大力的扶持，加快基础设施的建设，刺激民族地区经济增长，实现社会稳定协调发展。

三、转移支付制度安排影响民族地区财政收支稳定

尽管中央财政转移支付在民族地区财政收入中占有较大比重，支持力度超过其他地区，中央财政转移支付对于民族地区发展发挥了重要作用，但民族地区与全国经济发展的平均水平和财政收入总体来看没有缩小，有些民族地区发展水平与全国平均水平还存在进一步扩大的趋势。政府要积极压缩这种扩散效应，必须采取一定的特殊措施来缩小区域差距。中国实行分税制改革后民族地区特殊的财政体制没有起到缩小区域差异的作用，

而是将过渡性转移支付日益长期化和制度化，民族地区财力不足，必须立足于长效机制加以解决。

1. 民族地区对下财政转移支付制度特征。民族地区内部转移支付安排其制度特征主要体现如下：一是随着中央转移支付增加，民族地区对下转移支付规模逐步扩大。二是民族地区对下财政转移支付方式是以中央对地方形式进行类似设计，即分税制财政管理要求下，地方再对财政收支进行划分，也包括税收返还、原体制补助和上解、财力性转移支付、专项转移支付等大类；结合本地区实际，确定省区以下地市县应该得到的一般性转移支付数量，这大致可以视为中央对地方转移支付形式在各省区范围内再向基层政府延伸。但省以下的财政分权效果值得商榷，有学者认为，其实是传统“财政包干”制的翻版①。三是为调动和鼓励基层增加财政收入，省级单位在制定对下转移支付时都建立有激励和约束机制。四是各省区对下财政转移支付制度并不统一，存在不同的执行办法。从总体上来看，民族地区结合实际，适时调整财政转移支付制度，维持地方政府正常运转，为居民提供基本公共服务等方面起到积极作用。

2. 民族地区财政转移支付制度存在相关问题。自民族地区建立对基层的转移支付制度以来，取得了一些积极成绩，但各种原因制约转移支付效果。中国财政转移支付制度在目标制定、转移支付规模、转移支付结构，以及转移支付管理等方面存在一定缺陷，转移支付法制建设严重滞后，相应制约了财政转移支付制度的再分配职能，也降低了财政资金使用效率。

（1）一般性转移支付中均衡性转移支付和民族地区转移支付所占比重低。一般性转移支付在规范性、科学性、合理性等方面有明显进步，但规模数量尚难以达到较高水平，其均等化作用力度较弱，促进民族地区发展

---

① 知名财经专家高培勇指出，中国地方财政残缺不全，是变样的财政，即财税体制的设计原则是分税制，但在现实当中，很大程度已经回到1994年之前的总额分成、收入分成的分钱制体制。各级财政盯的不是哪个税种归谁，而是上一级政府能给我多少钱。不少地方财政沦为“打酱油财政”，改革方向是继续坚守分税制方向，并逐步向前逼近。具体分析参见：高培勇．财税体制改革要回归分税制本义［N］．经济参考报，2013－09－25.

的推动力较小。一般性转移支付分配设计、因素选择不够规范，调节地区间财力差距的力度有待加大。税收返还制度在一定意义上扩大了地区之间财力差异。自实行分税制改革以来，税收返还在中央对地方财政转移支付总量中一直占重要地位。根据增值税和消费税税收返还计算办法，税收返还取决于年地方净上划中央的收入规模、地方超额完成增值税和消费税情况、各地增值税和消费税增长幅度。首先，这种制度安排必然导致经济越发达的地区得到的税收返还数额越多，经济越落后的地区税收返还数额越少。经济落后地区税收基数远远低于经济发达地区。其次，经济落后地区经济发展相对缓慢，所得税增幅相对较小，在根据税收增幅按比例返还时，落后地区税收返还总额少。税收返还实际上还在不断拉大民族地区与其他地区的财力差距。

民族地区对基层的转移支付中的税收返还、一般性转移支付、调整工资转移支付、社会保障转移支付、农村税费改革转移支付、体制补助和结算补助等拨款。其中，具有均衡地区财力的一般性转移支付总量较低，税收返还占有较大比重，资金分配标准遵循旧有体制，使各地出现两极分化，难以起到促进公共服务均等化。专款补助要求财政配对下级财政预算自主性造成负面影响。计算方法需要改进，各民族省区对下财政转移支付使用“因素法”替代传统的“基数法”，如何选取相关因素尚未有规范、准确的确定方法。

体制补助和体制上解方面的问题。体制上解是地方向中央缴纳的体制性上解收入，体制补助是中央对地方政府的体制性补助，它是财政分级包干后，在政府间进行财政再分配的一种基本形式。这种补助属于对地方的一般性补助，不规定专项用途，地方用于经常性支出。自2009年以后，将体制上解与税收返还进行了对冲处理，但是体制上解和税收返还作为旧体制的痕迹仍然保留下来不利于形成规范、有效的新型财政体制。

（2）专项转移支付制度存在许多需要完善之处。专项转移支付存在以下问题：一是项目庞杂、交叉重复、资金分配零散。中央对地方专项转移支付几乎涉及所有财政支出领域，从增量结构来看，近年专项转移支付结构不断优化，用于竞争性领域专项拨款大幅度减少，用于公共支出比重在加大，但专项转移支付仍然过多、过滥，项目设立存在不规范、不科学等问题。二是由中央主管部门直接审批具体项目，容易造成中央审批的项目不符合地方实际，中央决定与地方需求错位，造成转移支付的效率低下。从程序上来看，项目审批严格，但中央很难以对各地实际情况有全面了解，容易陷入形式主义。三是专项转移支付制度有待进一步公开和透明而缺乏可预见性，补助收入无法预见使下级政府难以准确编制预算，上下级财政转移支付的具体计算方式不明确，一些专项转移支付项目没有专门管理办法或者项目选择和范围确定不合理，基层部门向上级部门跑项目。四是需要配套要求肢解地方预算的整体性。由于民族地区财政配套能力不足，可能导致发达地区争取专项转移支付机会多于民族地区；一些地方申请专项资金在配套上采取临时挪用资金配套或借债配套，由于没有配套能力而降低设计标准或减少项目内容，使项目执行大打折扣。配套要求也加剧了地方，特别是县级政府的财政困难。五是专项转移支付效果需要提升。专项转移支付几乎涉及所有支出科目，在地方财力紧张的条件下，挤占挪用专项转移支付在所难免，部分资金用于弥补地方财力缺口，同时，又对地方政府财政支出安排产生“挤出效应”。六是专项转移支付区域分布不合理。近年来，专项转移支付开始向中西部地区倾斜，但离实现公共服务均等化目标还是有一定差距。从拨款项目立项来看，过程不透明，立项缺乏科学依据和标准。这种体制不规范必然带来分配的不公平，不利于实现公共服务均等化和民族地区的发展。

（3）省对下转移支付制度尚不规范。民族地区以下政府间财政事权与支出责任界定划分不清楚，政府间转移支付制度是财权和支出责任相结合的有机体，支出责任划分和相应的财力匹配是实施均衡性转移支付的重要参考。民族地区以下地方政府间职责范围（支出责任）不太明晰和规范，民族地区以下各级政府间的支出责任难以明确细化，有的支出项目上级出台政策，下级政府承担支出责任。

中国没有明确制定统一规范的省以下转移支付制度，各地都是比照中央转移支付制度设计省区对基层的转移支付制度。在省以下各级政府间收入划分不合理、支出责任划分不明晰的情况下，省对下转移支付制度设计和运行程序也很难谈得上科学规范。主要表现为：制度设计上种类繁多，政策目标交叉重叠，转移支付项目重复设置，分配管理不够规范，转移支付规模仍然偏小，省对下转移支付在缩小地区间财力差距、贯彻中央意图等方面的作用受到明显限制等。财政转移支付制度缺少法律的支撑和保证，新修订的预算法对中央和地方收入体制和范围划分做了较为原则的规定，但是对支出的体制、范围以及转移支付制度没有明确规定，即财政事权与支出责任划分和落实尚未完全到位。

建立科学规范的转移支付制度，不仅需要制度设计科学，也需要改善相关配套环境，包括分税制财政体制改革、政府职能转变、预算管理体制改革、税制改革等，这是一个相互促进、相互演化的动态博弈过程。各级政府事权划分不清晰，也难以计算地方政府的标准支出规模，使转移支付制度设计缺少可靠依据。政府职能转变不到位，许多本来应该是由市场发挥作用的领域政府仍然没有退出，导致政府促进经济增长的财政负担过重，提供公共服务的财力仍显得不足。中国财政预算体系仍然不完整，对准确掌握公共收支的规模和服务水平、计算公共服务领域中政府的收支数据造成很大的障碍，为确定转移支付均衡拨款的范围增加了难度，降低了转移支付制度的有效性。在税收制度方面，也存在同样的问题，有些税种的税基没有明确，各种减免税政策大量存在，在计算转移支付时也不能准确测算各地的收入能力。这些客观环境，既限制了转移支付制度的科学性、规范性，也影响了转移支付制度对地方的激励和约束功能的发挥。

第三章　民族地区转移支付分配的关键性影响因素

1994 年前中国虽然没有明确的现代财政制度条件下实施转移支付，但实际上进行了大量的包括纵向和横向转移支付在内的财政资金重新分配的实践。转移支付意在弥补地方财政收入的不足，确保当地基本公共服务能够及时供给，并以此支持地方经济社会发展。分税制改革导致“财权重心上移，事权重心下移”，财权与事权不匹配矛盾突出，转移支付制度增加了地方政府可支配财力，在一定程度上缓解了地方政府的财政压力，但转移支付结构的欠合理，限制了地方政府可支配财力，地方政府财权与事权不匹配矛盾没有得到解决。大部分民族地区地处老少边穷地区，财政自给率原本就低，全面推开“营改增”改革更加加剧了相应地区的财政收支困难。如何优化转移支付制度，对于缓解地方财政困难至关重要，本部分将讨论对民族地区实施转移支付时有哪些关键性因素发生作用，这有助于认识民族地区转移支付现状背后的因素，更加清楚中国民族地区转移支付形成过程中的关键性因素。

第一节 研究脉络及理论模型

一、中央与民族地区以及民族地区内部转移支付分配

分税制改革成功地提高“两个比重”，即财力上移，而支出责任相对下移，很大程度上导致地方财政困难，加大转移支付力度成为解决地方财政缺口的重要内容。中国于1995年开始正式实施过渡期转移支付办法，此后转移支付制度不断完善，2009年转移支付制度进一步优化，中央对地方的转移支付分为一般性转移支付和专项转移支付。2016年5月，随着“营改增”的全面推行①，曾经作为地方主体税种的营业税消失，虽然增值税分享比例有所提高②，但是地方财政收入普遍下降，在支出责任不变的前提下，地方财政收支矛盾进一步激化③。

对于财政转移支付分配的讨论由来已久，随着1994年分税制改革的实施和1995年转移支付制度的建立，学界对转移支付的研究开始不断深入。转移支付是各级政府之间为解决财政失衡而通过一定的形式和途径转移财政资金的活动，用以补充公共物品支出的二次分配手段。中国的财政转移支付制度是在1994年分税制的基础上建立起来的，是一套由构成的、中国以中央对地方的转移支付为主，它包括财力性转移支付、税收返还和专项转移支付等组成部分。财力性转移支付是为弥补财政实力薄弱地区的财力缺口，是缩小地区财政差距的重要手段，包括一般性转移支付、调整工资转移支付、民族地区转移支付、农村税费改革转移支付、年终结算财力补助等形式。中国税收返还以维护地方既得利益的基数法进行分配，体现对

① 从2016年5月1日起，建筑业、房地产业、金融业、生活服务业将纳入“营改增”试点范围。

② 地方分享比例由25%变为50%。

③ 由于“营改增”的全面推开，对基层政府而言，在支出责任未上移的情况下，财力上移使其财政压力加大。

收入能力较强地区的倾斜原则，维护较富裕地区的既得利益，税收返还虽然在名义上是中央财政收入，但实际上地方财政对这部分资金具有最终决定权。专项转移支付重点用于各类事关民生的公共服务领域，地方财政需按规定用途使用资金。

分税制改革以后，地方政府综合财力包括以下组织部分：第一，地方政府公共财政收入；第二，转移支付收入；第三，税收返还收入；第四，政府性基金收入等。中央政府对地方政府转移支付增加了地方政府可支配财力，一定程度上缓解了地方政府的财政压力，转移支付规模不断扩大，促进了地区间基本公共服务的均等化。从表 3 －1 中，公共财政收入占比由 2009 年的 42. 31% 稳步提升到 2016 年的 46. 46% ，横向比较而言，还有进一步提升的空间；转移支付对于地方收入占比 2016 年为 28. 21% ，与世界上一些发达国家比较接近，但中国地方政府广义财政收入中的政府性基金收入占有较大比重，特别是因为房地产发展而带来的土地财政收入十余年来持续暴涨，本研究暂未涉及此部分内容。

表 3 －1　地方政府公共财政收入、税收返还、转移支付收入和政府性基金收入占综合财力比重

单位：%

项目/年份	2009	2010	2011	2012	2013	2014	2015	2016
公共财政收入占比	42. 31	38. 11	40. 21	43. 42	41. 81	42. 68	46. 85	46. 46
税收返还占比	6. 41	4. 69	3. 89	3. 64	3. 06	2. 85	2. 91	2. 71
转移支付收入占比	30. 73	25. 66	26. 65	28. 62	26. 03	26. 32	28. 66	28. 21
政府性基金收入占比	20. 54	31. 54	29. 26	24. 32	29. 10	28. 13	21. 58	22. 62

资料来源：全国财政收支决算报表（2009—2016 年）。

1994 年为增加中央政府财权，增强中央政府的宏观调控能力，中国开始实行分税制改革，分税制改革导致“财权重心上移，事权重心下移”，地方政府公共财政收入占比由 1993 年的 77. 98% 急剧下降到 1994 年的 44. 30% ，之后一直维持在 40% 至 50% ，2011 年突破 50% 界限达到 50. 59% ，2014 年地方政府公共财政收入占比为 54. 05% 。尽管财权上移，权并没有相应的上移，反而是表现出事权的下移，地方政府公共财政支出占比从1993年的71.74%上升至2014年的85.12%。2016年全面实施“营改增”后，在税收分成相对向中央集中和财政事权和支出责任未作大的调整条件下，地方政府财力不均问题将更加突出。

二、民族地区转移支付分配关键性影响因素研究脉络

世界上多数国家设有三级到五级政府层级，如何有效地促进政府不同层级间顺利地推进财政转移支付运行成为学者和实践者关注的重要话题。从通常意义上看，行政管理体制是政府之间财政分配关系划分的既有制度基础，发达市场经济国家通常存在三级政府架构。中国总体上存在行政级次过多的问题，影响转移支付实施和绩效。中国设有中央、省（自治区、直辖市）、地（地级市、地区自治州、盟）、县（市）和乡镇五级政府，有的地区还存在五级半的政府架构设置，如新疆维吾尔自治区的伊犁本来设置为一个州，但该州之下还辖三个地区，该州享受副省级待遇。如果行政层次设置较多将致使统一的财政收支划分标准和实施比较困难，等级层次过多直接使中央对地方政府转移支付难度加大且难以直接实施，退而只能间接地影响下一级政府影响下一级政府，委托代理链条过长，当然影响转移支付等委托事项的实施效率。

多级政府体制条件下的转移支的决定性因素各有差异。美国等国家倾向有条件或出于特殊目的进行转移支付拨款，这些国家严谨地提供了完善的制度安排便于展开政治角逐和相互博弈；加拿大等国家出于平等角度出发倾向无条件的转移支付拨款或无条件拨款居于主导地位的地方；德国等财政转移支付按照事先设计公式计算，将政治干预等因素出现的可能性降到最低；印度和俄罗斯等由于转移支付分配拨款规则具有不确定性，而存在一定的讨价要价空间（Raiser，1998；王绍光，2002）。

中国一般性转移支付占总财政转移支付的主要部分，返还收入分配按照既定公式计算进行，限制了地区之间进行讨价还价和博弈的范围，以保

护相关地方的既得利益，对于缩小区域间差距作用不大。通常情况下，他们提出由于人均收入低且人均公共服务需求相对高的区域将接受来自人均收入高的区域的转移支付，以降低或平衡一国范围的财政能力差异。上述转移支付可能是由区域内部横向的转移支付安排，也可能是中央政府进行纵向的财政转移支付，目的在于为一国范围内的公民提供基本相同的公共服务。由于事实上中央政府控制着更多的可支配税基和税源，财政资源有限而支出责任具有刚性的下级政府自然需要中央提供财政转移支付，以化解上述财政失衡矛盾。由于存在外部效应、信息不对称和为实现激励相容目的，政府间进行转移支付是迫切的现实需求①。

对于中央对地方转移支付数量的决定因素研究，经历了技术性讨论到实证分析总结的过程。相关学者通过因素法对各个地方财政收入能力和支出需求进行全面、客观的评估是选择转移支付方式和确定转移支付金额的前提。有学者运用主成分分析法分析各地区的经济社会发展和公共服务水平，在此基础上对均等化的转移支付资金进行分配。

一些规范分析的理论假定对于提出公正有效的转移支付制度安排是有益的，只是现实政府转移支付运行离上述理论假定仍然有差距，现实政府之间的转移支付除了获得均衡区域间财力和提供基本公共服务这些公正性因素、财政性因素之外，政治性因素可能与上述因素一样甚或更加重要②。

---

① 楼继伟在《关于中央和地方财政关系再思考》（中国财政经济出版社，2013）中提出，划分中央和地方事权和支出责任的三原则即外部效应、信息优势和激励相容，即说明中央和地方财政事权和支出责任是不同的，应该发挥各自优势，在此基础上，通过转移支付等方面给予财力配合，协同完成中央和地方政府提供相应的公共产品和服务。

② 从最近世界各国发生的典型转移支付实践来看，统一后的德国和解体后的俄罗斯的转移支付能够较好地回应上述假定。东西德于 1990 年 10 月统一后，地区间不平衡发展是新挑战，为将先前发达的西德公共服务平等地延伸到东德，统一后的联邦政府每年从西德转移到东德至少 GNP 的 5%，通过转移支付资源注入的方式较快地缩小地区之间的差异，但这种转移支付安排是为巩固统一的国家付出的政治代价和经济代价。俄罗斯通过转移支付资助方式安抚加盟共和国内的分裂分子，在面临分裂压力、经济危机和中央机构削弱的条件下，俄罗斯通过转移支付安抚叛乱地区的行为是成功维护联邦体制的重要原因。上述相关观点参见：Treisman，“The Politics of Intergovernmental Transfers in Post – Soviet Russia.” Also see M. Govinda Rao and Nirvikar Singh，“The Political Economy of Central – State Fiscal Transfers in India，” University of California at Santa Cruz，2000。

学界对转移支付分配的讨论开始由技术研究向实证分析转变，其中主要设计了经济因素和政治社会因素。首先是经济因素对转移支付分配的影响分析，部分学者研究了转移支付分配中的政治社会因素，包括公正性、政治考虑、地区要价能力三个大的方面，以及人均 GDP、少数民族人口占比、政治局席位等方面研究了转移支付的决定性因素。

学者对转移支付的研究大部分以总的转移支付为研究对象，多数研究深入到了省一级，并未进一步向下延伸。在研究过程中，经济和政治是前述研究的两大取向，其中少数民族成分作为其中的一个被研究因素，用来解释转移支付的分配，作为民族地区本身的转移支付分配状况在此前并未引起学者的重视。本研究拟在之前研究基础上，以民族地区为研究对象，分析民族地区转移支付决定因素。

三、民族地区转移支付分配关键性影响因素理论模型

假设存在一系列基层政府①，其中，代表性基层政府的财政支出中民生支出占比选择 $\gamma \in X$，各基层政府财政支出中民生支出占比选择的平均水平为 x，而 $x\gamma \in$ 。上级政府②对下级政府进行转移支付，转移支付金额的选择 $y \in Y$。其中，X 和 Y 为紧集。据此，代表性基层政府的效用函数是 μ（γ，x，y），假设该函数是严格凹的和连续可微函数。

面对上级政府的转移支付和其他同级政府的民生支出占比，代表性基层政府的目标就是选择适当比例的民生支出使得自己的效用最大化，即

$$\max_{\gamma \in X}\mu(\gamma, x, y) \tag{3-1}$$

代表性基层政府基于中央政府转移支付和其他同级政府财政支出选择其民生支出，故其解集为

$$\gamma = f(x, y) \tag{3-2}$$

从长期来看，各个同级基层政府的选择会趋于一致（这个假设满足中

① 可以是省级政府、地市级政府或者县级政府。

② 与下级政府相对应，省级政府对应的上级政府就是中央政府，以此类推。

间选民定理，也比较符合实际，如图3－1所示，在2010年到2014年5年中，教育支出占财政支出的比例分布都较为集中，峰值附近集中了半数以上的省份），即

$$\gamma = x = f(x, y) \tag{3-3}$$

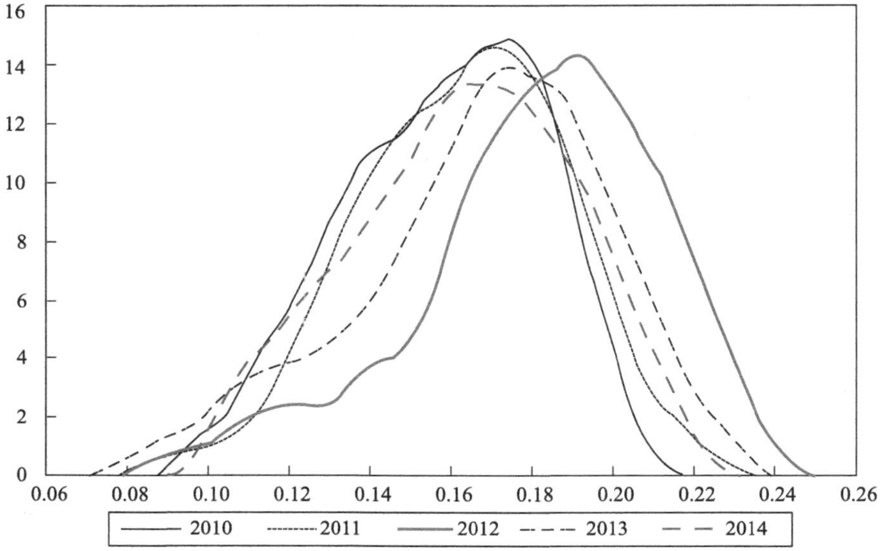

图3－1　教育支出占财政支出比例核密度

资料来源：根据国家统计局网站数据整理。

这时的 x 实现了竞争均衡①，这个竞争性均衡可表示为对于每个 $\gamma \in Y$，$x = h(y)$，由此，可以推出代表性基层政府效用的竞争性均衡集，即

$$A = \{(x, y) \mid \mu(x, x, y) = \max_{\gamma \in X} \mu(\gamma, x, y)\}，也就是 \tag{3-4}$$

$$A = \{(x, y) \mid x = h(y)\} \tag{3-5}$$

以上的分析都是基于上级政府选择对基层政府转移支付数额之后，基层政府再做支出选择。上级政府在选择的时候就要对基层政府的反映做出

① 这里的竞争性均衡应该满足 $\mu(x, x, y) = \max_{\gamma \in X} \mu(\gamma, x, y)$。

预测，如果预测准确，那么竞争性均衡将实现，此时，上级政府面对的拉姆齐效用最大化问题即

$$\max_{y \in Y}\mu\ [h\ (y),\ h\ (y),\ y]，或者是 \tag{3-6}$$

$$\max_{(x,y) \in A}\mu\ (x,\ x,\ y) \tag{3-7}$$

假设上级政府选择对基层政府转移支付数额使下级政府达到拉姆齐效用最大化的政策为 y^L，那么 $(y^L,\ x^L)$ 或 $(y^L,\ h\ (y)^L)$ 就是拉姆齐效用最大化结果。

之前的讨论都是基于上级政府先选择，基层政府后选择进行的，如果上级政府在下级政府做出选择之后还有修改之前选择的机会的话，上级的政府的选择一般会背离拉姆齐效用最大化政策①。如果上级政府对下级政府转移支付数额的选择与基层政府财政支出行为的选择同时进行，那么基层政府同样面临预测问题②。如果基层政府的财政支出策略是 x，期望在本级政府选择之后上级政府的选择是 y，在此基础上求解下式

$$\max_{y \in \gamma}\mu\ (x,\ x,\ y) \tag{3-8}$$

假设其最优解为

$$(x^M,\ y^M)\ \in A \tag{3-9}$$

$$\mu\ (x^M,\ x^M,\ y^M)\ = \max_{\theta \in \gamma}\mu\ (x^M,\ x^M,\ \theta) \tag{3-10}$$

其中，y^M 为基层政府预期上级政府对自己进行的转移支付，θ 为上级政府对基层政府实际的转移支付量。如果基层政府准确的预测了上级政府的行为，那么效用达到最优。此时形成的均衡相对于之前讨论的拉姆齐效用最大化均衡要差，因为此时所形成的均衡所需要的条件要多于拉姆齐问题③。

以上的分析只是对政府间博弈进行了一期的简单讨论，现实中的经济要复杂得多。围绕上级政府对基层政府的转移支付和基层政府财政支出策

---

① 存在“时间一致性问题”，即选择的时机对最后的结果很重要。

② 现实中，地方政府政策确实存在对上级政府政策预期的依赖。

③ 在拉姆齐问题中，只要求基层政府的选择是最优的。而这里所形成的均衡不仅要求基层政府的选择是最优的，而且需要准确预测上级政府的选择。

略的选择问题，政府之间不断进行博弈。博弈各方由于面临的收益函数和约束不同，以及对对方不同的预期，所选择的策略是多样化的，且处于不断变化之中。转移支付的分配问题是复杂的，很难用一套方法简单划分。影响转移支付分配的因素表现出多样性的，本研究力争在之前研究的基础上对此进行分析。

第二节　民族地区转移支付分配的关键性影响因素

财政收入能力不一样会导致地方政府提供公共服务差异，中央为了达到各地区的均等化目标，转移支付是最基本和主要的手段。决定中央向地方实施转移支付大小的依据就显得很重要，尤其是那些可以量化的标准。中央在进行转移支付时除了考虑可用于转移支付的总量外，更关键的是找到可以客观反映地方财政财力不足的因素，这样方便用来计算转移支付的数额。从理论角度来讲，理想的财政转移支付制度应该按一个公式来分配资金，任意的转移支付和协商转移支付应用较少。转移支付公式中的重要因素是需求、能力和努力度（Smart，1998）。而往往比较难的是地方财政能力和努力度的度量，如果在转移支付公式中赋予财政努力度过高权重则会对欠发达地区不利。欠发达地区要通过自己的努力来改变财政收入，相较发达地区增加相同比例的努力程度更困难，这样则财政能力的完全平均化，或者说财力的均等化又难以达到。另外，中央政府向地方政府的转移支付不仅可变，还会受到政治影响。无论政治对转移支付影响的方式是自上而下还是自下而上，它都希望转移支付是自主的而不严格拘泥于准则，而由于受到政治因素影响可能导致转移支付的随意性。

从理论上来看，中央政府的转移支付应当主要用于处理省级单位间的财政支出或资源的不平衡，从实际情况来看，政治因素影响转移支付分配的决策程序和实施过程，中央高层决策者时刻关注国家稳定、团结和发展。中国作为大一统的大国，对于政治稳定和民族团结十分关注，作为大量的财政转移支付正是对于政治稳定、民族团结的政策反映。与此相类似，省级政府对下决策同样具有类似之处，省级政府倾向于从中央政府获取更多的财政转移支付稳定和发展其辖区经济，让属地居民生活稳定和谐。处理上下级政府之间的关系中，如何分配转移支付便变成为政府间的关系焦点。由此，准确描述中国中央政府对地方政府的财政转移支付的关键不仅需要考虑经济和伦理因素，而且还需要考虑民族团结以及由此带来的政治稳定因素。

据此，本研究使用三种类型的独立核心变量因素进行描述和解释，它们分别是公平性因素、政治因素、财政因素，其中公平性因素主要是人均GDP、自然灾害损失、农村人口占比三大因素；政治性因素主要包括少数民族人口占比、政治局席位两大因素；财政因素包括用人均财政收入、财政供养人口数两大因素进行衡量。

一、民族地区转移支付分配公平性因素

地区 GDP 可以简要代表一个地区整体的经济发展状况，而人均 GDP 的高低将经济发展与人口联系起来，能很好的修正经济规模对地区之间对比造成的扰动。人均 GDP 是反映财政能力大小的决定性指标。区域之间财力不均等为代表的财政不平衡主要源于财政能力在区域之间的不平等，反过来又影响财政收入分布特别是财力的不均。通常情况是人均 GDP 低的地区，财政能力也较低。如果中央决策者进行转移支付的目的是为减轻财力的不均等，让区域之间的人均财力回到基本相同的水平，则回归系数就应当是负值。

中国疆域辽阔，地形复杂多变，是一个受自然灾害影响严重的国家。每年各省区往往受到不同程度的自然灾害，造成经济和财产损失。其中，此为而发生救灾部分由于突发性事件无法事先安排，因而在转移支付中并没有体现。灾后重建是一个长期的过程，需要上级政府转移支付在重建过程中发挥相应的作用。在每一年往往出现一些地区比其他地区遭受更严重

的自然灾害，中央决策者如果考虑到这一自然灾害因素，则回归系数应该为正值。

随着新型城镇化的推进，中国城镇化率不断提升，但中国仍然拥有大量的农村人口。一般来讲，农村较之城市无论在整体经济状况还是在居民收入方面都存在较大差距。支持农村发展，推进新型城镇化建设，转移支付可以发挥应有的作用，特别是在农村基础设施建设、公共配套建设等方面。本研究用农村人口占总人口的比重作为一个公平性因素，衡量其对转移支付分配的影响。

从总体上看，在转移支付规模与公平性方面，财力均等化是中性结果，财力公平性具有价值判断因素，相关文献对于转移支付公平价值判断考虑因素：一个地区获得转移支付规模应当与其财政能力呈负相关，而财政能力衡量通常是采用地区生产总值，少数采用工业化水平、财政收入、财政自给率等指标；转移支付规模应当同该地区公共服务需求呈正相关，对公共服务需求测量通常选取教育、卫生、民政、基础建设、城市化等因素；转移支付规模应当同公共服务传递成本呈正相关，传递成本测量通常考虑与地理人口环境关因素；转移支付应当具有援助落后或困难地区性质，民族地区、受灾地区、农业为主的地区，以及劳动失业人口高的地区应当享受更多转移支付；付出征税努力高的地区应该获得更多转移支付，这符合公平和正义的判断标准。

二、民族地区转移支付分配政治性因素

中国政府坚持民族团结是发展进步的基石和各族人民的生命线。中国是一个多民族的国家，除了占人口多数的汉族之外，还存在55个少数民族，他们通常以少数民族人口比例或是否为自治区域为标志。非汉族居民聚居地区由于具有自己的某些独特的民族文化和民族特征，民族安全稳定和团结被强调到重要地位。中央政府倡导并践行高举各民族大团结旗帜，在各民族中牢固树立国家意识、公民意识、中华民族共同体意识，团结依

靠各族群众，使每个民族、每个公民都为实现和共享繁荣发展成果；倡导各民族相互了解、相互尊重、相互包容、相互欣赏、相互学习、相互帮助，推动建立各民族相互嵌入式的社会结构和社区环境，促进各族群众在共同生产生活和工作学习。中国政府认为处理好民族问题、做好民族工作关系到祖国统一和边疆巩固、民族团结和社会稳定、国家长治久安和中华民族繁荣昌盛。政府倡导需要牢记中国是统一的多民族国家的基本国情，坚持把维护民族团结和国家统一作为各民族最高利益，把各族人民智慧和力量最大限度凝聚起来，同心同德，共同奋斗，共享发展成果①。这充分说明对民族地区的转移支付成为落实上述重要认识的具体体现。

政治因素在转移支付分配中起到重要作用，为实证验证上述关于国家统一民族团结的重要性在转移支付分配中的分配重要假定，本研究为了在此验证其影响程度，故引入各个地区历年政治局席位数来验证其对转移支付分配的影响程度。政治局席位是一个虚变数，政治局作为中国最有决策权力的机构，如果某省在中央政治局中有一个席位，则赋值为1，没有该席位的省份则为0。如果能找到一个显著为正的回归系数，则说明存在对所在地有特殊偏好的转移支付分配顷向。

此外，民族地区在转移支付过程中具有重要的政治倾向体现，以引入少数民族人口比例或一地是否为自治区域进行体现。由于民族地区在民族团结和社会稳定方面的重要影响，一般认为转移支付分配应该考虑地区的人口民族构成。如果可以检测存在显著的回归系数，则可以认为中央政府以转移支付为手段凝聚和增进大民族共识观念，和睦相处、和衷共济、和谐发展。本研究将各地区民族人口占总人口的比重作为衡量政治因素的一个变量，尝试对转移支付的决定给出一个合理的解释。

---

① 上述中国政府对民族问题的重视和重要论述，2014年5月28日至29日，习近平在第二次中央新疆工作座谈会上发表的重要讲话。参见，习近平在第二次中央新疆工作座谈会上发表重要讲话［N］. 人民日报，2014－05－30.

三、民族地区转移支付分配财政性因素

转移支付是财政分配的重要体现和载体，相关财政性因素是转移支付分配中需要考虑的基本变量。在本研究中引入两个财政因素分析转移支付的分配：一是各地区财政收入能力，本研究利用人均财政收入来表示；二是财政供养人口数，本研究利用离退休人员数来代表各地区财政供养人口，来研究其对转移支付分配的影响。表 3 – 2 给出了各个变量的统计描述。

第三节　民族地区转移支付分配关键性影响因素：数据与实证

上级政府对下的转移支付以及基层政府的支出策略往往是政府之间动态博弈的结果。实际中运行转移支付分配受到相关因素分制约，如经济发展、民族成分、地域位置等这些因素制约并影响着上下级政府之间的博弈行为。本研究将对此进行实证分析。

一、数据来源及描述统计

分析中被解释变量为各省各年度转移支付量，如图 3 – 2 所示，总体来看，东部沿海省份接受的转移支付量总体有限且相对比较稳定，中西部省份接收的转移支付比较多。由于转移支付目的不同以及各省区发展情况不同，转移支付总量在省区和年度两个维度上表现出了较大的差异。中国的转移支付分为一般性转移支付、专项转移支付、体制补助①和税收返还等项目，各个项目的政策含义不同，分配原则和影响因素也具有较大差异。

① 又称定额补助，是为了维持财政体制连续性而保留的一种财政资助形式，其在转移支付总额中所占比重较小，只维持存量而无增量。

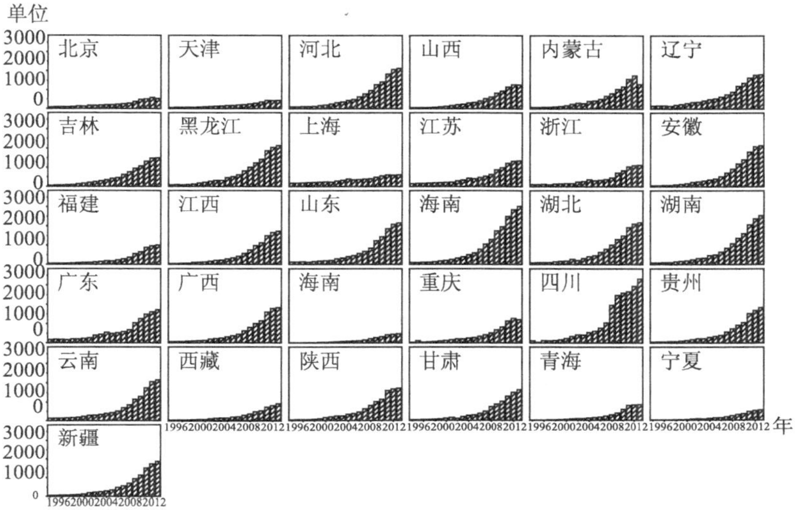

图 3－2 各省区历年转移支付总量

资料来源：根据历年《中国财政年鉴》数据整理。

如图 3－3 所示，各个省区之间转移支付大的项目差异也很大，其中体制补助只有部分省份享有，数量较少且变化不大。税收返还补助分配有严格的分配方式和计量公式。为了分析的完整性，本研究将分别对转移支付总体、一般性转移支付和专项转移支付进行分析，在研究转移支付总量决定的同时，研究各个部分的决定因素。

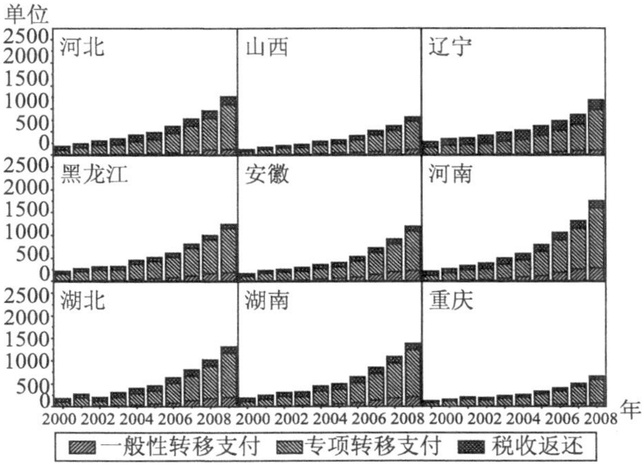

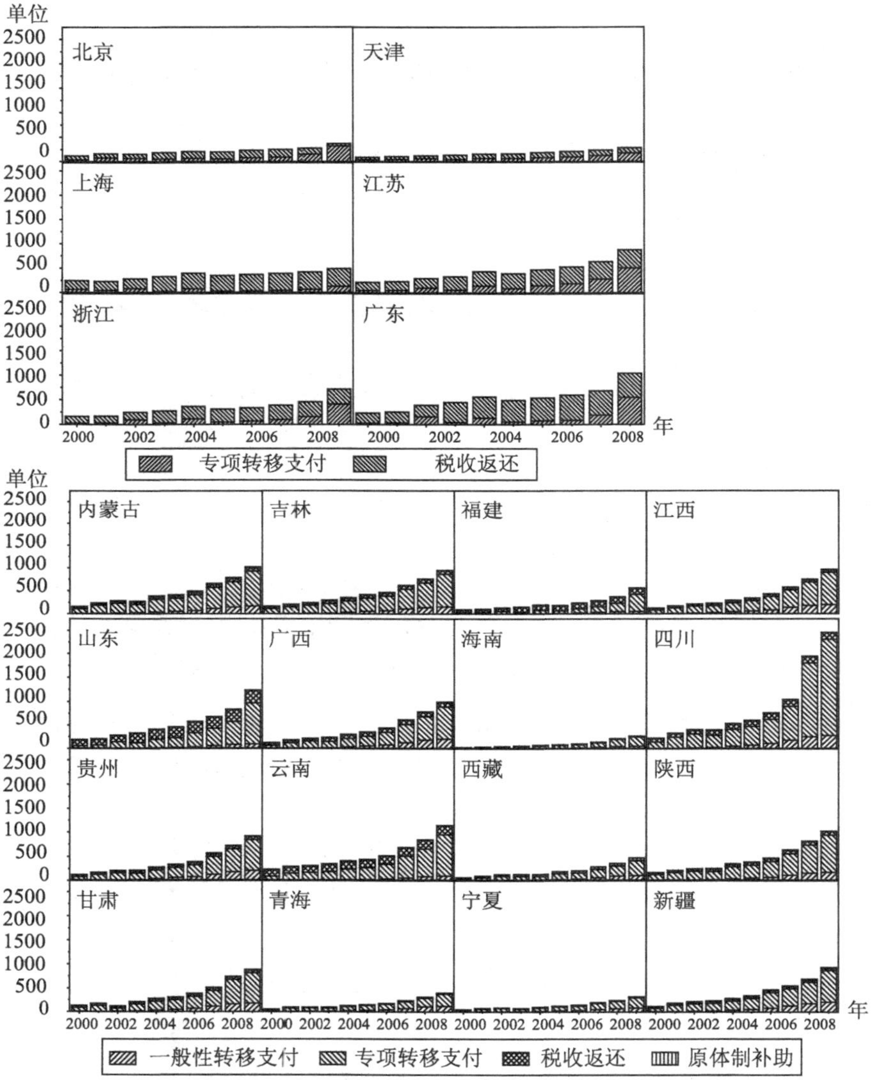

图 3-3　各省区转移支付项目及转移支付量

资料来源：根据历年《中国财政年鉴》《全国地市县财政统计资料》《地方财政统计资料》数据整理。

由于资料的可获得性以及统计口径的一致性，本研究的起始时间设定为2000年，终止时间是2009年，时间跨度为10年。本研究所选用GDP、农村人口数、财政收入数据来自国家统计局网站，各年度自然灾害损失数来源于《中国民政统计年鉴（中国社会服务统计资料）》（中华人民共和国民政部编，中国统计出版社出版），各省区历年人口数来源于《中国人口年鉴》（中华人民共和国国家统计局编，中国统计出版社出版），少数民族人口数来源于《2010年第六次全国人口普查主要数据》（国务院第六次全国人口普查办公室、国家统计局人口和就业统计司编，中国统计出版社出版），财政供养人口数来源于《中国劳动统计年鉴》（国家统计局人口和就业统计司、人力资源和社会保障部规划财务司编，中国统计出版社出版），政治局席位数根据政府公开数据整理获得。表3-2给出了各个变量的统计描述。

表3-2 变量统计描述

变量名	观测数	最大值	最小值	均值	标准差	峰度	偏度
总量转移支付	310	2470.20	28.74	418.35	324.63	2.09	9.87
一般性转移支付	310	289.11	0	45.75	61.06	1.69	5.37
专项转移支付	310	2031.50	18.99	258.03	252.53	2.54	13.21
人均GDP	310	10.5	7.88	9.19	0.52	0.16	2.62
自然灾害损失	310	7865	0	97.79	448.82	16.81	291.21
农村人口占比	310	0.95	0.15	0.68	0.17	-1.21	3.89
民族人口占比	310	0.95	0.0025	0.15	0.21	2.04	7.10
政治局席位	310	4	0	0.79	1.06	1.16	3.14
财政收入能力	310	11494.57	208.53	1443.20	1783.03	3.32	15.66
财政供养人口	310	0.0449	0.0002	0.0139	0.0094	0.85	3.32

从表3-2中可以发现，无论是转移支付总体，还是一般性转移支付或者是专项转移支付，差异都非常大。到底是什么原因导致了如此大的差异，这就是本研究所分析的重点内容。如图3-3所示，民族地区的转移支付与非民族地区存在较大区别。为了全面的分析转移支付的决定情况，在

全国研究基础上，本研究将对民族地区进行单独研究①。因为少数民族地区由于在政治局中所占席位较少，所以删除了该指标，将其变为与境外国家接壤数，其变量描述如表3－3所示。

表3－3 变量统计描述

变量名	观测数	最大值	最小值	均值	标准差	峰度	偏度
总量转移支付	80	1147.61	48.58	428.85	256.58	1.28	3.96
一般性转移支付	80	208.11	0.38	54.26	56.59	1.27	4.90
专项转移支付	80	854.50	27.48	224.37	181.18	1.54	4.90
人均GDP	80	10.18	7.88	8.92	0.47	0.19	2.96
自然灾害损失	80	356.50	1.20	50.40	61.10	2.50	10.93
农村人口占比	80	0.95	0.48	0.72	0.14	－0.36	1.85
民族人口占比	80	0.95	0.20	0.45	0.21	1.28	3.68
接壤国家数	80	8	0	2.37	2.71	0.99	2.74
财政收入能力	80	3461.60	208.53	805.44	567.03	2.03	8.58
财政供养人口	80	0.05	0.02	0.04	0.01	－0.22	1.72

从表3－3可以发现，相对于全国平均水平，民族地区获得了较多的转移支付②。就人均GDP而言，民族地区相对于全国水平较低，说明民族地区经济发展较为落后。民族地区自然灾害损失较为严重③，农村人口占比较高，接壤国家多，再次说明民族地区多数属于老少边穷地区。相对于全国水平，财政收入能力较差，而财政供养人口占比却较高，这无疑给民族地区财政带来了较大的压力。

① 如前所述，民族地区的鉴定依然采用“5＋3”的模式，即5个民族自治区加上贵州、云南和青海3个少数民族人口较多的省份。

② 由于四川省在2008年之后获得了大量的转移支付，拉高了全国的平均水平，所以这里表现的不是明显。

③ 2008年四川地震数据对全国数据造成了巨大的扰动，所以统计描述中并不明显。

二、实证分析模型与结果

在各个指标获得的基础上，本研究将采用以下实证模型

$$TR_{it} = C + \alpha \times E_{it} + \beta \times P_{it} + \gamma \times F_{it} + \varepsilon_{it} \tag{3-11}$$

其中：TR_{it}为衡量财政转移支付的量，E_{it}为衡量公平性的变量，P_{it}为衡量政治性因素的变量，F_{it}为衡量财政因素的变量。

利用面板数据进行实证回归分析，首先面临的问题就是回归模型的选择。面板数据有截面和时期两个维度，每个维度都以在混合、固定和随机三种模式中选择。通常情况下，可以借助豪斯曼检验和似然比检验的结果进行选择。其中，豪斯曼检验的结果有助于确定模型属于固定效应模型还是随机效应模型，而似然比检验的结果这可以判断模型是属于固定效应模型还是混合模型。本研究数据经过验证，应该采用截面固定效应模型①。

表 3－4　基于固定效应模型的检验

		(1)	(2)	(3)
常数项		－2098.834*** (－8.0213)	－575.0434*** (－8.7461)	－1461.981*** (－7.4539)
公平性因素	人均 GDP	0.0324*** (18.2466)	0.0080*** (15.0276)	0.02271*** (16.6831)
	自然灾害损失	0.1099*** (3.3888)	0.0168*** (3.3143)	0.1028*** (3.2294)
	农村人口占比	3488.221*** (12.2842)	1177.97*** (17.4474)	2536.311*** (10.2150)
政治性因素	民族人口占比	－5180.839*** (－4.1571)	－2246.885*** (－7.8000)	－4659.831*** (－5.3304)
	政治局席位	24.0955*** (1.9151)	9.5537*** (3.8677)	19.2101* (1.6363)

① 这个结论其实是显而易见的，各个地区之间的转移支付差异非常大。

续表

		(1)	(2)	(3)
财政性因素	财政收入能力	-0.1703*** (-13.0824)	-0.0402*** (-9.8514)	-0.1314*** (-14.0065)
	财政供养人口	42713.04*** (14.9197)	5079.257*** (7.5280)	34294.66*** (14.6701)
拟合优度	R^2	0.9265	0.8996	0.8996
	F	92.6505	65.8951	65.8498

注：*、**、***分别表示10%、5%、1%的显著水平，括号内为对应回归系数的t值。下同。

表3-4给出了使用固定效应模型进行回归的结果。其中（1）、（2）、（3）三个方程的被解释变量分别是转移支付总量、一般性转移支付和专项转移支付。与前述理论推导以及实证分析思路一致，回归结果在统计意义上非常显著。无论是转移支付总体，还是转移支付的两个重要组成部分，其分配都受到了公平性、政治性以及财政性因素的影响。

公平性因素中所包含的人均GDP、自然灾害损失、农村人口占比都与被解释变量显著相关。其中人均GDP与转移支付总体以及分项转移支付都呈现了正向关系，也就是说，就转移支付绝对量而言，人均GDP越高的地区实际上获得了越多的转移支付，明显没有起到公平的效果。其中，人均GDP对转移支付总体以及专项转移支付的正向影响更为明显，对一般性转移支付的正向影响有限，说明专项转移支付在加剧地区间财力差距，而一般性转移支付虽然拉大差距的效果不是很明显，但是也没有缩小这种差距。

自然灾害损失与转移支付总体以及分项转移支付之间都呈正相关关系，说明相对于区域发展差异而言，国家更加注重克服短期危机。从相关性的角度来看，自然灾害损失与转移支付总体以及专项转移支付之间正相关关系较为明显，而与一般性转移支付的正相关关系一般化。可见，国家一般以专项转移支付的形式对发生自然灾害的地区进行转移支付。

农村人口占比指标与转移支付总体以及分项转移支付都呈现出正相关关

系，其中，总量转移支付以及专项转移支付与农村人口占比的正向关系更为明显。近年来，随着新型城镇化等政策的推出，配套的财政支持政策也不断完善。从回归结果来看，转移支付对城镇化进程起到了积极的促进作用。

政治性因素包括少数民族人口占比以及政治局席位两个指标，其与转移支付总体以及分享转移支付的关系都非常显著。民族人口占比与转移支付总体和分项转移支付之间都呈负相关，说明就绝对量而言，民族地区相对于其他地区获得了较少的转移支付。

政治局席位数与转移支付呈相关，体现了政治因素对转移支付分配的深刻影响，政治局委员所属籍贯身份获得了更多的转移支付。这可能只是一个巧合，但是更可能是在目前体制下，转移支付的决定因素中，政治性因素起了重要作用。

两个财政性因素与转移支付绝对量的关系都较为明显，其中财政收入能力与转移支付总体以及分项转移支付之间呈负相关，说明地区财政收入能力越弱，获得的转移支付越多，这也体现了转移支付制度设计初衷，即弥补地方财政缺口以保障地方基本公共物品的供给。而财政供养人口与转移支付之间呈现出了较强的正向关系，即地区财政供养人口越多，获得的转移支付越多。

表 3－5　基于固定效应模型的检验

		(1)	(2)	(3)
常数项		－504.0897** (－2.5268)	－62.11249* (－1.3742)	－301.9341** (－1.9471)
公平性因素	人均 GDP	－0.0156* (－1.6613)	0.0001 (0.0821)	－0.0164** (－2.2501)
	自然灾害损失	0.4430** (1.8034)	0.0840* (1.5100)	0.3610** (1.8908)
	农村人口占比	907.5516*** (4.5303)	80.4836** (1.7733)	500.9651*** (3.2173)

续表

		(1)	(2)	(3)
政治性因素	民族人口占比	-335.9071*** (-2.4016)	62.5544** (1.9740)	-186.7308** (-1.7176)
	接壤国家数	48.6044*** (6.1635)	1.0854 (0.6075)	28.3575*** (4.6264)
财政性因素	财政收入能力	0.5256*** (5.1445)	0.0851*** (3.6780)	0.4285*** 5.3967)
	财政供养人口	-1319.219 (-0.3890)	-1302.63** (-1.6958)	-132.4837 (-0.0503)
拟合优度	R^2	0.8123	0.6652	0.7858
	F	44.5198	20.4353	37.7314

对于民族地区而言，其回归结果如表3-5所示。就转移支付总量与专项转移支付而言，人均GDP对其存在负向影响，即经济落后的省区获得了较多的总量转移支付与专项转移支付，这与全国的水平是不一致的。就一般性转移支付而言，二者间的关系不明确。就自然灾害与农村人口占比而言，其对于转移支付的影响都是正向的，这与全国的情况是一致的。就政治性因素而言，总量与专项转移支付与民族人口占比呈现出了负向关系，这与全国的情况基本一致，但是一般性转移支付却出现了正向关系，即民族人口越多的省区获得了越多的一般性转移支付。就省区接壤国家多少而言，总量转移支付与专项转移支付与其保持了正向关系，而一般性转移支付与其关系不明确。就财政性因素而言，与全国水平不同，财政收入能力与获得的转移支付呈正向关系，即财政收入能力强的省区反而获得了较多的转移支付。而财政供养人口与一般性转移支付呈现出一定的负相关性，与总量和专项转移支付关系不明确。

综上所述，无论从公平性、政治性还是财政性因素上考虑，国家和民族的统一占有重要地位，中国是一个统一的多民族国家，民族地区的长期发展和安定团结事关国家稳定和发展。尽管民族地区人口比例小，但民族地区从绝对量上看，人口数量仍然较大；以新疆为代表的民族地区的少数民族人口自然增长率超过汉族；少数民族分布地区广，民族地区覆盖中国近2/3的国土；民族地区资源丰富，西北地区有煤、天然气等，西南地区有水电和金属。民族地区与边疆地区大多重合，这些地区对中国国防前哨具有巨大价值。民族地区的少数民族享受优惠的生育政策、更多教育机会、更多公职机会，特别是纳税较少，接受补助更多。

第四章　转移支付对财政分权的影响

以省内部各级政府间财政分权为研究对象，以省、地市、县级财政数据为支撑，结合转移支付制度对影响省内财政分权的因素进行了分析，发现一般性转移支付、县级财政收入占比、地区 GDP、以预算内教育支出度量的基本公共服务支出都促进了省内财政权力的下移。专项转移支付由于其特定的目的性和配资的需求，不利于省内财政权力的下移。就民族地区而言，一般性转移支付由于省级政府“攫取之手”的存在，不利于财政分权的改善，其余指标的情况和全国一致。在划分事权和支出责任过程中，特别需要关注与支出责任下移的相应资金配套，需要加大一般性转移支付力量并完善其应该职能，以此促进和完善与民生直接相关的省内的财政分权。

第一节　研究脉络与分权现状

自实施分税制以来，中央财政的转移支付规模不断扩大，促进了地区间基本公共服务均等化，保障和改善了民生。中央对地方政府的财政直接管辖权限如税收分成、转移支付等通常到达省级政府，省级政府对市、县下级政府的管辖方式比照中央与省级政府的制度安排执行。中国存在较大的地区差异导致各省级政府对下级政府的管辖方式各异，这种差异延伸到了财政领域，各省级政府内部的政府间财政权力配置状况差异就更大。本研究将以此为背景，结合中央对省级政府以及省级政府内部的转移支付制度，分析各项转移支付以及基本公共服务支出等对省内财政分权的影响。

一、转移支付财政分权效应研究脉络

财政分权的思想源于古典财政联邦主义理论，哈耶克（Hayek，1949）首先强调了居民对公共物品偏好的差异以及中央政府对居民偏好认知的不足，认为除了多个地区共同受益的公共产品外，其他公共产品最好由当地地方政府提供，相应的，财权尽量下放给地方政府。蒂伯特（Tiebout，1956）从竞争的角度分析了各级政府间的分权，他认为如果人们可以自由迁移，那么理性的人会选择使自己付出税收最少和获得公共服务最多的地方居住。马斯格雷夫（Musgrave，1958）则认为，资源配置决定权因各地的差异应该属于地方政府，而分配与稳定政策的制定应该归于中央政府。奥茨（Oates，1999）提出了著名的分权定理，该理论认为，地方政府与中央政府相比更加接近当地居民，所以更加了解所管辖区域内大众的需求，如果某些公共产品或者服务由下级政府提供相对于上级政府提供并无明显差异，那么由下级政府提供效率会更高。综上所述，传统分权理论侧重研究财政分权与经济效率间的关系，并未深入研究包括转移支付在内的财政政策因素在财政分权中的作用。

国内学界开始转向各级政府间财政分权现状、经济效应以及其影响因素的分析等方面。财政分权的研究始于财政分权与集权关系讨论，财政分权对经济增长具有正效应、负效应或者无效应、正负交互效应。大多学者测量和检验了财政分权的效应之后认为财政分权对经济增长具有正向的促进作用。中国存在财政过度分权的问题，而这对经济发展有负面影响；有部分学者认为财政分权对经济增长的影响是复杂的，随着研究时间和研究地域的改变，财政分权对经济的影响可能是正向的，也可能是负向的，但并非一以贯之。

由于财政分权并无准确的定义，学者在研究中所选用的测量方式也存在较大差异的，财政分权所有的效应都是在此基础上研究得出的。部分学者对这种研究模式提出了质疑，认为财政分权对经济增长影响的不同结论受到不同研究特征的影响，对财政分权的不同定义和测量导致了实证结论的巨大差异。随着财政分权研究的深入以及转移支付制度的建立，部分学者将财政分权研究的重点开始转向探讨影响财政分权程度的因素。其中几乎所有的研究都涉及了转移支付对财政分权的影响，而影响效果有正有负。

黄佩华和帕迪克（2003）年开始研究省内部财政运行状况，他们通过对甘肃和河北的实地调研，指出分税制改革的重点不应该只加强中央财政集权，而应该是合理配置各级政府的支出责任与事权，更加公平有效的是财政资源在各级政府间分配。将转移支付细化到了一般性转移支付和专项转移支付，在此基础上分别分析了省本级、地市本级和县级财政权力的影响因素。发现一般性转移支付和专项转移支付有利于省本级和地市本级的财政权力扩大，而对县级财政权力有负面影响。

综上所述，虽然大部分省份内部财政分权状况与全国趋势具有相似性，但是仍有部分省份内部财政分权特别是支出方面与全国趋势具有差异性，根据上述省级政府间的差异状况，本研究的目的之一是探寻影响各省级政府内部财政分权状态差异的因素，特别是转移支付是否促进省级政府内部财政分权。结合财政分权重点研究其关键性影响因素，特别是针对多数研究基于省际间财政分权进行，而较少研究省内财政分权的决定因素。本研究拟在之前研究的基础上，以省内财政分权状况为对象，主要研究转移支付对省内各级政府间财政权力分配的影响，分别分析一般性转移支付、专项转移支付对其影响程度。

二、全国各省市县财政支出结构演进

中国有中央、省、地市、县、乡镇五级政府，根据一级政府一级财政原则，相应地从中央到地方拥有五级财政，为当今各国财政层级最多的大国。财政分权的不同状态可以简单地表现为财政权力在各级政府之间的不同划分，特别是相应的各级政府最终在财政支出中占据了多大的份额具有直观的说服力。而反观中央和地方财政收入结构可以发现，中央收入比重持续增长，而地方政府收入并没有以适应财政支出责任增长的步伐而相应增加，财政分权并没有同时进行，财力也未能出现下移。

如图 4 – 1 所示，中国政府财政支出权力从整体来观察呈现出先上浮然后逐渐下移的趋势。随着 1994 年分税制改革的实施，特别是 1996 年之后中央政府财政支出比例以及省本级财政支出比例稳步攀升，地市本级财政支出比例和县级财政支出比例不断下滑，财政支出比重的变化趋势表明财力不断向上集中①。从 2000—2013 年的十四年间，中央政府在全国财政总支出中的比重从 34.8% 下降到 14.6%，而县级政府的财政支出比重则从 19.1% 攀升到 41.0%，地方政府中地市级尤其是县一级政府正承受着越来越大的财政支出压力，作为与民生最为直接相关的县级政府在其中扮演着重要角色②。

由于中央对各省的财政管辖特别是税收分成、转移支付等基本到省级政府，省级政府对市、县政府的管辖参照上述制度安排，省级政府对于如何向下分配财力具有相当的自主权和较大的自由裁量权，不同省份之间和内部的向下分权形态有别，这也是为何要深入县一级政府观察省级政府内部财政分权的原因，以利于全面充分观察省级政府内部财政分权情况。

---

① 财力集中到顶级政府即中央政府，或者集中到区域层级的顶级政府即省级政府。这一过程即通常所指的分税制后一段时间明显地体现着“财力上移、事权下移”特征，进一步加大地方政府事权和支出责任划分不清楚和不匹配问题。

② 作为历史最为悠久、与民生最为直接相关的县级政府，事关当地民生改善与发展，例如，根据学者杨松良的测算，从 1997—2006 年，县乡级政府承担着 80% 以上的基础教育支出。具体分析参见杨松良．中国的财政分权与地方教育供给：省内分权和财政自主性的视角［J］．财经研究，2013（1）：17 – 26.

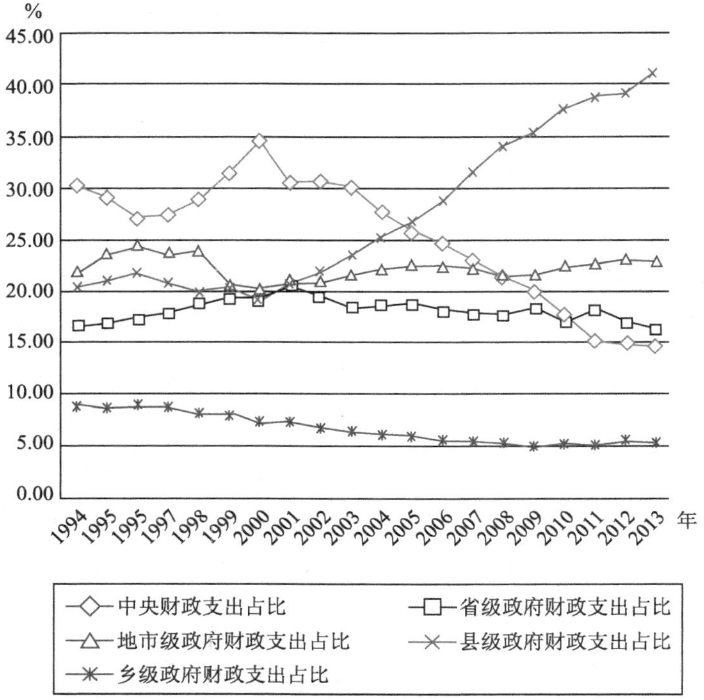

图 4-1　中央、省、地市、县、乡镇财政支出占比

资料来源：根据历年《中国财政年鉴》相关资料整理。

2000 年和 2001 年成为主要各级政府财政收支状况的转折点①，此后中央政府财政支出占比和省本级政府财政支出占比不断下降。相对于省本级政府的缓慢下降，中央政府的下降则更为迅速，同时，地市本级财政支出占比和县级政府财政支出占比不断上升，其中县级政府支出占比上升的趋势更为明显。中央政府财政支出占比先后在 2005 年、2008 年和 2010 年被县、地市本级和省本级财政支出占比超越，且还处于不断下降的通道，财政支出权力出现了向下转移的趋势。由于“乡财县管”等体制原因，乡镇

① 2000 年，中央政府财政支出比例到达峰值，2001 年省级政府财政支出比例达到峰值。

一级政府的财政支出占比一直很低，并且处于缓慢下行趋势[①]。

经济发展对财政分权的影响是明显的，无论是从财政分权指标的图示中还是其后的分析中都可以发现，越是经济发达的省份，财政越倾向于向省级以下政府分权。相反，越是经济落后的省份，财政权力越向省级政府集中。除了观察上述五级政府财政支出总体变化趋势之外，还有必要了解中国省级政府内部财政支出大体状况。图4－2展示了各省内部以财力支出为代表的财政支出权力分配状况。大部分省份的分布趋势和上述图4－1所展示的全国财政支出趋势基本一致，县级财政支出占比最高，地市本级财政支出占比次之，省本级财政支出最低。有学者在之前的研究中将财政分权关系分为财力下沉型、财力中凹形、财力中凸形、财力上浮型等不同的情形[②]，较为直观的描述了财政权利的分配状况。部分省份由于种种因素，在省级政府内部政府层级之间存在不同的财政分权形态。

---

① 除了受到“乡财县管”等体制因素影响以外，城市化进程中乡镇一级人口向县城和县城以上的城市聚集，二元经济社会结构不断向城乡一体转换，也使乡镇一级财政支出必然减少。

② 已有研究提出稳定的金字塔形式，如江苏、浙江等；橄榄Ⅰ形到金字塔形过渡形式，如广东、辽宁等；纺锤Ⅰ形到金字塔形过渡形式，如江西、四川等；纺锤Ⅱ形到纺锤Ⅰ形过度形式，如陕西、宁夏等；较为稳定的纺锤Ⅰ型，如贵州、广西等；较为稳定的纺锤Ⅱ形，如西藏等。具体分析参见王华春，刘栓虎，刘清杰．中国财政分权的决定因素与差异性分析——基于省、地市和县级政府2000—2007年的实证数据［J］．河北经贸大学学报，2016（5）：79－85，94. 其他代表性学者张光分析提出，中国中央、省、县级政府之间的财力呈现以下分权形态，财力下移型，如浙江、江苏等；财力上浮型，如青海、宁夏等；财力中凸形，如广东、辽宁；财力中凹形，如山西、河北等。具体分析参见张光．财政分权省际差异、原因和影响初探［J］．公共行政评论，2009（1）：133－158.

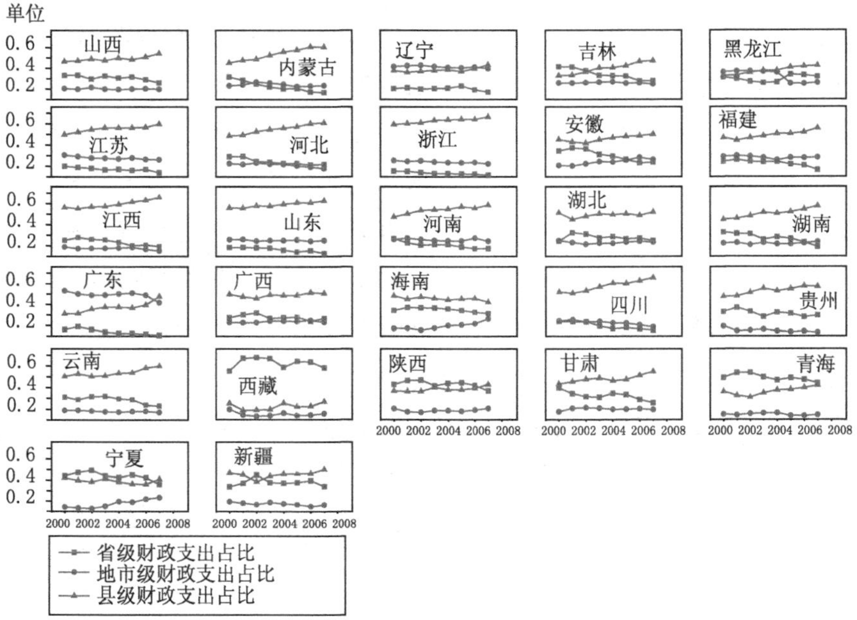

图4-2 全国各省内部省本级、地市本级、县财政支出占比

资源来源：根据《全国地市县财政统计资料（相应年份）》《地方财政统计资料（相应年份）》整理。

注：直辖市县改区变换较大，所以本研究不涉及北京、天津、上海、重庆四个直辖市。

综上所述，虽然大部分省份内部财政分权状况与全国趋势具有相似性，但是仍有部分省份内部财政分权特别是支出方面与全国趋势具有差异性，根据上述省级政府间的差异状况，本研究的目的之一是探寻影响各省级政府内部财政分权状态差异的因素，特别是转移支付是否促进省级政府内部财政分权。结合财政分权重点研究其关键性影响因素，特别是针对多数研究基于省际间财政分权进行，而较少研究省内财政分权的决定因素。本研究拟在之前研究的基础上，以省内财政分权状况为对象，主要研究转移支付对省内各级政府间财政权力分配的影响，分别分析一般性转移支付、专项转移支付对其影响程度。

第二节 转移支付财政分权效应理论模型

为了更加清楚地反映转移支付对省区内部财政分权的影响，本研究首先将建立一个模型，从理论上对转移支付对财政分权的影响做一个分析。

一、不存在转移支付的财政分权效应

本研究以省内财政分权状况为研究目标，根据构造理论模型并加以检测，实证研究财政集权与分权的思路①。假设一级政府辖区内存在 N 个无差别的次级政府，辖区 i 内居民的效用 U_i 由收入（税后）ny_i 和货币化的公共服务 g_i 决定，并假定收入与公共服务与辖区居民效用之间呈线性关系，那么辖区 i 内居民的效用可以用如下公式表达

$$U_i(ny_i, g_i) = ny_i + g_i^{\gamma i} = (1 - t_i) * y_i + g_i^{\gamma i} \quad (4-1)$$

其中 t_i 为 i 地区在分权状态下（先假定财政分权状态下上级政府允许下级政府自主设定税率）税率，y_i 为居民收入（平均水平），$0 < \gamma_i < 1$ 为居民对公共物品的喜好程度。货币化的公共物品 g_i 由政府税收收入支持（假定该级政府只对居民收入征税），税收收入除了满足公共物品 g_i 支出之外，还要支持政府的运行等。本研究假定 i 地区税收收入用于公共支出的比例是 θ_i，即

$$g_i = \theta_i \times t_i \times y_i \quad (4-2)$$

$$U_i(ny_i, g_i) = ny_i + g_i^{\gamma i} = (1 - t_i) * y_i + (\theta_i * t_i * y_i)^{\gamma i} \quad (4-3)$$

财政集权与分权都存在收益和成本问题，假设不考虑政治等因素，单遵循理性人的假设，二者之间的选择将取决于成本和收益的衡量。分权的

---

① Bolton 和 Roland 根据 Tiebout 模型认为当个人在公共品上的不同偏好存在条件下，经济市场化和一体化所形成的劳动力和资本等生产要素流动有利于地方政府最终提供合意的公共物品，以增加居民效用和福利并满足其多样性需求。具体分析参见 Bolton P.，Roland G. Distributional Conflicts, Factor Mobility, and Political Integration [J]. American Economic Review, 1996, 86 (2): 99 - 104.

成本主要有税负的增加、规模经济损失、区域管辖权冲突、区域差异拉大、宏观调控难度加大以及市场壁垒等，分权的收益主要有区域差异的尊重、获得联邦制的好处、有利于问责、公共支出效率的提高以及更强的回应性等。

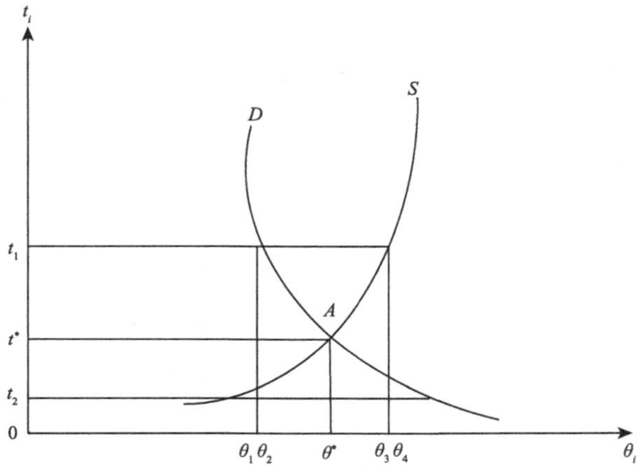

图 4－3　财政分权成本与收益

假设分权的成本主要是税收的增加，也可称为财政分权的价格。而财政分权的增加意味着公共支出的增加，这里可以作为财政分权供给量。如图 4－3 所示，财政分权的价格为 t_i，供给为 θ_i。如果区域 i 财政权力分配状况处于 A 点，那么财政分权的供给和需求是相等的，供需达到了均衡，这时的财政分权状态是最优的。均衡的供给价格即税率为 t^*，均衡的财政分权供给量即公共支出为 θ^*。如果区域 i 财政权力分配价格即税率达到了 t_1，那么财政分权的供给会达到 θ_3，而需求只有 θ_2。供需出现失衡状态，财政分权供给是过度的，损害了居民的效用。降低分权程度进而降低税率，削减政府公共支出是这时政府改善民生的正确路径。如果区域 i 财政权力分配价格即税率达到了 t_2，那么财政分权的供给是 θ_1，但是需求却达到了 θ_4 的水平。供需再次出现失衡，财政分权的供给不足，过度集权不仅损害居民的效用，还可能危及市场化进程，增加财政权力的分配和适度增税是改善居民效用的正确选择。

如上所述，对于 i 地区的居民而言，集权与分权对其影响最大的就是税收的多少与财政支出效率的高低，其中税收的多少可以用税率 t_i 来衡量（本研究假定只对收入征税），而公共支出效率的高低用税收收入用于公共支出的比例 θ_i 来衡量。居民的对财政分权与集权的偏好取决于两种状态下效用的对比，即

$$U_i(ny_i, g_i) = ny_i + g_i^{\gamma i} = (1 - t_i) \times y_i + (\theta_i \times t_i \times y_i)^{\gamma i} \quad (4-4)$$

$$U(ny, g) = ny + g^{\gamma i} = (1 - t) \times y_i + (\theta \times t \times y)^{\gamma i} \quad (4-5)$$

$$\Delta U = U_i(ny, g) - U(ny, g) = (t - t_i) \times y_i + (\theta_i \times t_i \times y_i)^{\gamma i} - (\theta \times t \times y)^{\gamma i} \quad (4-6)$$

求上式极值，对上式关于地区 i 税率 t_i 求导，即

$$\frac{d\Delta U}{dt_i} = -y_i + \gamma_i \times \theta_i \times y_i(\theta_i \times t_i \times y_i)^{\gamma_i - 1} - y_i + \gamma_i \times \theta_i \times y_i(\theta_i \times t_i \times y_i)^{\gamma_i - 1} = 0 \quad (4-7)$$

$$t_i = y_i^{-1} \times \gamma_i^{\frac{1}{1-\gamma_i}} \times \theta_i^{\frac{\gamma_i}{1-\gamma_i}} \quad (4-8)$$

$$\Delta U_{\max} = (\gamma_i \times \theta_i)^{\frac{\gamma_i}{1-\gamma_i}} \times (1 - \gamma_i) + t \times (y_i - \theta_i^{\gamma i} \times t^{\gamma_i - 1} \times y^{\gamma i}) \quad (4-9)$$

以上分析表明集权和分权的选择取决于收入、对公共物品的喜好程度以及税收收入用于公共支出的比例。

考虑两种特殊情形，首先是税率的一致。如果在分权状态下，下级政府没有获得税率设定权力（例如，中国地方政府并无税收立法权），那么集权与分权的选择取决于税收收入用于公共物品的支出，即

$$\Delta U = U_i(ny_i, g_i) - U(ny, g) = (\theta_i \times t \times y_i)\gamma i - (\theta \times t \times y)^{\gamma i} = t^{\gamma i} \times [(\theta_i \times y_i)^{\gamma i} - (\theta \times y)^{\gamma i}] \quad (4-10)$$

以上结论从一个侧面进一步验证了奥茨（Oates）分权定理，即与上级政府相比，地方政府更加接近辖区居民，更了解所管辖区域的大众效用和需求。在奥茨（Oates）设定的情形下，实行财政分权显然是由于财政集权的。

二、存在转移支付的财政分权效应情形

再考虑第二种情形，假定分权状态下存在上级政府对下级政府的转移支付 TR，则该区域居民的效用函数变为

$$U_i(ny_i, g_i) = ny_i + g_i^{\gamma i} = (1 - t_i) \times y_i + (\theta_i \times t_i \times TR)^{\gamma i} \quad (4-11)$$

在存在转移支付的情况下，再次对比财政分权与集权状态下居民效用的差异，即

$$\Delta U = U_i(ny_i, g_i) - U(ny, g) = (t - t_i) \times y_i + (\theta_i \times t_i \times y_i + TR)^{\gamma i} - (\theta \times t \times y)^{\gamma i} \quad (4-12)$$

同样，再次求上式极值，对上式关于 t_i 求导，即

$$\frac{d\Delta U}{dt_i} = -y_i + \gamma_i \times \theta_i \times y_i(\theta_i \times t_i \times y_i + TR)^{\gamma i-1} - y_i + \gamma_i \times \theta_i \times y_i (\theta_i \times t_i \times y_i + TR)^{\gamma_i - 1} = 0 \quad (4-13)$$

$$t_i = y_i^{-1} \times \gamma_i^{\frac{1}{1-\gamma_i}} \times \theta^{\frac{\gamma_i}{1-\gamma_i}} - \theta_i^{-1} \times \frac{TR}{y_i} \quad (4-14)$$

$$\Delta U_{\max} = (\gamma_i \times \theta_i)^{\frac{\gamma_i}{1-\gamma_i}} \times (1 - \gamma_i) + t \times (y_i - \theta_i^{\gamma_i} \times t^{\gamma_i - 1} \times y^{\gamma_i}) + \theta_i^{-1} \times TR \quad (4-15)$$

可见，在存在转移支付的情形下，降低了分权的成本，而降低的额度等于转移支付依存度$\frac{TR}{y_i}$与 θ_i^{-1} 的乘积。同时，转移支付还增加了极值时效用差，增加的额度等于转移支付 TR 与 θ_i^{-1} 的乘积。可见，转移支付在降低财政分权成本的同时加大了其效用，使地区 i 均衡状态更倾向于财政分权。

第三节　转移支付财政分权效应：数据与检验实证

根据分析表明，政府之间财政权力的分配取决于分权成本与收益的对比，进一步分解为收入、对公共物品的喜好程度以及税收收入用于公共支

出的比例、转移支付等因素。目前，包括省级政府在内的地方政府并未获得法定的税率设置权限，税负对财政分权的影响被削弱。在税率一致的条件下，转移支付成为影响政府间财政权力分配的重要因素。根据以上分析，转移支付额度的增加有利于降低分权成本而促进上级政府向下级政府分权，本研究将对此进行进一步验证。

一、数据来源及描述统计

本研究的标的限定为省内财政分权状况，从图 4－1 可以发现全国的财政支出权力在 2000 前后发生了巨大的变化，权力出现下移的趋势。另外，由于资料的可获得性以及统计口径的一致性，本研究的起始时间设定为 2000 年，终止时间是 2007 年，时间跨度为 8 年。本研究所选用财政收支、转移支付数据来自《全国地市县财政统计资料》（财政部国库司、预算司编，中国财政经济出版社）以及各个年份《地方财政统计资料》（财政部国库司编，经济科学出版社）。全国以及各省 GDP 数据来自中华人民共和国统计局网站。考虑管理体制性质的差异性，本研究在实证分析部分剔除了直辖市的数据。

被解释变量为财政分权程度。如前所述，目前学术界对财政分权尚未有标准的定义，财政分权的度量指标也是多样化的。之前的研究中，有学者使用预算内收入占比、包含预算外收入的收入占比、支出占比、不包含财政转移支付的支出占比等指标测度财政分权，还有学者采用人均指标对财政分权进行测量①。以上所述各个财政分权度量指标标准不一，侧重点各不相同。本研究认为一级政府权力的行使会受到财政能力的约束，而各级政府支出的多寡基本可以代表该级政府的财政权力。另外，由于财政依存度作为核心解释变量将出现在自变量中，所以本研究相应的采用不包含财政转移支付的省内各级政府支出占比度量财政分权。由于县级政府承担

---

① 参见张光．测量中国的财政分权［J］．经济与社会体制比较，2011（6）：48－61.

了大量的支出责任，且随着省直管县的逐步推开，地市级政府财政权力有被弱化的倾向。所以本研究采用了县、省财政支出对比指标衡量省内财政分权状况，在测算出省本级和县级财政支出占比的基础上，将县级财政支出占比与省本级财政支出占比做商，将县级财政权力和省级财政权力联系起来①，较好地反映了省内财政权力在最高级和最低级②政府之间的分配状况。

本研究的核心解释变量为转移支付依存度。由于中国转移支付主要包括了一般性转移支付、专项转移支付③、原体制补助④和税收返还⑤四个主要的类别，但是体制补助只有部分省份享受，税收返还每年的变化又不太大，研究意义不大。本研究核心变量设定为一般性转移支付、专项转移支付两个指标。为了更为清晰地反映问题，本研究引入转移支付依存度指标，即各项转移支付占财政支出比例⑥，财政转移支付（税收返还）依存度反映了各级政府财政支出对财政转移支付依赖程度。

为了分析的完整性，本研究引入了四个控制变量。预算内教育支出与预算内卫生支出占比反映了各省区基本公共服务的提供状况，县级政府作为基层政府，承担了大量的基本公共服务提供任务，该类支出的扩大，必定带来县级财政支出权力的扩大；另一个重要控制变量为收入指标，即县级财政收入占全省财政收入比例，该指标主要反映财力收入在全省各级政

① 即财政分权指标 $F_{it}=\frac{\text{县级政府财政支出}}{\text{全省财政支出}}\Big/\frac{\text{省本级财政支出}}{\text{全省财政支出}}=$ 县级政府财政支出/省本级财政支出。

② 随着乡财县管等政策的实施，可以认为县级财政为最低一级的财政。

③ 本研究将总转移支付扣除一般性转移支付、原体制补助和税收返还之后作为专项转移支付数。

④ 截至2007年，中央对内蒙古、吉林、福建、江西、山东、广西、海南、四川、贵州、云南、西藏、陕西、甘肃、青海、宁夏、新疆16个省区经行体制补助。

⑤ 该制度设计以1993年为基期年核定，中央政府对地方政府的税收返还额的递增率改为按本地区增值税和消费税增长率的1:0.3系数确定。

⑥ 转移支付（税收返还）依存度 $=\frac{\text{转移支付（税收返还）数额}}{\text{同级政府支出数额}}$。

府之间的实际分配状况[①]。财政收入一方面是财政支出的对立面，另一方面是财政支出的重要保证。一级政府只有掌握了相应的财政收入才可能获得充分的财政自主权，即如果一级政府拥有较大比重的财力支配，则财政分权越向该级政府集中。人均 GDP 衡量地区的经济发展状况，在回归模型中用于说明经济发展水平，对财政收入具有直接影响作用。变量统计描述，如表 4－1 所示。

表 4－1 变量统计描述

变量名	观测个数	最大值	最小值	均值	标准差	峰度	偏度
县、省财政支出对比	216	5.8	0.28	1.98	1.06	1.02	3.97
一般性转移支付依存度	216	0.25	0	0.05	0.05	1.32	4.77
专项转移支付依存度	216	0.69	0.02	0.35	0.15	－0.53	2.67
县级收入占比	216	0.7	0.06	0.47	0.11	－0.48	3.24
预算内教育支出	216	622.18	7.61	126.77	97.61	1.74	7.22
预算内卫生支出	216	126.14	0.09	17.72	19.76	1.68	7.24
人均 GDP	216	10.5	7.88	9.19	0.52	0.16	2.62

本研究使用了县、省财政支出对比指标衡量省内财政分权状况，为了更好地分析财政分权逐年的变化状况，本研究给出了该指标的理论分布图（Theoretical Distribution）。从图 4－4 可以看出县、省财政支出对比指标的峰值出现在 1～2，其峰值在不断右移，且伴随着峰度的增大，说明了县、省财政支出对比比值不断增大，财政权力不断向县级政府转移。同时，随着峰度的增大，区域之间财政分权状况差异逐渐拉大。

① 部分研究将该指标称为收入财政分权指标。

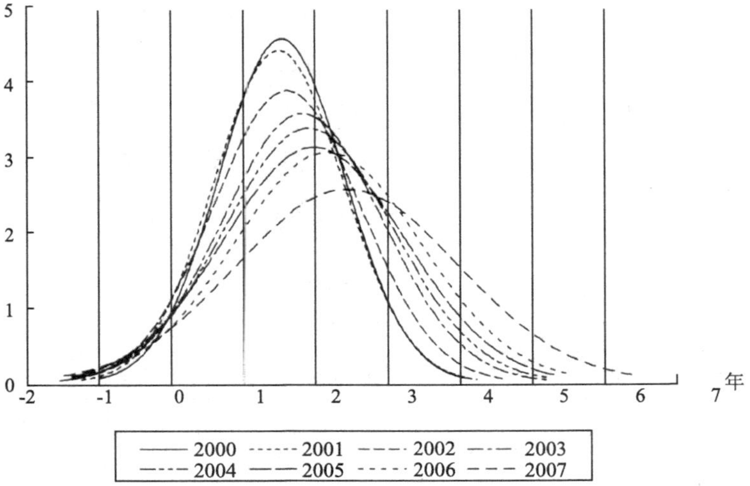

图 4－4　全国财政分权指标理论分布图

在对全国数据进行检验的同时，本研究还将单独研究民族地区的状况。在一般的研究中，主要将5个民族自治区作为民族地区进行研究。但是还有部分省份，虽然不属于民族自治区，但是少数民族人口在其人口总数中所占比例很大，可以将其列为民族地区。沿用本研究之前的做法，将少数民族人口占比较高的贵州、云南和青海等省列为民族地区进行研究。

被解释变量依然为财政分权程度。核心解释变量为一般性转移支付、专项转移支付依存度。此外还引入了预算内教育支出占比、县级财政收入占全省财政收入比例和人均 GDP 三个控制变量。变量统计描述如表 4－2 所示，从表中可以发现，相对于全国水平，民族地区用县、省财政支出对比衡量的财政分权水平较之全国平均水平要低。一般性转移支付依存度和专项转移支付依存度都比全国平均水平高，说明转移支付在民族地区财政支出中占据了重要的地位。从县级财政收入占比来看，民族地区和全国平均水平差距不大，占比都在半数左右。民族地区预算内教育支出占比较之全国水平较低，只有全国均值的一般左右[①]。人均 GDP 水平较全国水平相

① 因为这个指标属于总量指标，所以会受到省区地域大小和人口多寡的影响。

比略低，说明民族地区经济发展与全国平均水平相比还有一定的差距。

表 4－2　变量统计描述

变量名	观测个数	最大值	最小值	均值	标准差	峰度	偏度
县、省财政支出对比	64	3.63	0.55	1.42	0.70	1.05	4.16
一般性转移支付依存度	64	0.25	0.0009	0.09	0.06	0.94	3.10
专项转移支付依存度	64	0.69	0.22	0.46	0.11	0.0003	2.25
县级收入占比	64	0.70	0.32	0.50	0.08	－0.12	3.10
预算内教育支出	64	208.81	7.61	67.45	49.77	0.87	3.06
人均 GDP	64	10.18	7.88	8.92	0.47	0.19	2.96

为了更好地分析民族地区财政分权状况的逐年变化，本研究给出了该指标的理论分布图。从图 4－5 可以看出民族地区县、省财政支出对比指标的峰值出现在 1～2，其峰值在不断右移，且伴随着峰度的增大，说明了县、省财政支出对比比值不断增大，财政权力不断向县级政府转移。同时，随着峰度的增大，民族省区之间财政分权状况差异逐渐拉大。

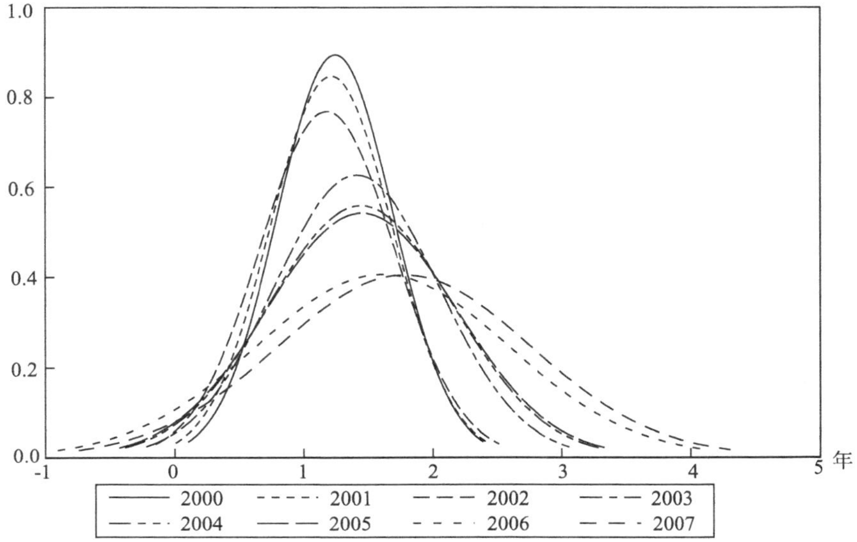

图 4－5　民族地区财政分权指标理论分布（1）

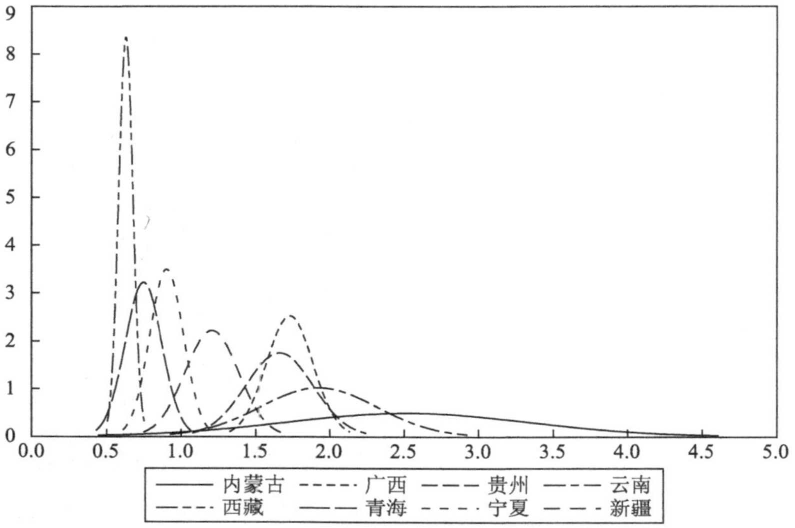

图 4－6　民族地区财政分权指标理论分布（2）

图4－6显示，从省区来看，西藏的财政分权指标最为集中，各个年份间的差距不大，分布较为集中。内蒙古财政分权指标的分布最为分散，说明该自治区财政分权指在不同年份间的差距较大。其余省份居于二者之间，青海和宁夏财政分权指标分布相对集中，广西、新疆和云南财政分权指标分布较为分散。总体来看，从西藏到内蒙古，财政权力逐步向县级政府下移。

二、转移支付财政分权效应检验思路

以上分析表明，政府之间财政权力的分配取决于分权成本与收益的对比，进一步分解为收入、对公共物品的喜好程度以及税收收入用于公共支出的比例、转移支付等因素。目前，包括省级政府在内的地方政府并未获得法定的税率设置权限，税负对财政分权的影响被削弱。在税率一致的条件下，转移支付成为影响政府间财政权力分配的重要因素。根据上述分析，转移支付额度的增加有利于降低分权成本而促进上级政府向下级政府分权，本研究将在下文对此进行进一步的验证。

在以上各个指标获得的基础上，本研究采用以下实证模型

$$F_{it}=C+\alpha\times TR_{it}+\beta\times X_{it}+\varepsilon_{it} \quad (4-16)$$

其中，F_{it}为衡量财政分权的量，TR_{it}为转移支付变量，属于本研究的核心变量，包括一般性转移支付、专项转移支付，X_{it}为其他控制变量。

由于财政政策的延续性，之前的财政政策可能会对以后的政策造成影响。由此可能产生内生性问题，为了分析问题的严谨，本研究进一步引入了如下的动态面板模型：

$$F_{it}=C+\alpha\times F_{it}(-1)+\beta\times TR_{it}+\gamma\times X_{it}+\varepsilon_{it} \quad (4-17)$$

其中，$F_{it}(-1)$为F_{it}的一期滞后变量，其他变量与上式相同。为了得到更好的估计量，本研究将采用GMM/DPD方法对模型进行估计①。

三、转移支付财政分权效应检验结果

由于面板数据有时间和截面两个维度，在面板数据估计的过程中可以选择混合模型、固定效应模型和随机效应模型。一般来说，根据豪斯曼检验的结果可以在个体固定效应模型和随机效应模型之间做出选择，似然比检验的结果有助于确定是使用个体固定效应模型还是混合模型。本研究实证模型经过似然比检验和豪斯曼检验，最终确定研究中所涉及回归应该使用截面固定效应模型进行。

表4-3　基于截面固定效应模型的检验

	方程（1）	方程（2）	方程（3）
常数项	0.6910*** （3.8075）	-2.2882*** （-2.4296）	0.1496* （2.5579）
一般性转移支付依存度	1.5544** （2.5387）		2.6079*** （2.6479）

① GMM/DPD方法模型使用代线性估计替代动态误差估计，在使用面板数据估计需求模型应用中说明替代估计结果的重要性。具体分析参见 Blundell R., Bond S.. Initial conditions and moment restrictions in dynamic panel data models [J]. Journal of Econometrics, 1998, Vol. 87, No. 1: 115-143.

续表

	方程（1）	方程（2）	方程（3）
专项转移支付依存度		-0.6861*** (-2.6788)	-2.2019*** (-5.3006)
县级财政收入占比	0.9287*** (2.6419)	0.9208*** (2.6815)	3.5195*** (10.1727)
预算内教育支出占比	0.0059*** (16.8454)	0.0046*** (2.6815)	0.0060*** (11.4024)
预算内卫生支出	0.0010** (2.7917)	0.2130* (2.1788)	0.2225* (2.0481)
人均 GDP	—①	0.3806*** (3.8795)	—②
R^2	0.9521	0.9552	0.8522
F	122.7179	126.4719	127.5044

注：*、**、***分别表示10%、5%、1%的显著水平，括号内为对应回归系数的t值，下同。

表4-3给出了使用固定效应模型进行回归的结果。如前所述，被解释变量为县、省财政支出对比指标。可以发现，在三个回归模型中，本研究所采用的两个核心解释变量在统计意义和经济意义上都是显著的，和模型推到中的预期是一致的。在表4-3中的方程（1）表明一般性转移支付在分配的时候并未附带特殊目的，也不需要下级政府配资，所以一般性转移支付降低了财政分权的成本，有利于财政权力向下级政府转移；方程（2）表明专项转移支付不利于财政权力的下移。其原因就在于专项转移支付的分配中经济因素所起的作用较弱，且专项转移支付需要下级政府大量配资，有可能提高分权成本，所以其不利于财政权力的向下转移；方程（3）将本研究所有核心解释变量引入，可以发现其在经济意义和统计意义上依

① 一般性转移支付分配更多地考虑经济因素，为避免和表征经济的变量人均GDP出现多重共线现象，故在本次回归中未引入。

② 同上。

然显著，且对被解释变量的影响效应是一致的。

除了核心解释变量之外，本研究还引入了三个控制变量①。在三个回归方程中，县级财政收入占比和预算内教育支出占比在经济意义和统计意义上是显著的。县级财政收入是代表了县级财政自我满足的程度，收入是支出的保证。县级财政收入的增加，保证了其支出权力的行使。如前所述，本研究引入预算内教育支出占比指标意在衡量基本公共服务增加对财政权力分配的影响。县级政府几乎是最为接近居民的以及政府，正如理论推导部分显示的那样，政府对居民偏好的更好回应有利于财政分权的实现。由于县级政府相对于省级政府更加了解当地居民的偏好，以教育为代表的基本公共服务支出的增加必然带来财政权力的向县级政府转移。在方程（2）中引入了人均 GDP 变量，通过回归结果可以发现其在经济以及统计上都是显著的，其对财政分权的正向效应说明经济发达地区县级政府相对于落后地区获得了更多的财政权力②。

上述模型可能存在内生性问题，为了尽量避免估计误差，本研究采用 GMM/DPD 方法估计了引入滞后量的动态面板模型，估计结果如表 4－4 所示：

表 4－4　基于截面固定效应模型的检验

	方程（1）	方程（2）	方程（3）
县、省财政支出对比滞后项	0.8642*** (19.2172)	1.1994*** (47.8655)	0.8748*** (11.4633)
一般性转移支付依存度	3.8623*** (4.9787)	—	3.4764*** (2.8341)

① 一般性转移支付的分配考虑了经验因素，所以为了避免多重共线影响回归的精度，在表 4－3 中的方程（1）和方程（3）中并未引入人均 GDP 变量，在表 4－3 中的方程（2）中为了不遗漏重要变量，所以引入人均 GDP 变量。

② 具体参见王华春，刘栓虎，刘清杰．中国财政分权的决定因素与差异性分析——基于省、地市和县级政府 2000—2007 年的实证数据［J］．河北经贸大学学报，2016（5）：79－85，94.

续表

	方程（1）	方程（2）	方程（3）
专项转移支付依存度	—	-0.9218*** (-2.8246)	-1.8107*** (-5.0749)
统计量	23.2710	23.0542	22.2825
P值	0.2256	0.2350	0.2197

从表4-4中不难发现，三个方程的J-statistic统计量及其概率值在统计上都是显著的，说明上述表4-4中所采用固定效应模型是成立的。从表4-3中也可以发现，县、省财政支出对比一期滞后项系数为正且十分显著，说明用该指标考量的财政分权状况具有较强的稳定性。本研究中所涉及的核心解释变量依然显著，其对县、省财政支出对比指标的影响效应与表4-4中结果一致。

在对全国情况进行分析的基础上，进一步分析民族地区的情况。如前所述，根据豪斯曼检验的结果可以在个体固定效应模型和随机效应模型之间做出选择，似然比检验的结果有助于确定是使用个体固定效应模型还是使用混合模型。本研究实证模型经过似然比检验和豪斯曼检验，最终确定研究中所涉及民族地区数据回归应该使用截面固定效应模型进行，表4-5给出了最终的回归结果。

表4-5 基于固定效应模型的检验

	方程（1）	方程（2）	方程（3）
常数项	-9.5311*** (-5.107681)	-2.3522*** (-4.0777)	-8.6166*** (-4.6725)
一般性转移支付依存度	-4.3069*** (-4.9728)	—	-4.2349*** (-4.6176)
专项转移支付依存度	—	-0.7783*** (-3.2989)	-0.8611*** (-3.6309)
县级财政收入占比	2.5524*** (4.4918)	2.2799*** (4.4687)	2.2549*** (4.0341)

续表

	方程（1）	方程（2）	方程（3）
预算内教育支出占比	0.0008 (0.8362)	0.0040*** (7.7548)	0.0013** (25.8293)
人均 GDP	—①	0.3032*** (6.659)	—②
R^2	0.9521	0.9322	0.9597
F	120.1320	79.7196	126.1203

从表4－5可以发现，对于民族地区而言，在三个回归模型中，本研究所采用的两个核心解释变量在统计意义和经济意义上都是显著的。在表4－5中的方程（1）表明在民族地区与全国的情况不一致，一般性转移支付虽然降低了财政分权的成本，但是不利于财政权力向下级政府转移。这种情况的出现可能源于民族地区一般性转移支付使用过程中可能存在“攫取之手”有关③。与全国的情况一致，方程（2）表明专项转移支付不利于财政权力的下移。其原因就在于专项转移支付的分配中经济因素所起的作用较弱，且专项转移支付需要下级政府大量配资，有可能提高分权成本，所以其不利于财政权力的向下转移。方程（3）将本研究所有核心解释变量引入，可以发现其在经济意义和统计意义上依然显著，且对被解释变量的影响效应是一致的。

除了核心解释变量之外，三个控制变量的影响也基本是显著的。在三个回归方程中，县级财政收入占比在经济意义和统计意义上是显著的。县

① 一般性转移支付分配更多的考虑经济因素，为避免和表征经济的变量人均 GDP 出现多重共线现象，故在本次回归中未引入。

② 同上。

③ 由于中央与地方政府间不同的分配财政资源分配方式将引起地方政府的利益机制和行为变化，在1994年实施分税制以来财政集权加剧了地方政府由“援助之手”转向“攫取之手”，中央政府从财政收入上移受益，地方政府上述行为影响预算收入和经济增长。具体分析参见陈抗，Arye L. Hillman，顾清扬．财政集权与地方政府行为变化——从援助之手到攫取之手［J］．经济学（季刊），2002（4）：111－130.

级财政收入是代表了县级财政自我满足的程度，而收入是支出的保证。县级财政收入的增加，保证了其支出权力的行使。如前所述，本研究引入预算内教育、卫生支出占比指标意在衡量基本公共服务增加对财政权力分配的影响。县级政府几乎是最为接近居民的以及政府，正如理论推导部分显示的那样，政府对居民偏好的更好回应有利于财政分权的实现。由于县级政府相对于省级政府更加了解当地居民的偏好，所以以教育为代表的基本公共服务支出的增加必然带来财政权力向县级政府的转移。在方程（2）中引入人均 GDP 变量，通过回归结果可以发现其在经济以及统计上都是显著的，其对财政分权的正向效应说明经济发达地区县级政府相对于落后地区获得了更多的财政权力①。

上述通过省内各级政府间财政分权，以省、地市、县级财政数据为支撑，结合转移支付影响省内财政分权因素的分析发现，一般性转移支付、县级财政收入占比、地区 GDP、预算内教育和卫生支出等基本公共服务支出都促进了省内财政权力下移，专项转移支付由于其特定目的和配套资金要求不利于省内财政权力下移。实证分析表明，中央和省级政府转移支付影响各级政府间财政分权，因此，有效发挥省级政府的财政分权下移导向是形成区域内合理财政分权的重要出路。教育等公共支出带来财力支出向基层政府下移，政府满足和回应居民偏好有助于形成合理的财政分权特别是财力的下移。

---

① 具体参见王华春，刘栓虎，刘清杰．中国财政分权的决定因素与差异性分析——基于省、地市和县级政府 2000—2007 年的实证数据［J］．河北经贸大学学报，2016（5）：79－85，94.

第五章　民族地区内部转移支付的财力均等化效应

中国少数民族地区受特殊的地理环境、风俗习惯、自然环境等因素的影响，人口密度较大，交通运输成本较高，对外开放程度较低，这些特点使少数民族地区无法提供与全国人均相同水平的基本公共服务。中央对省级地方政府以及地方政府内部的转移支付对于缓解包括民族地区在内的全国区域间财力不均等，弥补公共服务缺口，规范中央和地方政府的关系，具有重要作用。

作为接受转移支付最为集中的民族地区，转移支付前后民族地区县级政府的财力是否有所差异，财力不均等是否有所缓解，一般性转移支付、专项转移支付、原体制补助和税收返还四种转移支付形式对民族地区县级政府财力均等化效果是否相同，哪种类型的转移支付对民族地区县级政府财力均等化效应更强，如何更好地实现民族地区在内的民众共享发展是全面建设小康社会的内在要求。

第一节 民族地区财力均等化现状

一、民族地区转移支付政策演进

转移支付是指政府间为解决财力失衡，通过一定的形式转移财政资金的一种行为，是政府无偿提供的用以补充公共物品的一种活动。1994 年税制改革以后，转移支付的类型主要有税收返还和原体制补助、一般性转移支付和专项补助。1994 年到 1999 年转移支付主要分为税收返还、原体制补助和专项补助，从 2000 年转移支付类型分为财力性转移支付（包括税收返还补助、原体制补助、增发国债补助、增发工资补助、各项结算补助、调整收入任务增加或减少补助、其他补助）、专项补助，2001 年在前一年的基础上财力性转移支付分类上增加了民族地区转移支付补助、中小学教师转移支付补助、艰苦边远地区津贴补助，2002 年在前一年的基础上财力性转移支付上增加了所得税基数返还补助、农村税费改革转移支付补助，取消了艰苦边远地区津贴补助，2003 年在前一年的基础上财力性转移支付取消税收返还，增加消费税和增值税返还补助、农业税减免及企事业单位预算划转，2004 年与 2003 年一样，2005 年在前一年的基础上财力性转移支付增加了农村税费改革转移支付补助，2006 年在前一年的基础上财力性转移支付将农业税减免及企事业单位补助分为两部分取消农业特产税降低农业税率转移支付补助和企事业单位预算划转补助，增加了农村义务教育补助和环节县乡财政困难转移支付补助，2007—2009 年转移支付分类同 2006 年一样。与民族地区相关的转移支付政策变化情况，如表 5 - 1 所示：

表 5－1　中国近年转移支付相关政策变化情况

年份	税收返还	原体制补助	一般性转移支付	专项转移支付
2000	税收返还补助	原体制补助	转移支付补助、增发国债补助、增发工资补助、各项结算补助、调整收入任务增加或减少补助、其他补助	专项补助
2001	税收返还补助	原体制补助	转移支付补助、增发国债补助、增发工资补助、各项结算补助、调整收入任务增加或减少补助、其他补助、民族地区转移支付补助、中小学教师转移支付补助、艰苦边远地区津贴补助	专项补助
2002	税收返还补助	原体制补助	转移支付补助、增发国债补助、增发工资补助、各项结算补助、调整收入任务增加或减少补助、其他补助、省补助单列市、民族地区转移支付补助、中小学教师转移支付补助、农村税费改革转移支付补助	专项补助
2003	消费税和增值税税收返还补助、所得税基数返还补助	原体制补助	转移支付补助、增发国债补助、增发工资补助、各项结算补助、其他补助、省补助单列市、民族地区转移支付补助、中小学教师工资补助、农村税费改革转移支付补助、农业税减免及企事业单位预算划转	专项补助
2004	消费税和增值税税收返还补助、所得税基数返还补助	原体制补助	转移支付补助、增发国债补助、各项结算补助、其他补助、民族地区转移支付补助、中小学教师工资补助、农村税费改革转移支付补助、农业税减免及企事业单位预算划转、调整工资转移支付补助	专项补助

续表

年份	税收返还	原体制补助	一般性转移支付	专项转移支付
2005	消费税和增值税税收返还补助、所得税基数返还补助	原体制补助	一般性转移支付补助、增发国债补助、各项结算补助、其他补助、民族地区转移支付补助、中小学教师工资补助、农村税费改革转移支付补助、农业税灾歉减免及企事业单位预算划转、调整工资转移支付补助	专项补助
2006	消费税和增值税税收返还补助、所得税基数返还补助	原体制补助	转移支付补助、增发国债补助、增发工资补助、结算补助、其他补助、民族地区转移支付补助、中小学教师工资补助、农村税费改革转移支付补助、取消农业特产税降低农业税率转移支付补助、缓解县乡财政困难转移支付补助、农村义务教育补助、企事业单位预算划转补助	专项补助
2007	消费税和增值税税收返还补助、所得税基数返还补助	原体制补助	转移支付补助、结算补助、其他补助、民族地区转移支付补助、农村税费改革转移支付补助、调整工资转移支付补助、缓解县乡财政困难转移支付补助、农村义务教育补助、企事业单位预算划转补助	专项补助

续表

年份	税收返还	原体制补助	一般性转移支付	专项转移支付
2008	消费税和增值税税收返还补助、所得税基数返还补助	原体制补助	转移支付补助、增发工资补助、结算补助、其他补助、民族地区转移支付补助、农村税费改革转移支付补助、缓解县乡财政困难转移支付补助、农村义务教育补助、企事业单位预算划转补助	专项补助
2009	消费税和增值税税收返还补助、所得税基数返还补助	原体制补助	均衡性转移支付补助、结算补助、其他一般性转移支付、民族地区转移支付补助、农村税费改革转移支付补助、调整工资转移支付补助、企事业单位预算划转补助、教育转移支付、县级基本财力保障机制奖补资金	专项补助
2014	优化转移支付结构，明确事权和支出责任划分	原体制补助	完善一般性转移支付制度，清理整合一般性转移支付，建立一般性转移支付增长机制和加强支付管理；严控专项转移支付，清理整合专项转移支付，改变以收定支管理，严控新设专项，规范专项转移支付管理办法和资金分配和使用，取消竞争性领域专项转移支付，强化转移支付预算管理，调整优化中央基建投资专项，完善省以下的转移支付等	专项补助

资料来源：根据财政部相关政策文件整理。

二、民族地区转移支付与财力均等水平变化

中国少数民族八省区包括内蒙古自治区、宁夏回族自治区、新疆维吾尔自治区、西藏自治区和广西壮族自治区五大少数民族自治区和少数民族分布集中的贵州、云南和青海三省，这些地区国土面积占全国58%左右，人口占14%。从地理位置上看，大多地处边疆地区，经济发展水平较差，公共服务供给能力不能达到全国的平均水平。1994年税制改革，中央对民族地区没有明显的差别政策，但从2001年开始增加了民族地区转移支付补助一项，中央对民族地区开始有了明显的倾向。

转移支付均等化包括财政能力均等化和横向公平均等化，财政能力均等化是指中央政府为了均衡各地的财政收入，在全国按照统一原则进行相应的转移支付调整，横向公平均等化目的为实现个人公共服务的均等化，实现地区间财力水平的平衡。本研究选取1994—2013年中央对地方转移支付数额，用转移支付总量进行中央对民族地区和地方的财政能力规模比较，用人均转移支付值进行横向的相对规模比较。鉴于口径的统一性，本研究将转移支付分为四类：税收返还、原体制补助、一般性转移支付和专项转移支付，每一年各类转移支付数据由所包含种类相加而得，如表5－2所示。

表5－2　2000—2009年中央人均转移支付情况　（单位：元,%）

年份	中央对民族地区人均转移支付		中央对地方人均转移支付额	
	人均转移支付额	比上年增长率	人均转移支付额	比上年增长率
2000	507.37	—	376.81	—
2001	727.16	43.32	483.27	28.25
2002	836.95	15.10	565.08	16.93
2003	857.38	2.44	628.63	11.25
2004	1070.88	24.90	792.29	26.04

续表

年份	中央对民族地区人均转移支付		中央对地方人均转移支付额	
	人均转移支付额	比上年增长率	人均转移支付额	比上年增长率
2005	1258.40	17.51	864.69	9.14
2006	1510.42	20.03	1049.37	21.36
2007	2015.57	33.44	1329.15	26.66
2008	2500.71	24.07	1687.80	26.98
2009	3256.76	30.23	2202.14	30.47
2010	3853.49	18.32	2511.56	14.05
2011	5240.58	36.00	3181.26	26.66
2012	5857.90	11.78	3516.90	10.55
2013	5869.19	0.19	3610.87	2.67
2015	7420.93	26.44	3643.10	0.90
2016	7836.18	5.60	3802.20	4.30

注：数据来源《全国地市县财政统计年鉴》《中国统计年鉴》，人均转移支付额 = 中央对地方转移支付总额/年末人口数，比上年增长率 = 本年转移支付额 - 上一年转移支付额/上一年转移支付额。

由表5-2可知，2000—2013年中央对民族地区人均转移支付额每年都以不同增长速度上涨，均高于中央转移支付对地方转移支付的平均水平，2001年的增速为43.32%，在所观察的几年中增速最大，从2001年开始，财力性转移支付补助增加了民族地区转移支付补助一项，这比较符合中国对民族地区转移支付支持政策。总体而言，比较直观的反映了中央转移支付对民族地区的倾斜力度，体现了中央均衡全国财力均等化的努力。

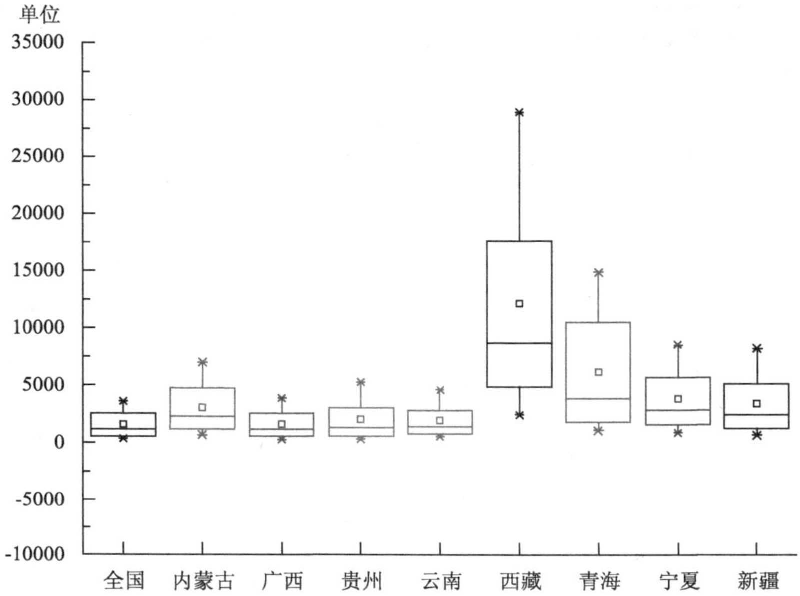

图 5 - 1　2000—2013 年民族地区人均转移支付额增速

上图 5 - 1 表示 2000—2013 年中央对地方人均转移支付额与内蒙古、广西、贵州、云南、西藏、青海、宁夏、新疆人均转移支付额的比较。可以看出，2000—2013 年各少数民族地区人均转移支付额平均值高于中央对地方人均转移支付额均值。其中，西藏地区人均转移支付额平均水平最高，其次是青海，内蒙古为第三。2000—2013 年西藏的人均转移支付额跨度最大，离散性最大，波动性也最大，其次是青海，但人均转移支付额仍远高于中央对地方人均转移支付额平均水平，由此可见，中央对西藏、青海等地区的转移支付额不断大幅度增加，2000 年中国开始了西部大开发战略，促进西部地区公共服务均等化，由此体现了财政政策的相应。云南、广西、贵州人均转移支付额增长速度较为稳定，数值离散性相对集中，宁夏、新疆、内蒙古人均转移支付额增长速度居中，不管是最低值比较还是最高值比较，民族地区的人均转移支付额均高于中央对地方人均转移支付额，由此可见，中央对民族地区转移支付政策存在一定的倾向性。

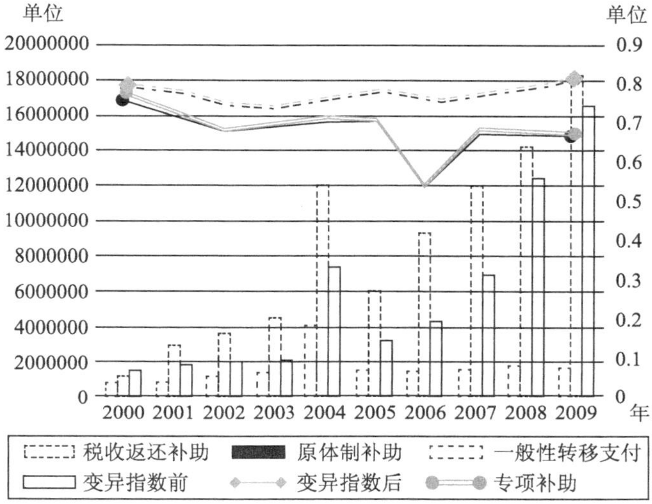

图 5－2　民族地区各项转移支付与变异指数

资料来源：《全国地市县财政统计资料》（相应年份）。

图 5－2 是民族地区各项转移支付总额与转移支付前后的变异指数图，柱形图代表各项转移支付，折线图代表变异指数。首先，在民族地区各项转移支付中一般性转移支付所占比重最多，每年都比其他三项转移支付比重大，这是因为一般性转移支付的作用是弥补地方间的财力差距，中央对民族地区的一般性转移支付额每年呈增长趋势。其次，专项转移支付所占比重也较大，基本成逐年增长趋势，原体制补助和税收返还所占比重较小。最后，有变异指数线比较可以得出，转移支付后的变异指数明显小于转移支付钱的变异指数，而且更加平缓，说明转移支付能够有效地缓解民族地区间的财力不均等状况。

第二节　转移支付促进民族地区财力均等化：理论假设

一、转移支付均等化：离散程度

中央对地方转移支付的目的在于促进各地区财政均等化，目前对转移支付均等化的测算主要有变异指数法、基尼系数法等方法，根据数据的特点，本研究选用变异指数法，直观观察转移支付前后的基尼系数变化。

观测转移支付前后变异指数的离散程度，能够比较直观的观察中央对地方转移支付的均等化效果。变异系数法是衡量观测指标变异程度的一个统计量，当对多个观测值的变异程度进行比较时，如果单位和平均数不同，不能直接用标准差来比较，应该选用标准差和平均值的相对值来比较，由变异指数的基础公式研究，公式如下：

$$E_i = \frac{1}{n}\sum_{m=1}^{n} x_m \tag{5-1}$$

$$\sigma_i = \sqrt{\frac{1}{n}\sum_{m=1}^{n}(x_m - E_m)^2} \tag{5-2}$$

$$C.V_i = \frac{\sigma_i}{E_i} \tag{5-3}$$

$$C.V_i = \frac{n\sqrt{\frac{1}{n}\sum_{m=1}^{n}(x_m - E_m)^2}}{\sum_{m=1}^{n} x_m} = \frac{n\sqrt{\frac{1}{n}\sum_{m=1}^{n}\left(x_m - \frac{1}{n}\sum_{m=1}^{n} x_m\right)^2}}{\sum_{m=1}^{n} x_m} \tag{5-4}$$

假设一个地区中存在 n 个地区，$n=1, 2, 3, \cdots$，每个地区的收入为 $x_1, x_2, x_3, \cdots$，则 Ei 表示第 i 年各地区财政收入均等化指数的均值，σ 表示第 i 年各地区财政收入均等化指数的标准差，$C.Vi$ 表示第 i 年的变异指数。变异指数越大，表示地区之间财力离散程度较大，均等化程度越差；变异指数越小，表示地区之间财力聚合程度越好，均等化程度越强。

在变异指数式（5－4）的基础之上，为了研究收入项对变异指数变化的影响，由此研究变异系数的边际变化率，对式（5－4）求导

令

$$n\sqrt{\frac{1}{n}\sum_{m=1}^{n}(x_m-\frac{1}{n}\sum_{m=1}^{n}x_m)^2}=\sqrt{n\sum_{m=1}^{n}(x_m-\frac{1}{n}\sum_{m=1}^{n}x_m)^2}=\sqrt{A}$$

$$\frac{\partial CV_i}{\partial x_m}=\frac{\frac{1}{2\sqrt{A}}[2nx_m-2\sum_{m=1}^{n}x_m-2x_m+\frac{2}{n}\sum_{m=1}^{n}x_m-\sqrt{A}]}{(\sum_{m=1}^{n}x_m)^2} \quad (5-5)$$

对式（5－6）进行求解，如果$\frac{\partial CV_i}{\partial x_m}>0$，则 Xm 增大能够使变异指数增大；$\frac{\partial CV_i}{\partial x_m}$，则 Xm 增大能够使变异指数减小。

令 $B=[2nx_m-2\sum_{m=1}^{n}x_m-2x_m+\frac{2}{n}\sum_{m=1}^{n}x_m]\cdot\sum_{m=1}^{n}x_m$

则式（5－6）可变为

$$\frac{\partial CV_i}{\partial x_m}=\frac{\frac{B}{2\sqrt{A}}-\frac{A}{2\sqrt{A}}}{(\sum_{m=1}^{n}x_m)^2} \quad (5-6)$$

比较 B 和 A 的大小可知$\frac{\partial CV_i}{\partial x_m}$的变化。

$$B=2n\sum_{m=1}^{n}x_m^2-2(\sum_{m=1}^{n}x_m)^2-2\sum_{m=1}^{n}x_m^2+\frac{2}{n}(\sum_{m=1}^{n}x_m)^2=$$

$$2(n-1)\sum_{m=1}^{n}x_m^2-(2-\frac{1}{n})(\sum_{m=1}^{n}x_m)^2 \quad (5-7)$$

$$A=n\sum_{m=1}^{n}(x_m-\frac{1}{n}\sum_{m=1}^{n}x_m)^2=2n\sum_{m=1}^{n}x_m^2-2(\sum_{m=1}^{n}x_m)^2 \quad (5-8)$$

则 $A>B$，因此$\frac{\partial CV_i}{\partial x_m}<0$，基尼系数的变化取决于 X_m的大小，X_m数值大

能够使基尼系数变小，X_m数值小能够使基尼系数变大。

二、转移支付与变异系数假定

假设地区财政收入 X，由地方财政收入 G 和转移支付收入 T 两部分构成，则 $X=G+T$，转移支付付前的基尼系数为 cv_x，转移支付后的基尼系数为 cv_y

$$cv_x = n\sqrt{\frac{1}{n}\sum_{m=1}^{n}\left(G-\frac{1}{n}\sum_{m=1}^{n}G\right)^2}$$

$$cv_y = \frac{n\sqrt{\frac{1}{n}\sum_{m=1}^{n}[(G+T)-\frac{1}{n}\sum_{m=1}^{n}(G+T)]^2}}{\sum_{m=1}^{n}(G+T)}$$

$$\Delta cv = cv_y - cv_x \tag{5-9}$$

Δcv 为转移支付前后变异指数的变化量，转移支付是否具有均等化效应取决于 cv_x 和 cv_y 的大小。因为 $G+T>G$，故 $cv_y<cv_x$，转移支付后的变异指数小于转移支付前的变异指数，$cv_y-cv_x<0$ 政府间的转移支付能够减小变异指数，促进地方政府间财力均等化。

故 H_0：转移支付能够促进民族地区财力均等化，与变异指数呈负相关关系。

第三节 民族地区财力均等化水平：数据选取与实证检验

一、财力均等化计量的数据选取

关于转移支付前后的财力界定，不同的学者有不同的界定方法。用地方财政收入占比代表转移支付前的民族地区地方财政能力差异，再分别计算出加入各分项转移支付后的民族地区地方财政能力占比的变化；用本年支出来衡量转移支付后可支配财力，用本年支出减转移支付净值来衡量转移支付前可支配财力。本研究以县级政府财力为研究对象，将转移支付前的财政收入和转移支付后的财政收入界定如下：

地方政府可支配财力 = 地方一般财政预算收入 + 转移支付净值

转移支付净值 = 转移支付补助收入 − 上解支出

由于上解部分数据的不可获得性，根据财政收支的平衡关系可得：

地方财政转移支付后可支配财力 = 地方平衡部分财政支出

地方财政转移支付前可支配财力 = 地方平衡部分支出 − 转移支付净值

由于数据的不可获得性，为了保证口径的统一，文章所运用的数据为1994 年到 2013 年的县级面板数据，主要来源为《全国统计年鉴》《中国地方统计年鉴》。本部分的数据分为两部分，第一部分利用 1994 年到 2013 年中央对地方转移支付总额，从总体上对民族地区的转移支付的均衡性进行描述性分析，作总体性的现状概括，这些数据主要获得途径为《全国统计年鉴》《中国地方统计年鉴》。第二部分利用 2000 年到 2009 年县级财政数据，分析民族地区不同种类转移支付均等化效应的影响。

二、民族地区财力均等化实证检验

（一）转移支付前后财力均等化效果

对转移支付前后民族地区内部财政能力均等化程度进行测算，利用2000—2009 年的数据，对 8 个民族地区测量转移支付前后的变异指数，检测均等化效应，用 $\frac{Gy - Gx}{Gx}$ 来表示均等化效果，结果如表 5 – 4 所示。

表 5 – 3　转移支付前后基尼系数变化率

年份	民族地区			全国		
	Gx	*Gy*	| *Gy* – *Gx* | /*Gx*	*Gx*	*Gy*	| *Gy* – *Gx* | /*Gx*
2000	0.80	0.77	0.04	0.81	0.73	0.10
2001	0.79	0.73	0.08	0.91	0.73	0.20
2002	0.76	0.68	0.11	0.97	0.77	0.21

续表

年份	民族地区			全国		
	Gx	Gy	$\lvert Gy-Gx\rvert /Gx$	Gx	Gy	$\lvert Gy-Gx\rvert /Gx$
2003	0. 75	0. 69	0. 08	1. 03	0. 81	0. 21
2004	0. 76	0. 71	0. 07	1. 05	0. 80	0. 24
2005	0. 79	0. 70	0. 11	1. 12	0. 81	0. 28
2006	0. 77	0. 53	0. 31	1. 14	0. 75	0. 34
2007	0. 78	0. 68	0. 13	1. 17	0. 80	0. 32
2008	0. 80	0. 67	0. 16	1. 15	0. 77	0. 33
2009	0. 82	0. 67	0. 18	1. 13	0. 74	0. 35

注：Gx 表示转移支付前的基尼系数，Gy 表示转移支付后的基尼系数，$\frac{\lvert Gy-Gx\rvert}{Gx}$表示转移支付前后的基尼系数变化率。

民族地区内部政府之间转移支付后的变异指数比转移支付前的变异指数小，能够使民族地区政府间的财政能力趋向均等化。具体看来，转移支付前，民族地区 2000 年到 2009 年变异指数分别为 0. 80、0. 79、0. 76、0. 75、0. 76、0. 79、0. 77、0. 78、0. 80、0. 82，相对于全国每年的变异指数都小，但仍呈强变异程度，各民族地区间存在严重的不均等状态，民族地区分布比较零散，受地理环境、风俗文化等方面的影响，经济不发达，直接导致这种极度不均等化状态。

转移支付后，民族地区 2000—2009 年变异指数相应的减小，转移支付有效的解决了这种不均等状态，有效地降低了变异指数，使民族地区财政收入趋向于均等化方向发展，尤其是 2006 年变异指数为 0. 5。

转移支付效果数值越大，转移支付的均等化效果越好，由表 5 – 3 可知，转移支付的均等化效果基本都超过了 10%，在 2006 年还超过了 30%。转移支付有效地促进了民族地区与全国其他地区之间的财政能力均等化水平，同时，促进了民族地区间的财政能力均等化水平，转移支付的均等化效果较为明显。

（二）各项转移支付对民族地区均等化效果影响检测

1. 变量的选择

（1）被解释变量。转移支付后的变异指数变化率为文章的被解释变量，反映各项转移支付对民族地区县际间财力均等化的影响，计算公式为转移支付后变异指数－转移支付前变异指数的绝对值比转移支付前变异指数。

（2）解释变量。文章的被解释变量主要有四个：税收返还额，用民族地区税收返还比是政府按照国家有关规定采取先征后返（退）、即征即退等办法向企业返还的税款，属于以税收优惠形式给予的一种政府补助；一般转移支付指中央政府对有财力缺口的地方政府，按照规范的办法给予的补助，包括均衡性转移支付、民族地区转移支付、农村税费改革转移支付、调整工资转移支付等，地方政府可以按照相关规定统筹安排和使用；专项转移支付上级政府为实现特定的宏观政策目标，以及对委托下级政府代理的一些事务进行补偿而设立的专项补助资金；原体制补助是为了保持财政体制的连续性而暂时保留的一些助形式，它在全部转移支付中所占比重较小，而且主要是维持了以前的数额即存量，没有增加额即增量。

基于前文的理论分析与假设，构建民族地区各项转移支付对财力均等化影响的估计模型如下：

$$lnCV_{it} = \alpha_0 + \alpha_1 lnGTP_{it} + \alpha_2 lnSTP_{it} + \alpha_3 lnTRD_{it} + \alpha_4 lnOSS_{it} + \varepsilon i + \mu i \tag{5-10}$$

式（5.10）中，i 表示年份，$lnCV$ 表示第 i 年的变异指数的变化率，i 表示个体在横截面上的变化，$i=1, 2, 3, \cdots$，t 表示个体在时间上的变化，$t=1, 2, 3, \cdots$；$lnGTR_i$ 表示第 i 年的人均一般转移支付额，计算公式为用第 i 年民族地区一般转移支付总额与民族地区第 i 年的年末人口总数的比值；$lnSTP_i$ 表示第 i 年的人均专项转移支付额，计算公式为用第 i 年的民族地区专项转移支付总额与民族地区该年的年末人口总数的比值；$lnSTP_i$ 表示第 i 年的人均税收返还额，计算公式为用第 i 年的民族地区税收返还总额与民族地区该年的人口总数的比值；$lnOSS_i$ 表示人均原体制补助额，计算公式为用第 i 年的民族地区原体制补助总额与该年民族地区年末人口总数的比值；εi 为控制变量，如人口流动、税率等因素；μi 为误差项。为了使模型估计结果不会随着测量单位的变化而改变，缓和变量出现异方差和偏态性趋势，该模型对所有变量做了对数处理。同时，鉴于政府政策的出台与实施之间的时间，模型采用一期滞后模型来研究各项转移支付对财力均等化的影响。

只研究各项转移支付对变异指数变化率的影响，其他影响因素不做考虑，因此选用面板数据模型，面板数据模型能够有效消除遗漏变量的偏差问题，使得到的系数估计值更加可信。利用 Likelihood Ratio 检验对固定效应模型进行检验，Hausman 检验对随机效应模型进行检验，经过对比，时间固定效应模型能够更好地解释相关关系，如表 5－4 所示：

表 5－4　固定时间效应模型检验结果

变量	系数	标准误差	T 值	P 值
C	－1.901528	2.102852	－0.904262	0.3691
GTP	0.589110	0.358277	1.644287	0.1049
STP	0.435704	0.240342	1.812849	0.0744
TRD	－0.740977	0.252887	－2.930074	0.0046
OSS	－0.050277	0.089225	－0.563483	0.5750
Log likelihood				－84.12489
F－statistic				2.994644
Prob（F－statistic）				0.001700

（三）检验与结果分析

1. Likelihood Ratio 检验

在固定效应模型的假设上，不同个体的差异完全体现在常数项 α 的取

值上，检测个体之间不存在差异的零假设由下面的 H_0 表示为

$$H_0: \alpha_1 = \alpha_2 = \cdots\cdots = \alpha_n = 0$$

用 F 的统计量对 H_0 进行检验，来选择固定效应模型或随机效应模型。固定效应模型进行检验（见表 5 - 5），有下表可知概率 p 值为 0.03，远远小于 0.1，所以拒绝 H_0 “解释变量与个体效应不相关的零假设”，选择时间固定效应模型是合理的。

表 5 - 5　F 值检测结果

效验检验	统计量	自由度	*P* 值
Period F	2.152420	(9, 66)	0.0369
Period Chi - square	20.588868	9	0.0146

2. 检测结果分析

C 值表示除转移支付之外其他因素对民族地区财力均等化的影响，由实证结果可知，这些因素对民族地区财力均衡性的影响很大。财政分权以来，由于事权与支出责任不匹配，对民族地区财政收入会产生相应的影响，税收竞争对民族地区相关税负的影响，民族地区 GDP 增长，这些因素都会对民族地区财力均等化产生相应的影响，本研究暂不考虑。

1. 一般性转移支付结果分析。一般性转移支付的概率 p 值为 0.1049 大于 0.1，不具有统计学上的经济意义，没有通过检验，一般性转移支付不会对民族地区财力均等化产生影响。一般性转移支付是国家为了促进公共服务均等化水平，根据国家相关政策进行分拨。文章的研究对象为民族地区县际间转移支付均等化水平，属于同质性政府，享受国家政策具有相似性，在民族地区与中国其他地区相比，一般性转移支付均等化效应比较明显，但就民族地区内部而言，财力均等化效果相比较而言没有很明显。

2. 专项转移支付结果分析。专项转移支付概率 p 值为 0.0744 小于 0.1，具有统计学上的经济意义，与被解释变量有显著的相关关系，相关系数为 0.589，财政收入的变化率成正比，能够促进民族地区县际间财力

收入均等化水平。专项转移支付是上级政府根据相关事项对下级政府拨发的专项补助，民族地区所处的地理位置各不相同，所受的自然条件也很不相同，专项转移支付能够有效的促进民族地区财力均等化水平。

3. 税收返还结果分析。如表 5－5 所示，税收返还的概率 P 值为 0.0046，小于 0.05 的统计学界线，显著性非常强，与被解释变量具有极强的负相关性，相关系数为－0.74，税收返还没增加 74%，民族地区县际间收入变化率就要降低 1%，财力不均衡性就要增加 1%。文章研究的是 2000 年到 2009 年的数据，该 10 年数据为 1994 年分税制改革后的数据，分税制改革后，“营业税”改为“增值税”，地方政府缺乏主体税种，财权与事责不相匹配，加剧了税收返还的不平衡性。税收返还最主要为两税返还，受限于经济发展水平，民族地区的税收返还会加剧县际间财力均等化水平。

4. 原体制补助结果分析。原体制补助的概率 p 值没有通过检验，表现为非常不显著，原体制补助额对民族地区间财力均等化水平没有明显的效应，原因可能在于原体制补助额在转移支付中占得比重非常小的原因。

三、实证研究结果

通过上述针对全国特别是县级财政数据分析，就转移支付财力均等化效果而言，分析期内财政转移支付在县级政府层面发挥财力均等化作用，一般性转移支付、专项转移支付、税收返还、原体制补助等发挥了不同效果，它们有的在经济发展不平衡基础上放大了县域之间的财政收入差距。在调节县级政府之间财力不均等，通过财力均等化促进基本公共服务均等化主体责任在于省级政府，虽然需要中央政府控制省级政府之间的不平衡，要求中央与省级地方政府协同。省级政府主体责任主要体现在落实县级政府之间财力均等分配责任，这个责任主要通过省内转移支付加以实现，而不是要求省级政府承担更多的出资责任。中国县级政府之间财力不均主要来自于省内，当然要求省级财政承担更多的辖区责任，实现由“层级财政”过渡到“辖区责任财政”①，明确均衡辖区内的财力均等化为省级政府辖区责任，而非仅仅关注本级政府利益。

从全国范围来看，青海、内蒙古等民族地区县级财力均等化程度相对较低，为推进国家治理以及国家安全出发，民族地区稳定对于维护国家安全意义重大。财力均等化是基本公共服务均等化的重要保证，在综合考虑成本、效率等因素之前，首先应确保县级政府之间财力基本均等，其次才可能考虑到基本公共服务需求区域差异性和提供公共服务的成本差异性。

① 为适应国家治理架构和有利于全面落实国家“五位一体”建设构想。提出构建“辖区财政责任”为核心的分税分级财政构想，建立立体式分级模式，而不同于注重本级财政的平面分级模式，它适合中国以“中央决策、地方执行”为基本特征的既有财政体制安排。具体分析参见刘尚希，赵大全．辖区财政：财政体制改革的构想［J］．地方财政研究，2013（10）：17－23，28.

第六章　民族地区转移支付的财政收支稳定效应

转移支付作为财政的重要工具之一，不同的转移支付结构对基层县级地方财政收支稳定性作用有待研究。通过2000—2009年民族地区县级总体转移支付数据，实证研究了一般性转移支付、税收返还、原体制补助和专项转移支付对民族地区财政收支稳定效应的影响。结果表明，一般性转移支付对民族地区县级地方财政收支稳定效应具有显著的正向影响；税收返还与原体制补助对民族地区县级地方财政收支稳定效应无显著影响；专项转移支付对民族地区县级财政收入稳定效应具有显著影响，但对财政支出稳定效应无明显影响。为进一步提升转移支付的稳定效应，应完善以一般性转移支付和专项转移支付相结合的转移支付制度，适当提高两者的比重。

第一节　研究脉络与模型设定

一、转移支付财政收支稳定效应研究脉络

自1994年分税制改革以来，中央政府为实现均衡地区间财力差异，促进各地区基本服务均等化等目标，在保留改革前结算补助等转移支付项目的同时，建立和完善了政府间转移支付制度。主要形成了中央对地方转移

支付以及地方对中央转移支付的现代财政转移支付体系[①]。作为调整政府间财政关系的重要手段，政府间转移支付目标通常包括：纠正或调整地区间纵向财力失衡以及横向财力失衡；纠正或调整与公共物品提供相关的外部性；使地方政府的支出与中央政府的目标协调保持一致；刺激地方政府努力增加本级收入；为中央政府实现其宏观经济的稳定政策提供足够弹性；为维护国家统一和社会稳定付出必要的政治成本；为抗击不可预见的灾难等紧急情况下的非常规支出。

中央对地方转移支付规模的快速增长，转移支付体系日趋完善，使学术界对转移支付的研究也随着分税制改革的逐步推进而逐步深入。目前学术界对于转移支付效应的研究，主要集中在均等化效应方面，同时也关注转移支付对地方财政收支行为的激励效应，对稳定效应的研究关注较少。此外，国内学者对转移支付的研究主要集中在省级层面，对县级层面的转移支付制度关注不足，国内学者对民族地区转移支付的研究也相对较少。目前学术界对转移支付的均等化效应研究，主要体现在转移支付对地区财力均等化与公共服务均等化两个方面。

转移支付的激励效应主要指转移支付对财政收支行为的影响，转移支付对财政支出的激励主要有相关研究。中国的政府权力层级为五级，相应的财政层级也为五级。随着“省直管县”“乡财县管”的大力推进，县级政府在财政职能上发挥着越来越重要的作用。从地方财政角度来看，县级财政是地方财政运行状况的反映，县级财政是具有财政运行能力的最低政府层次，处于财政收入的初始阶段和财政支出的最终阶段，直接向辖区居民提供公共物品。财政分权理论认为，地方政府能够拥有信息优势及更低的行政成本，更能迎合当地居民的需求与偏好。地方政府比中央政府更能有效率的提供地方公共服务。从转移支付的角度来看，研究县级层面的转移支付制度具有重要的意义。近些年来学术界对于转移支付制度研究表现

① 本章探讨的转移支付主要为纵向的转移支付。

出对县级层面的关注。

二、稳定效应指标界定与理论模型

（一）财政收支稳定指标的界定

White（1983）首先提出税收收入的稳定性与财政风险的概念是相似的，所以把财政收入的不稳定性定义为税收收入的潜在波动，并提出利用税收收入的单位标准差作为衡量财政稳定的指标，但是 White 的方法仅仅适用于某地区的时间序列数据，对面板数据而言，并不能实现衡量的目标。Pollock 和 Suyderhoud（1986）采用围绕财政支出趋势线上下波动的幅度来作为稳定性的指标。Hou（2005）进一步发展了 Pollock 和 Suyderhoud 的检验方法，采用实际财政支出的对数值和财政支出拟合值的对数值之差与财政支出拟合值的对数值的比率来衡量财政的稳定性。徐涛（2011、2013）进一步发展了 Hou 的方法，并将其进一步应用于财政收入方面，使用实际财政收入的对数值和财政收入的对数值之差与财政收入拟合值的对数值的比率来衡量财政收入的稳定性。

本部分借鉴了徐涛的方法来衡量财政收入的稳定性与财政支出的稳定性。财政收入的稳定性指标是指财政收入围绕财政收入趋势值上下波动的幅度。财政收入稳定性（REVGAP）=（实际财政收入的对数值－财政收入趋势值的对数值）/财政收入趋势值的对数值。财政支出的稳定性指标是指财政支出围绕财政支出趋势值上下波动的幅度。财政支出稳定性（EXPGAP）=（实际财政支出的对数值－财政支出趋势值的对数值）/财政支出趋势值的对数值，即

$$REVGAP = [\ln(REV) - \ln(REV*)] / \ln(REV*) \quad (6-1)$$

[1]

$$EXPGAP = [\ln(EXP) - \ln(EXP*)] / \ln(EXP*) \quad (6-2)$$

[2]

---

① REVGAP 表示财政收入稳定性；REV 表示当年实际财政收入；REV＊表示财政收入趋势值。

② EXPGAP 表示财政支出稳定性；EXP 表示当年实际财政支出；EXP＊表示财政支出趋势值。

（二）模型设定

1. 被解释变量

采用固定效应模型来计算各地实际财政收入与财政支出的拟合值。为消除时间序列的属性，采用其自然对数作为回归的因变量，回归方程如下：

$$Ln\ (REV_{it}*) = \alpha_i + \beta_i T_t \quad (6-3)$$

$$Ln\ (EXP_{it}*) = \alpha_i + \beta_i T_t \quad (6-4)$$

其中：REV_{it}表示 i 地区在 t 年时财政收入的实际值；$REV_{it}*$表示 i 地区在 t 年时财政收入的趋势值（拟合值）；EXP_{it}表示 i 地区在 t 年时财政支出的实际值；$EXP_{it}*$表示 i 地区在 t 年时财政支出的趋势值（拟合值）；T_t表示 t 年时的年度值。

2. 解释变量

徐涛（2013）通过构建转移支付与财政收入和财政支出的实证模型，检验了转移支付对财政收入和财政支出稳定性的影响。实证结果表明，转移支付总额对财政收入稳定性和财政支出稳定性的影响是显著的。本部分基于徐涛等的结论，在其基础上，检验不同类型的转移支付对财政收入稳定性和财政支出稳定性的影响。包括一般性转移支付①、税收返还②、原体制补助、专项转移支付四类。

① 除税收返还、原体制补助、专项转移支付以外的所有转移支付总和，2000—2009 年每年具体项目不同。主要包括：转移支付补助；增发国债补助，增发工资补助，各项结算补助；调整收入任务增加或减少补助；其他补助；省补助单列市；民族地区转移支付补助；中小学教师转移支付补助；艰苦边远地区津贴补助；农村税费改革转移支付补助；农业税减免及企事业单位预算划转；调整工资转移支付补助；取消农业特产税降低农业税率转移支付补助；缓解县乡财政困难转移支付补助；农村义务教育补助；企事业单位预算划转补助；教育转移支付；县级基本财力保障机制奖补资金等。

② 包括消费税和增值税税收返还补助；所得税基数返还补助。其中 2000 年和 2001 年仅有消费税和增值税税收返还补助。

3. 实证设定

采用固定效应①来进行实证检验，为了消除解释变量的时间序列属性，所有解释变量都采用其自然对数作为回归的自变量②。回归方程如下：

$$RREVGAP_{i,t} = \alpha_i + \beta_t + \gamma_1 \ln(FTP) + \gamma_2 \ln(TRR) + \gamma_3 \ln(OSS) + \gamma_4 \ln(STP) + \varepsilon_{i,t} \quad (6-5)$$

$$EXPGAP_{i,t} = \alpha_i + \beta_t + \gamma_1 \ln(FTP) + \gamma_2 \ln(TRR) + \gamma_3 \ln(OSS) + \gamma_4 \ln(STP) + \varepsilon_{i,t} \quad (6-6)$$

其中：

α_i表示固定省份的效应，以控制样本横截面之间的变动；

β_t表示固定年份的效应，以控制样本中因时间变动而产生的效应；

FTP 即 Financial_ transfer_ payment 表示一般性转移支付；

TRR 即 Tax_ revenue_ return 表示税收返还；

OSS 即 Original_ system_ subsidy 表示原体制补助；

STP 即 Special _ transfer_ payment 表示专项转移支付；

γ_1表示一般性转移支付对财政收入或财政支出稳定的影响系数；

γ_2表示税收返还对财政收入或财政支出稳定的影响系数；

γ_3表示原体制补助对财政收入或财政支出稳定的影响系数；

γ_4表示专项转移支付对财政收入或财政支出稳定的影响系数；

$\varepsilon_{i,t}$表示误差项。

第二节 财政收支稳定效应检验：数据来源与实证分析

本部分将采用2000—2009年中国8个民族地区县级总体实证数据，研究转移支付对民族地区财政收支稳定性的影响。将民族地区县级总体转移

① 此固定效应固定的是省份和年份。

② 部分年份原体制补助等值为0，为处理数据均赋值1，指数化后均为0。

支付与财政收支状况作为实证数据来源，在借鉴徐涛（2013）等稳定性指标的基础上，考察分类转移支付对财政收支稳定的影响。

一、财政收支稳定效应实证数据来源

由于深入细化到全国县一级财政收到数据的庞大性和可获取性，本研究仅能研究2000—2009年的实证情况①。本部分的数据均来源于中国财政部预算司和国库司编写的2000—2009年各年《全国地市县财政统计资料》。主要研究全国8个民族地区的县级总体转移支付对县级财政收入或支出的稳定性，并对比全国31个省的县级总体转移支付对财政收入和支出的稳定性，来探究民族地区财政转移支付的稳定效应是否具有特殊性。之所以关注县一级的财政收入和财政支出稳定性，是因为随着“省直管县”“乡财县管”的大力推进，县级政府在财政职能上发挥着越来越重要的作用。从地方财政角度来看，县级财政是地方财政运行状况的反映，县级财政是具有财政运行能力的最低政府层次，处于财政收入的初始阶段和财政支出的最终阶段，直接向辖区居民提供公共物品。同时县级具有比其他财政层级更大的信息优势和更低的行政成本。

二、财政收支稳定效应实证检验结果

1. 民族地区面板数据回归结果。通过使用2000—2009年面板数据对8个民族地区县级转移支付进行回归。采用固定效应模型进行回归，转移支付对民族地区财政收入的稳定效应回归遵照式（式6-5），回归结果如表6-1所示。

① 目前县级转移支付的数据，国家财政部预算司等编纂的数据最新是到2009年，故本文选择2000—2009年数据进行实证研究。

表 6 -1 转移支付对地方财政收入稳定效应（RevGap）回归结果

因变量 回归模型	财政收入稳定性指标（RevGap） 固定效应模型
一般性转移支付	0.014350 * * * (3.638865)
税收返还	0.000791 (0.266452)
原体制补助	0.003965 (0.979293)
专项转移支付	0.006707 * * * (2.918781)
常数项	-0.326504 * * * (-3.767890)
R^2	0.943043
调整值 R^2	0.923736

注：* * *、* *、* 分别表示估计系数在 1%、5%、10% 的水平上显著；括号内为 t 值。

采用固定效应模型分析不同类型的转移支付与民族地区财政支出稳定效应的影响。回归方程遵照式（式 6 -6），具体回归结果如表 6 -2 所示。

表 6 -2 转移支付对地方财政支出稳定效应（ExpGap）回归结果

因变量 回归模型	财政支出稳定性指标（ExpGap） 固定效应模型
一般性转移支付	0.015289 * * * (3.720108)
税收返还	0.003892 (1.229413)
原体制补助	0.003449 (0.817552)
专项转移支付	0.003624 (1.513182)

续表

因变量 回归模型	财政支出稳定性指标（ExpGap） 固定效应模型
常数项	-0.327624＊＊＊ (-3.627833)
R^2	0.966114
调整值 R^2	0.954627

注：＊＊＊、＊＊、＊分别表示估计系数在1%、5%、10%的水平上显著；括号内为t值。

2. 全国31个省面板数据回归结果。通过使用2000—2009年面板数据对全国31个省县级转移支付进行回归。采用固定效应模型进行回归，转移支付对地方财政收入的稳定效应回归遵照式（式6-5），回归结果如表6-3所示。

表6-3 转移支付对地方财政收入稳定效应（RevGap）回归结果

因变量 回归模型	财政收入稳定性指标（RevGap） 固定效应模型
一般性转移支付	0.014241＊＊＊ (9.112029)
税收返还	-0.000817＊＊ (-2.504571)
原体制补助	0.000387＊＊ (2.395434)
专项转移支付	0.010581＊＊＊ (7.138117)
常数项	-0.3309＊＊＊ (-11.22430)
R^2	0.993150
调整值 R^2	0.992042

注：＊＊＊、＊＊、＊分别表示估计系数在1%、5%、10%的水平上显著；括号内为t值。

采用固定效应模型分析不同类型的转移支付与地方财政支出稳定效应的影响。回归方程遵照式（式6－6），具体回归结果如表6－4所示。

表6－4　转移支付对地方财政支出稳定效应（ExpGap）回归结果

因变量 回归模型	财政收入稳定性指标（ExpGap） 固定效应模型
一般性转移支付	0.01422＊＊＊ （9.345913）
税收返还	－0.000797＊＊ （－2.507500）
原体制补助	0.000197 （1.253003）
专项转移支付	0.011324＊＊＊ （7.846782）
常数项	－0.324363＊＊＊ （－11.30101）
R^2	0.885387
调整值 R^2	0.866859

注：＊＊＊、＊＊、＊分别表示估计系数在1%、5%、10%的水平上显著；括号内为t值。

第三节　财政收支稳定效应：实证结果与讨论

一、财政收支稳定效应实证检验结果与讨论

1. 民族地区实证结果分析。徐涛（2013）等通过建立转移支付对地方财政收入、财政支出的稳定效应影响的模型，实证检验得出转移支付总额对地方财政收入、财政支出的稳定效应具有显著影响的结论。基于徐涛（2013）研究结论，在其研究基础上分析不同类型的转移支付对民族地区地方财政收入、财政支出的稳定效应的影响，并得到表6－1与表6－2的

实证结果。

从表6－1可知，一般性转移支付与专项转移支付均对地方财政收入稳定效应具有显著影响；两个解释变量均在1%水平上显著。原体制补助与税收返还对地方财政收入的稳定效应无显著影响。一般性转移支付对民族地区地方财政收入的稳定效应在1%水平上显著，且系数为正，表明一般性转移支付对地方财政收入的稳定效应具有显著的正向拉动作用。在其他条件不变，一般性转移支付每增加1%，地方财政收入的稳定性会增加1.43%。专项转移支付对地方财政收入的稳定性在1%水平下显著，且系数为正值，表明专项转移支付对地方财政收入的稳定效应具有正向的拉动作用。其他条件不变的情况下，专项转移支付每增加1%，地方财政收入的稳定性随之增加0.67%。

从表6－2可知，一般性转移支付对地方财政支出稳定效应具有显著影响，且在1%水平上显著；税收返还、原体制补助与专项转移支付对民族地区地方财政支出的稳定效应无显著影响。一般性转移支付对地方财政支出的稳定效应同样在1%水平上显著，且系数为正，表明一般性转移支付对地方财政支出的稳定效应具有显著的正向拉动作用。在其他条件不变时，一般性转移支付每增加1%，地方财政支出的稳定性会增加1.52%。

2. 全国31省实证结果分析。通过建立转移支付对地方财政收入、财政支出的稳定效应影响的模型，实证检验得出转移支付总额对地方财政收入、财政支出的稳定效应具有显著影响。分析不同类型的转移支付对全国31省县级总体财政收入、财政支出的稳定效应的影响，并得到表6－3与表6－4的实证结果。

从表6－3可知，一般性转移支付、税收返还、原体制补助与专项转移支付均对地方财政收入稳定效应具有显著影响。其中一般性转移支付与专项转移支付在1%水平上显著，税收返还与原体制补助在5%水平上显著。一般性转移支付对地方财政收入的稳定效应在1%水平上显著，且系数为正，表明一般性转移支付对地方财政收入的稳定效应具有显著的正向拉动作用。在其他条件不变时，一般性转移支付每增加1%，地方财政收入的稳定性会增加1.42%。税收返还对地方财政收入的稳定效应在5%水平上显著，且系数为负，表明税收返还对地方财政收入的稳定效应具有显著的负向拉动作用。保持其他条件不变，税收返还每增加1%，地方财政收入的稳定性会降低0.08%。原体制补助对地方财政收入稳定性在5%水平上显著，且系数为正，表明原体制补助对地方财政收入稳定有正向的拉动作用。其他条件不变的前提下，原体制补助每增加1%，地方财政收入的稳定性增加0.3%。专项转移支付对地方财政收入的稳定性在1%水平下显著，且系数为正值，表明专项转移支付对地方财政收入的稳定效应具有正向的拉动作用。其他条件不变的情况下，专项转移支付每增加1%，地方财政收入的稳定性随之增加1.06%。

从表6-4可知，一般性转移支付与专项转移支付对地方财政支出稳定效应具有显著影响，且在1%水平上显著；税收返还对地方财政支出稳定效应同样具有显著影响，但其显著性弱于一般性转移支付与专项转移支付；原体制补助对地方财政支出稳定效应影响不显著。一般性转移支付对地方财政支出的稳定效应同样在1%水平上显著，且系数为正，表明一般性转移支付对地方财政支出的稳定效应具有显著的正向拉动作用。其他条件不变时，一般性转移支付每增加1%，地方财政支出的稳定性会增加1.42%。税收返还对地方财政支出的稳定效应在5%水平上显著，且系数为负，在其他条件不变的情况下，税收返还每增加1%，地方财政支出的稳定性会降低0.07%。专项转移支付对地方财政支出的稳定性在1%水平下显著，且系数为正，表明在其他条件不变的情况下，专项转移支付每增加1%，地方财政支出的稳定性随之提高1.13%。

二、转移支付稳定效应结果与讨论

1. 一般性转移支付的效应。一般性转移支付对民族地区地方财政收支的稳定效应在1%水平上显著，且系数为正，表明一般性转移支付对地方财政收支的稳定效应具有显著的正向拉动作用。

一般性转移支付主要用于弥补地区间横向财政失衡，为地方政府提供可支配的财力。从横向失衡的角度而言，任何一种财政体制格局下，都会存在或由于地理位置、或由于资源禀赋等原因，而形成一些地区的经济发展水平低于其他地区的情况。一般而言，地区间很难自动形成财政资金转移，因而需要中央政府有责任的采取转移支付的方式，弥补财政实力较为薄弱地区的财力缺口。基于中国地区之间、城乡之间财政能力存在较大差异的实际情况，具有一个相当规模且持续增长的一般性转移支付是十分必要的。随着中央对地方转移支付制度的逐步完善，从县级层面考察，一般性转移支付占民族地区县级总体转移支付总额的比重有所上升，从 2000 年 27.60% 上升至 2009 年 44.51%，其中，2003—2007 年均超过 50%，虽然在 2008 年、2009 年有所下降，但总体仍保持 40% 以上的占比。相对而言，一般性转移支付由于不限制使用途径，资金的接受者可以自主安排资金用途。

从图 6－1 来看，中央对民族地方一般性转移支付占转移支付的比重越来越大，作为县级财政收入的重要来源之一，一般性转移支付的增加，有利于提升民族地区地方财政获得一般性转移支付的可预见性，从而有利于保持地方财政收入的稳定。与中央政府相比，地方政府在提供公共服务方面具有优势，由于不限制资金用途，一般性转移支付的增加，有利于提升地方政府在提供公共服务等方面的自主性，有助于地方公共服务建设的连续性与稳定性，更好的实现地方政府的财政职能，实现转移支付公共服务均等化的目标。一般性转移支付的增加，从而使地方财政收入可预见性提高，有利于地方政府根据财政收入安排财政支出，减少财政支出波动，提高地方财政支出的稳定性。

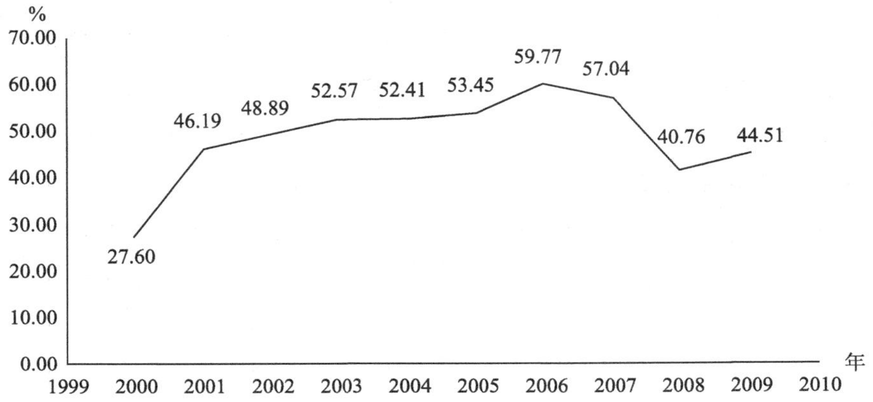

图 6－1　一般性转移支付占转移支付总额的比重

注：图中一般性转移支付和转移支付总额均为 8 个民族地区县级总体数值。

2. 税收返还的效应。通过实证结果可知，税收返还对民族地区地方财政收入与支出的稳定效应影响均不显著。本部分主要关注 2000—2009 年的实证情况，具体而言，2000 年与 2001 年的税收返还主要为“两税返还”，即增值税与消费税返还。2002—2009 年，税收返还除包括原有的“两税返还”外，还增加了所得税基数返还，即企业所得税、个人所得税分享改革后的基数返还。中央对地方的税收返还就其性质而言，是一种转移支付。中央对地方的税收返还数额以 1993 年为基期核定。按照 1993 年地方实际收入以及税制改革后中央与地方收入划分的情况，确定 1993 年中央从地方净上划的收入数额作为中央对地方税收返还的基数。1994 年后，税收返还额在 1993 年的基数上逐年增加，递增率按照全国增值税与消费税增长率的 1∶0.3 确定。2002 年所得税分享改革后，除部分企业①缴纳的企业所得税全额属于中央财政收入外，绝大部分企业所得税和全部个人所得税实行中央与地方分享。

① 主要包括铁路运输、国家邮政、中国工商银行、中国农业银行、中国银行、中国建设银行、国家开发银行、中国农业发展银行、中国进出口银行、海洋石油天然气、中石油、中石化等国有大型骨干企业。

2000—2009年，民族地区税收返还占转移支付总额的比重逐年下降，由19.42%降低至4.23%。即使民族地区县级总体税收返还数额逐年增加，由于其占转移支付总额的比重较低，不能实现提高地方财政收入预见性的作用。此外，税收返还与全国增值税与消费税增长率以及地区经济状况息息相关，全国增值税与消费税增长率、地区企业与个人税收的不稳定，造成税收返还增加数值与比例的不确定性；全国增值税与消费税增长率以及地区经济状况的不可预测，导致地区税收返还额同样不可预测，因此税收返还对民族地方财政收支的稳定性并不显著。

3. 原体制补助的效应。表6-1与表6-2的实证结果表明，原体制补助对民族地区地方财政收支的稳定性影响并不显著。一般而言，原体制补助是为了保证财政体制连续性而暂时保留的一种补助形式。1994年分税制改革后，为了改革工作的顺利推进，中央维持原体制分配利益格局暂时不变，保留了体制补助。从民族地区县级层面来看，原体制补助占转移支付总额的比重逐年降低。2000年，原体制补助占地方转移支付比例近20%，但到2009年降低到不足2%。其较小的占比，并不能给予民族地区财政收支稳定以明显的影响。

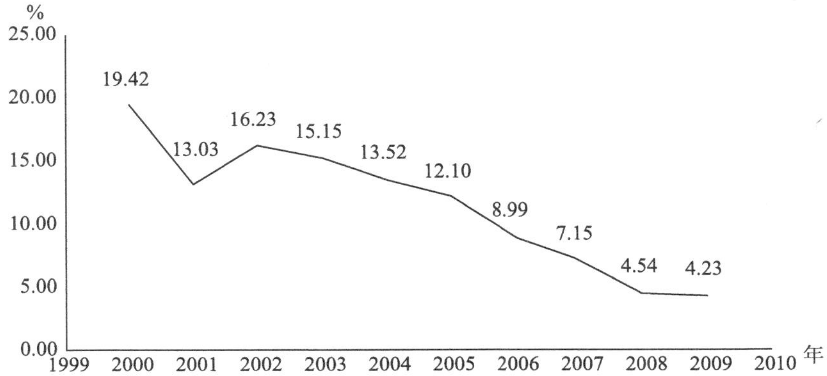

图6-2 税收返还占转移支付总额的比重

注：图中税收返还和转移支付总额均为8个民族地区县级总体数值。

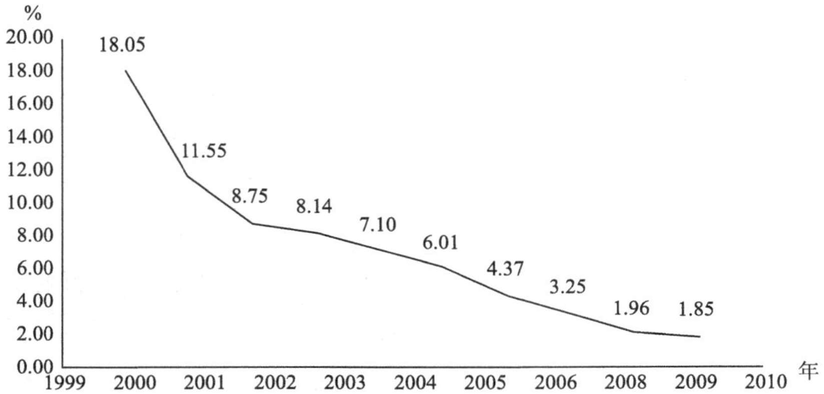

图 6－3 原体制补助占转移支付总额的比重

注：图中原体制补助和转移支付总额均为 8 个民族地区县级总体数值。

4. 专项转移支付的效应。专项转移支付对地方财政收入的稳定性在1%水平下显著，且系数为正值，表明专项转移支付对地方财政收入的稳定效应具有正向的拉动作用。专项转移支付对地方财政支出的稳定性效应并不显著。

随着分税制改革的逐渐深入，中央政府对地方政府的转移支付结构逐渐发生转变，一般性转移支付与专项转移支付的规模呈现快速增长的趋势，有利于实现公共服务均等化的目标。专项转移支付是上级政府为了实现特定的政策目标，以及对委托下级政府代理的一些事务进行补偿而设立的资金。通常而言，专项转移支付是附加条件和政府间的转移支付，拨款的提供者在某种程度上指定了资金的用途，拨款接受者必须按照规定方式使用资金。与一般性转移支付相对，专项转移支付可以直接有效地体现上级政府的政策意图。县级层面上的专项支付项目众多，内容繁杂，金额不等，分别来自中央、省级、市级。专项设置方面主要涵盖基础设施建设、天然林保护工程、退耕还林还草工程、社会保障制度建设、贫困地区义务教育工程、边境地区、革命老区等经济社会发展项目。

由图 6－4 可知，2000 年至 2009 年，民族地区县级层面专项转移支付占转移支付总额的比重总体上呈现“U”形趋势，即先下降后上升的趋势，2009年达到近50%的比重。作为中央对地方转移支付的重要组成部分，一般而言，中央对地方的专项转移支付具有一定的稳定性，且专项转移支付的占比较大，也在一定程度上对民族地区财政收入的稳定效应起到正向的拉动作用。但由于专项转移支付的特殊性，很多民族地区的专项转移支付呈现项目性的特征，项目周期结束，中央会停止对该类专项转移支付。因此中央对民族地区的专项转移支付在一定程度上也不稳定（会因不同的项目总体数额与结构发生变化），这就导致即便专项转移支付占地方转移支付比重较高，但其对民族地区财政收入的稳定性影响仍弱于一般性转移支付的影响。

此外，由于专项转移支付规定资金的使用用途，且呈现项目性的特征，因此民族地区地方政府对专项转移支付的支出会根据项目的要求决定，同时需要大量的资金为专项转移支付配套使用。民族地区的自有财政收入与一般性转移支付很大情况下无法满足专项转移支付的配套要求，因此即使中央对民族地区专项转移支付占比较大，民族地区仍会在一定程度上无法支出专项转移支付，所以专项转移支付对民族地区财政支出的稳定效应并不显著。

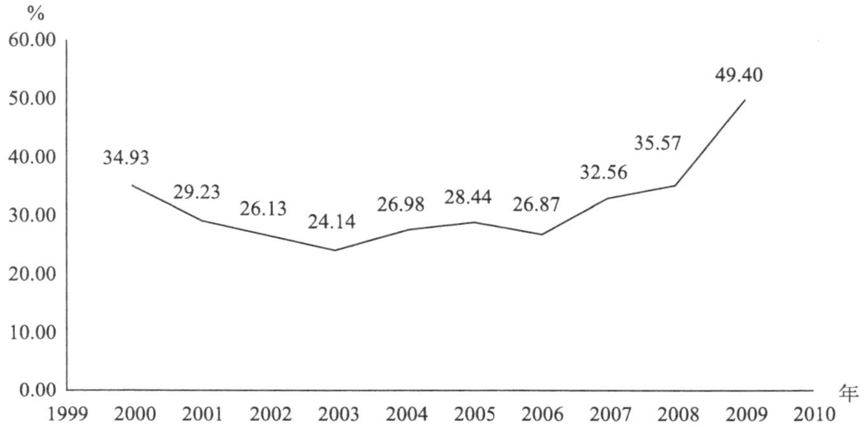

图6－4　专项转移支付占转移支付总额的比重

注：图中专项转移支付和转移支付总额均为8个民族地区县级总体数值。

从表6－1和表6－2可知，无论在研究转移支付对民族地区县级财政收入的稳定效应还是在研究转移支付对县级财政支出的稳定效应的回归中，常数项均呈现显著的负向影响，且均在1%的水平下显著。在一般性转移支付、税收返还、原体制补助与专项转移支付保持不变的情况下，其他因素变动1%，地方财政收入的稳定效应相应的减少32.65%，地方财政支出的稳定效应相应的减少32.76%。之所以在回归方程式中常数项较大，是因为（式6－5）与（式6－6）仅仅考虑了四类转移支付，即一般性转移支付、税收返还、原体制补助、专项转移支付对民族地区县级财政收入与支出的稳定效应的影响，其他因素作为未考虑因素，因此其他因素的影响体现在常数项的显著性中。

事实上，除了本研究讨论的四类转移支付之外，仍有许多因素对地方财政收入稳定性以及财政支出稳定性有影响。本部分虽通过实证模型检验了四类转移支付对民族地区地方财政收支稳定性的影响，但并不能得出民族地区县级财政收入与支出是稳定的这一结论，仍需其他实证模型进行检验。从地方财政收入与支出稳定性角度来看，除四类转移支付之外，地方政府当年税收收入、财政上年结余收入、财政供养人口比率等也会影响地方财政收入的稳定性；财政供养人口比率以及农业人口比率会影响地方财政支出的稳定性。

第七章 完善民族地区转移支付促进合理分权的建议

为增强中央政府的财政调控能力，中国实施分税制体制改革。分税制改革使财权上移，事权下移，形成并不断扩大了地方财政收支缺口。中央对民族地区转移支付比重逐年增加，但民族地区转移支付依存度较高并且地区之间差异大，转移支付成为民族地区财力的重要来源，能促进民族地区基本公共服务发展并影响民族地区财力和收支稳定。合理配置各级政府的财政权力，使政府财政事权和支出责任、财力相匹配，只有在此基础上进一步完善的转移支付制度才有成功的可能。

为改善和缩小区域间财力均等化效果，促进民族地区间的财政收支稳定，需要健全以长期、公平为导向并及时转变转移支付分配方式；发挥转移支付向下的财政分权效应，特别是要发挥省级政府财政下移的主导作用，以此基础上合理划分民族地区财政事权与支出责任，完善中央对民族地区和民族地区内部的转移支付制度；推进财力均等化改革，发挥一般性转移支付和专项转移支付对于促进财力均等化的作用，降低税收返还对于拉大区域间财力差距的影响；推进民族地区财政收支稳定性建设，提高以均衡财力为目标的一般性转移支付，提升专项转移支付规范性，降低税收返还在转移支付中的比重，促进民族地区共享发展。

第一节 健全长期和公平导向的转移支付分配方式

全国与民族地区影响转移支付分配的关键因素存在较大差别，公平性因素、政治性因素以及财政性因素都影响转移支付分配，与传统认识有所差别的是经济因素以及民族因素对转移支付分配的影响。

一、健全公平导向的转移支付制度

就全国范围而言，人均 GDP 对转移支付的分配有正向作用，而少数民族人口占比则与转移支付绝对量呈负相关关系。从绝对量来看，发达地区和非民族地区获得了更多的转移支付。就民族地区而言，少数民族人口占比与转移支付绝对量呈负相关关系。

有效的转移支付制度可以抑制进而缩小区域差距，是实现财力均等并进一步谋求社会公平的重要手段。提供优质基本公共服务需要投入大量财政资金，民族地区财政自给率普遍较低，如果没有有效的转移支付制度给予支持，基本公共服务支出将难以为继，区域之间基本公共服务均等化将更加困难。民族地区人均 GDP 与转移支付保持负向关系，即经济发展落后的地区获得较多的转移支付，这在一定程度上确保了民族地区基本公共服务供给也促进了民族地区发展。

突出公平导向不断完善民族地区转移支付办法。从绝对量上来说，发达地区和非民族地区获得了更多的转移支付。合理的转移支付制度是中央政府进行宏观调控的有效工具，中央政府利用自有财政资金，通过不同形式转移支付可以实现其政策目标，提高资金的使用效率和优化财政资源配置。转移支付规模需要适度稳定增长，民族地区转移支付总规模按照前三年全国增值税收入平均增长率滚动递增，并更加关注转移支付分配公平问题。

从财政转移支付制度中导致区域间财力差距拉大的具体制度着手，其中税收返还需要进行相应改革。现行无差别的税收返还制度出发点是以承认地方既得利益为前提的过渡性制度安排。根据中央对地方上缴税收按照相应的基数进行逐年返还并且相应地进行递增制度，则那些财力雄厚、税源广的发达地区得到的税收返还相应增加，而包括民族地区在内的欠发达地区税收返还数额相对较少，这没有起到均衡地区财力的作用，反而出现两极分化现象。在围绕促进转移支付长期公平导向改革过程中，需要考虑改变税收返还方式，提高欠发达地区税收返还额度，或者以公平的一般性财政转移支付取而代之。

加强财政转移支付法治建设，明确财政转移支付的法治化目标，既是健全公平导向转移支付制度的保障，也是建立财政转移支付制度的根本依据。实现财政转移支付目标法治化的目的在于确保各级政府的财政能力，实现不同地区都能提供大致相等的公共产品和公共服务的目标。目前尚未形成完善的财政转移支付法律体系，使得财政转移支付行为缺乏有效的法律规制。应加快财政转移支付制度法律法规的建设，需要及时制定《财政转移支付法》，明确财政转移支付制度的法律地位和法律程序；完善有关法律配套政策，与《财政转移支付法》和《预算法》相配套的有关转移支付的单行法以及其他部门法，如行政法、刑法中关于违反财政转移支付规范责任体系的衔接规定，不仅要体现《财政转移支付法》的立法宗旨和立法精神，还需要以下位法的方式明确财政转移支付主体权利和义务，财政转移支付形式和条件，财政转移支付的分配公式和程序，财政转移支付的监督机制，违反财政转移支付相关规定的法律责任等。

二、更加关注转移支付的长期效应

根据前面的实证分析发现，在转移支付的分配中决策者更加关注短期效应。在公平性因素中，无论是全国还是民族地区，自然灾害都会给发生地经济带来巨大冲击，自然灾害损失对转移支付分配的影响非常明显。相对长期存在但是不紧急的问题，突然而剧烈的冲击往往更容易引发居民的不满，转移支付更多的关注了短期效应，而对长期效应关注不够，例如，转移支付对于落后地区的关注应该得到提升。

为促进转移支付效应长期化，应该增加民族地区转移支付比例。《民族区域自治法》规定：“随着国民经济的发展和财政收入的增长，上级财政逐步加大对民族自治地方财政转移支付力度。通过一般性财政转移支付、专项财政转移支付、民族优惠政策财政转移支付以及国家确定的其他方式，增加对民族自治地方的资金投入，用于加快民族自治地方经济发展和社会进步，逐步缩小与发达地区的差距。”在整个转移支付体系中，专门针对民族地区的转移支付，最能体现对民族地区的财政支持，均衡区域基本公共服务差距的效果最为明显，但所占比例过小。国家《“十三五”促进民族地区和人口较少民族发展规划》提出加大中央财政投入力度，完善财政一般性转移支付增长机制，一般性转移支付资金和相关专项转移支付资金进一步向民族地区倾斜，确保对民族地区转移支付在总额中比重继续增加。进一步增加民族地区转移支付的额度，使其占整个转移支付额的比例能逐年有所上升，逐步缩小与发达地区的差距，条件成熟时可以设立民族地区基本公共服务专项转移支付。对民族地区设立基本公共服务专项转移支付，统筹规划，建立规范、透明、科学、合理的分配机制和长效机制，加强监督检查和绩效评估，防止被截留、挪用，提高其使用效率。

在转移支付制度体系中，专项转移支付属于有条件拨款，是中央政府为了达到特定的政策目标或促进地方发展设置或增加某些项目的支出，拨给地方政府特定用途的补助资金，拨付这些资金时，既规定了其使用方向，又附加配套比例及其他各种要求。中央对民族地区的专项转移支付规模较大，种类较多，但资金管理过于分散，条块分割；由于专项转移支付预算管理不透明，资金使用效益低下；民族地区财力有限，可支配财力难以适应快速增长的支出需求，挤占、挪用上级补助的专项资金现象时有发生。专项转移支付资金分配比例的确定，一方面要向民族地区进行倾斜与照顾，另一方面，要向基本公共服务项目进行倾斜。

各级政府间规范的财政分权要以相关法律为基础和保障，对地方政府独立权限与地方财政自主权限给予明确法律规定。加快自治区（或省）对下财政转移支付公开透明的法治化进程，提高财政转移支付法律的位阶，增强法律权威与效力；对民族自治地方县域财政适度扩权给予法律保障。

三、重视转移支付促进民族地区稳定发展

理论上的中央政府转移支付应该主要考虑省级政府之间的财政收支不平衡，但实际上是政治因素在较大程度上影响转移支付分配的过程。出于对政治稳定性的超乎寻常的重视和稳定的考虑，转移支付等经济发展手段成为实现上述目标的配套办法和谋求地区稳定发展的目的。分析中央政府财政转移支付的关键性因素，不仅需要考虑理论、伦理和经济因素，还需要考虑政治因素（王绍光，2002）。

从实证回归结果可以发现，政治因素对转移支付分配产生影响，各个省区在政治局中的席位等政治影响力确实影响转移支付分配。在转移支付分配过程中，政治力量确实在其中起到了作用；就少数民族地区而言，接壤国家的多寡与省区获得转移支付的多少存在一定的正向关系，这说明相关民族地区作为边疆前哨，它的稳定对于国家安全具有重要意义。事实上，中央政府多次强调民族地区转移支付应该考虑上述实际情况，省级政府照此精神落实和办理。

为正确认识区域安全和稳定对转移支付分配的影响，推进转移支付信息公开，提升转移支付资金分配透明度，成为合理使用转移支付资金和提升转移支付资金效率的重要内容。公开转移支付分配信息可以降低部门专断可能性，减少政治博弈对转移支付影响的空间，有利于满足和提升民众对财政资金分配的影响力，使转移支付尽量更好地满足公共需求。公开信息可以提升转移支付资金配置效率和公平性，优化资金分配权力，同时便于加强监督和问责。

综上所述，完善转移支付制度，形成合理的转移支付分配机制是高效

发挥转移支付作用的前提。完善转移支付分配机制的有效路径在于决策者对短期效应和中长期效应之间关系的正确处理，既要关注短期效应，抚慰突发的不满情绪；又要关注长期效应，逐步缩小区域间的差异。

第二节 发挥省级政府财力下移的主导作用

中国省级政府在地方政府中处于最高层级，设置相对稳定，省级政府扮演着中央和省级政府以下的地方政府间“承上启下”的重要角色，省级政府职能范围广泛，在中观经济社会管理中扮演着重要的管理和调控职能，对于包括民族地区在内的财力下移起着主导作用①。传统上包括民族地区在内的省级政府辖区辽阔，辖区内存在较多的民族、语言、资源和人口，经济社会发展水平差异较大，需要发挥省级政府在促进财力下移中的主导作用。

注重民族地区省级政府在财力二次分配中的下移作用。在省内的财力分配上，省级政府必须做好综合调控和合理分配。民族地区省级政府把中央下达给省级政府的转移支付和税收分成集中的收入，根据基本服务均等化考核要求，以转移支付形式重新向下分配，通过财力下移实现县级间财力的横向均等化。为了缩小民族地区省内县级间财力均等化差异，民族地区省级政府需要对富裕县“多收少转”，对贫困县“少收多转”，最大限度实现省内各县均衡发展。

---

① 在省级政府之下的市级（州级）政府职能基本上由省级政府确定并存在一定的差异，通常地市级政府提供城市基础设施等公共产品，在维护社会安全特别是扶贫方面扮演重要角色，接受省级政府委托对所管辖的县市实施行政管理和监督。而作为政府组织体系的基础的县级政府，是离居民最近、最直接的政府层级，政府各项职能在县级政府基本有所体现，县级政府的重点职能是提供公共服务，从财政支出结构上看，除了维持县级政府机关运行以外，县级政府承担了主要的文教卫生等社会事业发展支出，一般来说，县级政府的基础教育支出占县级财政收入的四成以上。农村公共产品，例如，农田水利建设、乡村道路建设、农村合作医疗和社会最低生活保障等也主要通过县级财政组织实施。上述对于县级政府承担的公共服务与支出结构在全国范围内基本相同。乡镇作为最基层的政府组织，通常管辖区域较小，人口规模不大，行政事务相对简单，主要提供乡村道路、生育服务、基础教育、优抚民兵训练、维护社会治安等公共服务。

中国作为一个多民族的大国，各少数民族自治区域的自然条件和经济发展水平不均衡，财政能力和税源情况千差万别，只有适度分权，将必要的税收权力赋予地方特别是民族地区，使地方包括广大民族地区根据本地资源情况，挖掘税收潜力，改善财政状况。

一、促进省级政府进行合理的财政分权

省级政府以下的财政体制是中央对地方财政体制的贯彻和延伸，需要逐步完善省级政府以下财政体制，调整各级政府承担的财政事权，规范地方各级政府间收入划分，缩小省级政府内部财力差异，实现基本公共服务均等化，完善省级政府对下级政府的转移支付制度。在此需要简要了解省级政府收入、支出划分基本情况，进一步发挥省级政府在相应区域内发挥合理财政分权的主导作用。

各级政府职能划分并未达到各有侧重的目标。如表7－1所示，中国各级政府间职能配置存在“上下不明”的问题，事权责任主体不清晰，事权配置重点不突出。由于受行政管理体制的约束，部门间职能设置考虑的是上下级政府间职能对口，而非公共产品有效供给，因而出现“上下一般粗”现象。由于上下级政府间是隶属关系，部门间职能配置不清会导致上级政府随意下放事权和支出责任，而下级政府由于财力限制又难以充分行使这些事权和支出责任，导致政府公共支出绩效低下。

表7－1　省级政府以下职能与事权划分

财政级别	具体项目
省级财政	基本建设投资；直属企业挖潜改造资金；地质勘探费；科技三项费；行政管理费；公检法司支出；社会保障支出；政策性补贴支出；支援不发达地区支出；本级农业支出、林业支出、水利和气象支出、教育支出、医疗卫生支出、科学支出、文体广播事业费、工业交通和流通部门事业费；其他支出

续表

财政级别	具体项目
市级财政	基本建设投资；直属企业挖潜改造资金；科技三项费；行政管理费；公检法司支出；社会保障支出；政策性补贴支出；城市维护费；支援不发达地区支出；本级农业支出、林业支出、水利和气象支出、教育支出、医疗卫生支出、科学支出、抚恤和社会福利救济费、文体广播事业费、工业交通和流通部门事业费；其他支出
县级财政	基本建设投资；企业挖潜改造资金；科技三项费；行政管理费；公检法司支出；社会保障支出；政策性补贴支出；城市维护费；支援不发达地区支出；县（市）本级农业支出、林业支出、水利和气象支出、教育支出、医疗卫生支出、科学支出、抚恤和社会福利救济费、文体广播事业费、工业交通和流通部门事业费；其他支出

资料来源：谢旭人．中国财政改革三十年［M］．北京：中国财政经济出版社，2008：98－99.

1. 省级政府发挥转移支付向下的财政分权作用。从整体上来看，一般性转移支付担负着平衡地区发展差异的重任，其分配主要考虑平衡发展等因素，理论推导和实证分析部分已经证明一般性转移支付对财政权力下移的重要性。但目前一般性转移支付规模相对较小、项目繁杂、资金分配方式欠规范，需要整合归并部分一般性转移支付项目，逐步提高一般性转移支付比重，按照因素法等方式分配一般性转移支付资金。现实情况是随着一般性转移支付的增加，部分地区财力并非向县级政府倾斜，而是向省级政府倾斜，对于民族地区而言，需要增加一般性转移支付并未改善财政分权。

2. 合理划分省级政府以及下级政府的支出责任。分税制改革后，各省地市县级地方政府根据其职责，结合本地实际情况，按照适宜效能、受益的原则，对省级以下政府支出责任划分做了原则性规定。近来国家积极推进各项社会事业改革，出台了一系列惠及民生的重大支出政策，如农村义务教育经费保障机制改革和政法经费分类保障机制改革，新型农村合作医疗和农村养老保险试点、城乡公共卫生服务体系建设等，省、市财政负担重点民生支出比例大幅增加，支出责任上移趋势明显，体现了向困难地区和基层倾斜，参见表7－2所示。从总体上看，需要上级政府更多地承担支出责任。

表7－2 省级政府以下的支出责任划分情况

省级政府支出责任惯例	主要省级政府支出责任概况
省（自治区、直辖市）本级政府支出责任	通常省级政府主要承担省（自治区、直辖市）级政府机关运转所需要的经费，调整全省（自治区、直辖市）国民经济结构、协调区域发展、实施宏观调控等方面的支出以及由本级政府直接管理的事业发展支出。按照政法经费分类保障机制改革要求，省级政府负担办案经费和业务装备费用的绝大部分
地市州与县（市）级的支出责任	市县级政府承担的事务主要包括本级政府行政管理费用，农林水利部门事业费用，城市维护和建设费用，抚恤和社会福利救济，专项支出等
省、市、县级政府共同承担的事务	基本建设支出，公检司法、文化、教育、科学、卫生、社保等各项事业发展支出。各省按照保发展、惠民生的要求，省、市较大比例地承担了农村义务教育中小学的生均公用经费补助、免费提供教科书补助、寄宿生生活费补助、农民参加新型保险补助、医疗公共改革支出等

资料来源：李萍，许宏才，李承：财政体制简明图解［M］. 中国财政经济出版社，2010：127. 根据营业税改革等新规定有微调。《国务院批转财政部关于完善省以下财政管理体制有关问题的意见》（国民〔2002〕26号）；《财政部关于推进省直管县财政改革的意见》（财预〔2009〕78号）等文件精神整理。

3. 进一步改革和完善省级政府对下级政府间的收入划分，为相应的支出责任提供财力保障。尽管多数省级政府参照中央和省级政府之间的实施办法而对下采取按照税种分成方式①，各省级以下政府间收入划分形式多种多样。随着省直管县的财政管理方式改革和推进，各省级政府不同程度地对省级政府以下的财政体制进行了改革和调整，总体上赋予了市、县级政府更大的发展权和自主权，参见表7－3所示，从省级政府与其下级政府之间的分成惯例方面看，形成了相应稳定且具有一定可预见性的分成安排。通过本研究发

① 需要说明的是对国有资产经营收益、亏损补贴、行政性收费收入、罚没收入、专著收入等非税收收入，各省区主要按照隶属关系划分为省级固定收入和市、县政府的固定收入。

现，政府更多更好地提供公共服务，不仅能提升居民的效用，还有利于财力的向下扩散。越是基层政府越了解居民的偏好，而财政权力的下移有助于基层政府发挥了解居民偏好的优势，更加高效准确地提供基本公共服务。

表7-3 省级政府以下的收入划分情况

收入分成惯例	主要省级政府执行概况
收入稳定并且规模税种通常由省与市、县政府按照既定比例分享	西藏、青海、北京、天津、河北、山西、内蒙古、辽宁、吉林、上海、河南、海南、重庆、陕西等大部分省区采用这种模式：省与市、县共享收入税种主要包括增值税（25%部分）；营业税（2016年后全面取消）、企业所得税和个人所得税（40%）、城镇土地使用税、资源税等；省与市、县共享收入的划分比例主要有“五五”、“四六”、“三七”等不同的分成比例，多数省级分享比例略低于市、县分享比例，体现了财力向下倾斜的原则
收入较少的税种通常由市、县级政府独享	主要有城建税、房产税、车船使用和牌照税、耕地占用税、印花税、契税、土地增值税等，这些税种收入规模相对较小，易于地方税收管理
按照税种和行业相结合的方式进行划分	广西、云南、贵州、宁夏、新疆、浙江、黑龙江、江苏、福建、山东、江西、湖北、湖南、广东等省区在按照以税种方式划分收入的同时，规定主要行业、支柱产业或重点企业的税收收入由省级政府独享；例如，宁夏将31家电力、化工重点企业的税收归于省级政府收入；此外，还有九个省市将金融保险营业税全部作为省级固定收入（2016年全面“营改增”后此项收入取消）

资料来源：李萍，许宏才，李承：财政体制简明图解［M］. 中国财政经济出版社，2010：127. 根据营业税改革等新规定有微调。《国务院批转财政部关于完善省以下财政管理体制有关问题的意见》（国民〔2002〕26号）；《财政部关于推进省直管县财政改革的意见》（财预〔2009〕78号）等文件精神整理。

二、规范整理和合并有关转移支付项目资金

全国和民族地区的状况都表明，专项转移支付的分配并未完全考虑经济因素，在分配时已经事先确定了用途，且大多需要接受政府大量配资。需要清理整合部分专项转移支付项目，对新设专项转移支付项目进行严格控制，逐步压缩专项转移支付比重，进一步规范专项转移支付资金的使用。

针对专项转移支付资金管理存在种类过多、重复设置、交叉使用等问题，为发挥资金合力、提高专项转移支付资金使用效益，需要调整存量，优化结构，对于设置时间较长、资金用途已经发生变化的专项资金进行改革，进行同类归并。加大部门之间项目资金整合，加强部门衔接，将分散在不同部门管理的、同一使用方向的资金进行整合。按照专款下放、权力下放、责任下放的要求，将省级政府专款下放到县级政府，部分财政补助资金由原先省级政府部门集中决策、指定专门用途，改为由县级政府自主安排，扩大县级政府自主权。

加大民族地区对下转移支付的整合力度。目前中国省级对下财力性转移支付包括的项目较多，专项补助的范围较广，补助项目较为繁杂，在整个转移支付中所占的比重过大，需要对专项补助的项目进行清理整合。建议将调整工资转移支付、农村税费改革转移支付合并到一般性转移支付当中，合并支出项目，这将有利于财政资金的监督和管理。随着公共财政建设进程的加快，民族地区财政要对义务教育、社会保障等基本公共服务增加投入，应把新出台政策增加的支出通过一般性转移支付来解决。

调整税收返还和所得税基数返还政策，为建立真正科学、合理、高效的省区以下转移支付制度提供支持，可以逐步削减税收返还和所得税基数返还的比例，并把削减的部分归并到一般性转移支付。

三、合理划分民族地区财政事权与支出责任

由于事权划分方面存在的问题导致地方财政承担了部分本应当由中央

完全承担的支出责任，最终形成了“我中有你，职权不清，责任不明”的支出格局；转移支付缺乏统一的规范和标准，造成转移支付项目事杂，资金效益有效发挥不够。专款配套政策缺乏规范，大量事项需要资金配套支持，部分地方存在负债较多而不能提供配套资金问题（谢旭人，2008）。根据新时期建立权责清晰、财力协调、区域均衡的中央和地方财政关系要求，合理划分民族地区财政政事权与支出责任，并充分发挥省级政府财力下移作用具有重要意义。

为发挥省级政府财力下移作用，在民族地区需要合理划分财政事权与支出责任，对于民族地区来说，中央政府和民族地区之间的事权划分要考虑民族地区的特点，民族地区自然环境恶劣，行政成本明显高于非民族地区，在机构设置和人员配备上也不同于非民族地区。民族地区地域广阔，边境线长，环境保护压力大，这些因素都应该在事权和支出责任划分的过程中充分予以考虑。

财政事权是一级政府应承担的运用财政资金提供基本公共服务的任务和职责，支出责任是政府履行财政事权的支出义务和保障①。国内外学者通常将事权定义为政府的作用、范围、重点、边界，强调权力归属和执行主体，而支出责任是实现事权的成本和费用，当事权对接到财政运行管理环节的预算支出科目时事权就有保证。支出责任是政府事权的细化，划分支出责任是各级政府实现事权的保障，成为财力与事权相匹配的重要前提，是解决政府间支出责任混乱的出路，是完善分税制财政体制的重要举措，事权是前提，支出责任随着事权移动，拥有什么样的事权就要承担什么样的支出责任（赵云旗，2015）。依据政府间财政事权划分进行支出责任的划分，支出责任的划分反映和体现财政事权的划分。无论财权还是财

① 关于事权、财权、财力和支出责任等概念可以进行深入厘清。财权是政府财政权力的简称，内容上包括财政收入权、支出权、预算权、监督权等权能，一般容易被简化理解为获取财政资金的权力，即财政收入权。财力侧重于描述实际掌握并可支配的财政资金的数量，是政府所在地区经济实力的反映。财力不完全依赖财权，财权大小也不代表财力强弱。

力，体现的都是政府自身资源，与其为社会提供公共产品和服务，履行事权职能尚有较大差别。

政府间财政关系涉及事权、支出责任、财权和财力四个基本要素。事权即一级政府在公共事务和服务中应承担的任务和职责；支出责任是政府承担的运用财政资金履行其事权、满足公共服务需要的财政支出义务。财权是一级政府为满足一定的支出需求而筹集财政的权力，包括税权和收费权，形成自筹财力。财力是一级政府可支配的财政资源，包括通过行使财权获得的自筹收入和上级转移支付与税收返还。多级政府体系下政府间事权划分的基本依据是受益范围原则与效率原则，而财权配置遵循税种的基本属性，不同原则和标准决定了财权与事权相匹配难以成为政府间财政关系的常态。在明确政府间财政事权划分基础上，合理界定各级政府的支出责任，划分财政收入，再通过转移支付手段调整上下级政府的财力余缺，弥补地方政府行使事权即支出责任存在的财力缺口，实现财政事权与支出责任匹配，才是确保财政体制有效运转的正确逻辑，参见图7－1所示。如果以支出责任作为合理划分政府间财政关系的逻辑起点，则财政事权划分是财政体制的运行基础。

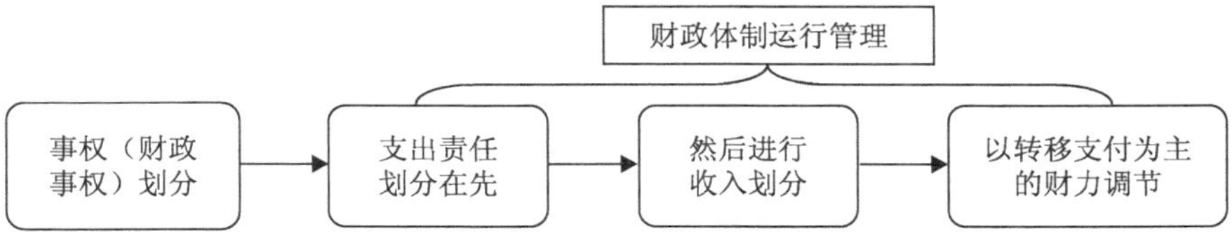

图7－1　政府间财政事权与支出责任划分逻辑

政府间事权与支出责任划分，通常按照获取信息优势，依据辅助性原则，较低层级政府承担的事权和支出责任相对更多；而税种划分与财力分配通常出于宏观调控与国家政治稳定的需要，中央政府会掌握较大财权和分享较大的收入比重，事权配置与财权财力划分的最终结果是地方政府，尤其是较低层级政府的事权与财权财力不匹配，为保证各级政府有效履行事权，供给民众合意的公共品，需要政府间转移支付自上而下平衡各级政府的财政缺口，从而实现各级政府财力与支出责任相匹配。从财政体制角度而言，政府间转移支付的功能主要是用来弥补财政失衡，进而调节辖区间财政外溢问题，其中，弥补纵向财政失衡是政府间转移支付的首要功能。

现行财政事权与支出责任划分不清楚，即使事权划分清楚，如果各地方政府财力配置没有同步跟进和提供应有保障，也难以解决现行财政体制导致的财力均等化和财政收支稳定性问题。明晰政府间事权及支出责任划分只是前提，还包括为此进行的收入划分和财力制度保障。

综观世界主要国家各级政府的支出比重可见，中央政府的支出责任都比较大，而地方政府的支出责任相对较小。从经济发展阶段来看，经济越发达，地方政府承担的职能就越重要：发达国家地方政府支出占政府支出总额的32%，发展中国家为19.5%，转轨国家为29%。发达国家地方政府开支比重高，主要是因为其地方政府的规划、执行能力较强。另外，社会福利等公共服务需要更多的地方政府参与才能完成。从20世纪80年代开始，欧盟等发达国家出现了明显的财政分权趋势，即财政支出权限由中央政府向地方政府转移。地方政府更接近公众，在具备一定能力时，能够更好地确定和满足公共产品和服务。

从实行分级财政体制的国家来看，由于地方政府的多元性以及在经济社会发展事务中承担有较多的责任，地方政府实际安排的支出占财政总支出的比重通常超过50%。但将重要税源归属于中央也是世界主要国家的实际做法，这使得地方政府财政收支不能满足实际需求，只能通过中央对地方的转移支付来解决。如果仅就支出安排而不考虑支出的实际花费，大部分国家的中央政府财政支出的比例一般都在50%左右。根据世界银行统计表明，在18个发达国家和22个发展中国家中，无论是发达国家还是发展中国家；中央政府支出在政府财政支出总额中占有较高比重，参见图7－2。

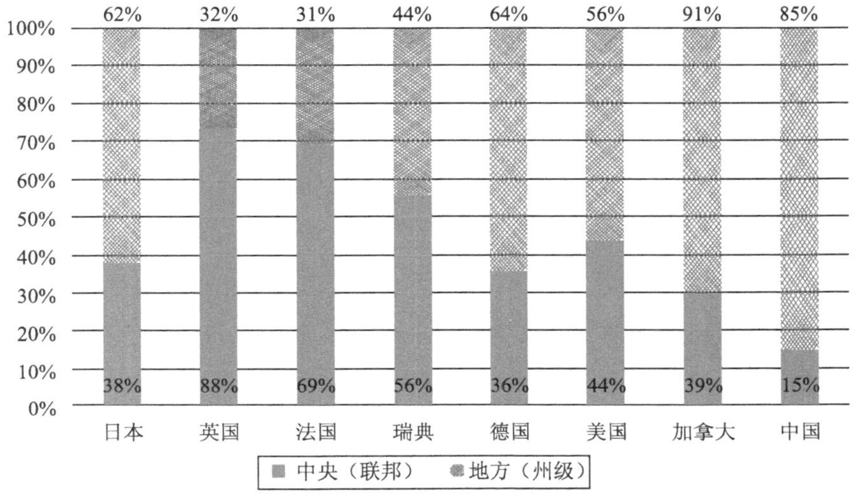

图 7－2　世界主要国家中央和地方政府间财政支出所占比重

资料来源：Revenue Statistics 1965－2000，OECD. 其中，中国的相应数据来源于2015年财政统计年鉴。

合理划分财政事权是建立科学、规范转移支付制度的前提。在事权具体划分上应遵循：财权与事权相对应原则，一级事权必须有一级财权作保障。中央政府主要职责是保证和维护国家政治、经济、社会的整体协调和稳定发展，负责涉及全国资源、基础设施的开发建设、管理和维护，掌握对经济的宏观调控权，对国有资产的管理权。地方政府主要职责是保证中央政府政令畅通，贯彻执行中央政府的一系列宏观调控政策，支持一定时期内该地区经济、科技、社会事业发展的重点，协调基层政府之间的社会经济关系。强化省级政府在义务教育、医疗卫生、社会保障等方面基本公共服务支出责任，提高民生保障水平。地方政府相应地承担该地区政府机关运转所需经费，负责该地区经济事业发展所需支出。

改变以前按照行政隶属关系划分支出责任的做法，《国务院关于推进中央与地方财政事权和支出责任划分改革的指导意见》（国发〔2016〕49号）提出以下划分财政事权的指导性原则。第一，受益原则。体现国家主权、维护统一市场以及受益范围覆盖全国的基本公共服务由中央负责，地区性基本公共服务由地方负责，跨省（区、市）基本公共服务由中央与地方共同负责。第二，发挥信息优势，提升效率原则。发挥地方政府尤其是县级政府组织能力强、贴近基层、获取信息便利的优势，将所需信息量大、信息复杂且获取困难的基本公共服务优先作为地方的财政事权，提高行政效率，降低行政成本。信息比较容易获取和甄别的全国性基本公共服务宜作为中央财政事权。第三，权、责、利相统一原则。适宜由中央承担的财政事权执行权上划，加强中央的财政事权执行能力；适宜由地方承担的财政事权决策权下放，减少中央部门代地方决策事项，保证地方有效管理区域内事务。明确共同财政事权中央与地方各自承担的职责，做到财政事权履行权责明确和全过程覆盖。第四，激励地方政府主动作为原则。合理确定地方财政事权，使基本公共服务受益范围与政府管辖区域保持一致，激励地方各级政府尽力做好辖区范围内的基本公共服务提供和保障，避免出现地方政府不作为或因追求局部利益而损害其他地区利益或整体利益的行为。第五，支出责任与财政事权相适应原则，即“谁的财政事权谁承担支出责任”原则。属于中央与地方共同财政事权，根据基本公共服务的受益范围、影响程度，区分情况确定中央和地方的支出责任以及承担方式。

表 7－4　关于推进中央与地方财政事权和支出责任划分的清单

财政事权划分	具体支出责任清单
中央财政事权	国防、外交、国家安全、出入境管理、国防公路、国界河湖治理、全国性重大传染病防治、全国性大通道、全国性战略性自然资源使用和保护
地市财政事权	社会治安、市政交通、农村公路、城乡社区事务
中央与地方共同财政事权	义务教育、高等教育、科技研发、公共文化、基本养老保险、基本医疗和公共卫生、城乡居民基本医疗保险、就业、粮食安全、跨省（区、市）重大基础设施项目和环境保护与治理

资料来源：《国务院关于推进中央与地方财政事权和支出责任划分改革的指导意见》（国发〔2016〕49 号），2016。

根据上述表 7 - 4 划分清单可见，纳入中央财政事权支出责任、地方财政事权支出责任类别均符合上述原则，但地方政府支出类别少，纳入中央与地方共同事权类别多。划入中央与地方的共同财政事权范围可能被泛化，产生转移支付规模过大的问题，需要中央和省级政府能够克服某些可能影响转移支付的因素，促进区域财力均等化和财政收支稳定（张光，2017）。

民族地区应合理划分各级政府的事权与财权，从财政上保证各级政权的正常运行和政府职能的行使。国际成功经验表明，事权和财权必须保持一致，并在法律上予以明确。转移支付金额确定原则上与事权相对应，使得财政转移支付制度达到调整区域失衡、公共服务均等化等目标。在民族自治地方设立乡级财政，不能因为其规模小就采取代管制度。从体制上通过收入支出的财权划分，合理界定民族地区的事权和财权，使转移支付更好地向民族地区倾斜，保障民族地区的财力需要，体现民族地区的特殊性，使其符合民族自治精神，促进民族地区的经济社会全面发展。规范省级政府以下的财政收支划分，积极促进省级政府重心向下的财政分权，积极推进“乡财县管”改革。

“营改增”的全面实施引发了部分地方政府财政困难，使财政收支矛盾更加突出。虽然新的《预算法》允许地方政府在一定范围内通过特定的方式举借债务，但是难以满足资金需求，财政收入对财政支出的约束依然显著，特别是县级政府。重构地方税制体系，寻找新的地方税种是全面“营改增”之后的重要工作。为此，需要逐步完善税制，充实地方税体系。作为民族地区拥有比较丰富的自然资源，出台包括资源税改革政策，增强民族地区自有财力，建设更加公平的税负环境。研究出台物业税（房地产税）可以作为选项，为民族地区在内的地方政府提供稳定的收入来源。对民族地区赋予适度税权，推进基于自身财力提升的税收体系建设，扩大税收减免权，增强地方税收自主性。

第三节 围绕财力均等化完善转移支付配套政策

一、围绕财力均等改善一般性转移支付测算

由于少数民族地区财政经济造血功能有限，财力水平显著落后于非民族地区，中央应继续加大对少数民族地区的转移支付规模，进一步优化转移支付结构。前文实证检验表明，不同的转移支付类型对民族地区内部的财力均等化水平的影响不同，其中一般性转移支付在同质性地区间政策较为相似，一般性转移支付均等化效果不明显；专项转移支付根据各地区的特殊地理环境、交通运输等因素不同，灵活性较大，均等化效果较为明显；原体制补助和税收返还，均等化效果不明显。

完善和突出一般性转移支付需要采用因素法进行转移支付数量的测算。使用因素法关键是引入计算模式和因素选择。第一，确立转移的基本计算模式。通过计算各地收入能力和标准支出需求确定转移支付数额，测算均衡项目中包括最基本的、最必要的服务项目，以后逐步扩大其均衡范围。在收入能力测算上预测各项税收等收入能力。第二，选择影响收支若干因素。因素选择直接关系标准收支确立，因素选择必须遵循客观、公平、效率原则，即客观是要求因素界定不受或少受主观意志影响；公平即对民族地区各地都平等；效率即能调动民族地区地方政府增收节支的积极性。第三，进一步优化转移支付在地区内部的纵向分配结构，把更多的转移支付留给提供基本公共服务的县级政府，而不是过多地截留在省市两级。

针对财力性转移支付要强化因素法的作用。在因素法的设计中更多地采用客观指标，例如，以总人口替代财政供养人口作为标准财政支出因素。建立规范的财政转移支付制度需要考虑多方面的因素，主要有：第一，一般因素，包括人口、地域面积、行政机构数量等，这些因素能较好地体现均衡受益原则。其中，人口因素方面，一般来说，总人口越多政府

需要越多的转移支付，通常使用相对人口因素可能使转移支付趋于更加合理。人均国民生产总值和人均财政收入，这两方面是反映地区经济发展状况和公共服务水平的重要参数，转移支付目标是确保国家公共服务的最基本标准，该参数较低的地区需要得到较大的财力支持。第二，自然因素，包括海拔、气候、道路状况和距中心城市远近、土地面积、地理位置、资源等。这些自然条件直接影响政府支出成本，例如，高寒地区取暖支出就多；土地面积越大需要投资保护及待开发的区域就越大，政府经济开发支出相应越大。第三，经济条件因素，包括资源多少、交通状况、经济发展水平、人均财力因素等。第四，社会发展条件，主要包括城镇人口数量、各级学校学生数、医疗机构或病床数等。第五，特殊因素，前四类是带有普遍性因素，特殊因素包括少数民族人口、贫困县和贫困人口等，加大对民族地区特殊因素考虑的权重，包括需要充分考虑民族地区复杂程度因素、民族地区特殊的惠民政策因素以及边境因素等。

促进专项转移支付对民族地区内部均等化效果有正向激励作用。通过专项转移支付制度，根据不同民族地区间地理、交通、历史环境等因素，更好地实现上级政府的政策意图，发挥专项转移支付促进公共服务均等化，实现国家特定政策目标。中央应对省级财政行为进行积极引导。中央对民族地区的转移支付额呈逐年增加趋势，并且均高于全国平均水平，中央对民族地区的转移支付能够有效地促进民族地区财力均等化水平，尤其是专项转移支付。在省级政府内部向下转移支付的过程中，需要中央政府的积极引导和监督。

二、引入财力均等化要求的政绩考核办法

促进地方政府绩效考核体制的转型。由于地方政府绩效考核指标体系注重经济及税收增长的硬性指标，导致地方政府可能将有限的资金用于大型基建工程、政绩工程等。应从单纯追求高经济增长率的考核向更具包容性的综合考核体系转变。为专项转移支付制度设计科学合理的效益评价与

考核指标体系。国家在下拨专项转移支付资金之前，应对各项专项资金的使用设计科学合理的效益评价与考核体系，对专项转移支付资金的使用和效益情况开展系统的评估和考核，确保各项资金专项用途，确保地方政府合理使用专项资金，提高资金使用效率。

1. 建立完善的基本公共服务均等化指标考核体系。可以就主要公共服务项目应该达到的水平建立量化标准，考虑各地自然环境、地理条件、人文环境等综合因素可能导致的成本差异，形成依据社会经济发展水平可以自动调整的机制，既作为地方政府施政和改善民生的参照，又作为对地方政府施政效果考评的依据，还可作为衡量转移支付拨款的参考，以此为基础积极研究制定包括财力均等化为基础的基本公共服务均等化目标。

2. 地方政府建立相应的考核指标。政府需要设定一个符合公正的地区基本公共服务的最低标准，可以先在民族地区或省级层面上制定最低的公共服务标准和相关要求。在最低公共服务标准出台后，政府积极采取干预和落实，逐步减少民族地区内部的区域不平等。财政分权导致区域不平等程度，尽管省级政府的财政分权化导致了省内不平等程度的加剧，但省级政府的财政均衡政策可以有效减轻这种影响。转移支付后的基尼系数小于转移支付前的基尼系数，转移支付能够集中财力水平，有效缓解民族地区内部的财力均等化水平。把辖区内均等化作为官员政绩考核标准，建立相应的激励性制度来引导。促进政府转移支付公开化和透明度，完善转移支付制度的计算体系，努力做到在最大限度上真实、客观的反映本地区实际的经济发展水平。

注重制度约束和绩效评价，省级政府推进资金整合，完善资金管理办法，巩固整合成果，开展资金整合绩效评价工作和开展资金整合，形成考核成果导向资金分配的机制。绩效评价不仅只是从结果上建立奖惩机制，还需要同时建立监督机制。除了从基本公共服务资金配置和提升状况方面建立转移支付绩效评价制度，并将其评价结果用于转移支付资金分配机制中，促使和约束地方政府将转移支付资金投向基本公共服务的政策目标，这种奖惩力度是必要的，如果要影响地方政府资金投向行为，需要强化绩效评价作用。如何建立有效奖惩制度，并考虑在运行成本最小化基础上，形成转移支付资金使用监督机制，包括从国家层面建立转移支付法律，以及地方政府关于均衡性转移支付制度的法规，是完善中国省级政府对下均衡性转移支付制度的重要内容。

强化财政转移支付的监督与绩效评价机制。加大对财政转移支付资金使用过程的监督，强化事后的绩效评价机制，是确保财政转移支付资金能完成既定任务目标的要求。强化财政转移支付的监督机制包括以下内容：一是强化内部监督。内部监督可分为财政内部监督和政府内部监督。财政内部监督，即财政部可派驻专员到民族自治地方，配合当地的各级财政监督部门，依据财政转移支付监督检查的政策和规定，要把转移支付资金使用情况进行监督；政府内部监督主要是由民族自治地方各级审计部门主导，对财政专项转移支付资金进行审查。二是强化外部监督，加快转移支付的预算公开，使转移支付制度能在阳光下运行。逐步公开中央对地方的财政拨款，公布具体转移支付项目的补助政策、计算公式、程序和方法，补助金额等，以便社会监督。

强化中央对民族自治地方转移支付的绩效评价机制。逐步完善转移支付绩效指标体系，强化财政部绩效评价工作。在明确中央与民族自治地方政府支出责任的基础上，有针对性地对转移支付的资金使用情况进行绩效评价。积极引进社会第三方绩效评价方式，引入中介机构进行转移支付资金使用情况的绩效评价，加强绩效评估结果的可信度。

三、推进横向转移支付制度化提升民族地区财力

分税制财政体制下，地方政府经济实力和自主性不断强化，加强政府间合作处理共同公共事务成为一个重要的话题。省际间横向转移支付制度是促进区域协调发展、民族团结及应对公共危机的需要。共同富裕论和政治稳定论解决了横向转移支付的目的问题，生态补偿论和灾害及突发事变

论解决了横向财政转移支付的起因问题。

中国转移支付制度不仅包括现有的中央向地方转移支付制度，还包括具有中国政治特色的横向转移支付制度。横向转移支付是经济发达地区对欠发达地区或民族地区给予人、财、物等方面支持，即发达地区将一部分自有财力直接转让给欠发达地区，其目标是促进政府间经济社会均衡发展①。横向均衡模式与特定国情背景具有密切的关系，中国横向转移支付制度最集中、最直接的体现是地区之间的对口支援，这种横向援助包括援藏、援疆建设行为，该行为依照中央协调或作为政治任务形成，依靠东部发达地区进行横向转移支付建设②。为了更好地发挥其在国民经济发展、促进民族团结、社会稳定等方面的独到作用，建立规范化的横向转移支付制度是促进实现共享发展的可靠手段之一。

将对口支援政策完善为发达地区对民族地区的横向转移支付。中国区域经济发展极不平衡、基本公共服务水平差距过大，有必要借鉴国外横向转移支付经验构建一种实际可行的横向转移支付模式，推进区域基本公共服务均等化。完善横向转移支付制度内容。中国特色的横向财政转移支付架构体系应该包括生态补偿、基本公共服务均等化、区域共同开发、灾害及突发事故救助、民族团结和特殊文化保护等内容。

改革中国现有的转移支付模式，实行以纵向转移为主，纵横交错的转移支付模式。政府之间的转移支付就其实质而言是各地区间横向的财力再分配关系，即经济上较发达的地区把政府组织的部分收入转移给经济发展

---

① 在国外实施横向转移支付最为典型的国家是德国和瑞士。德国、瑞士是目前实施横向转移支付的成熟市场经济国家。德国实行联邦制的分权体制；瑞士联邦体制更为松散，由各地区代表组成的联邦委员会为最高权力机关，联邦政府职能大为虚化，横向谈判是处理地方事务的基本模式。

② 有专家认为，这种依据政治任务形成的、以发达地区“自愿”方式进行横向均衡建设，其效果难以预测，即使效果理想，中央政府的权威可能受到削弱。从立足中国国情角度出发，中央掌管的财政可以鼓励地方政府就环境保护等区域之间具有强烈外部效应的事务进行横向援助，但不宜采取大规模转移支付办法作为调节区域间财力差异的主要手段。具体分析参见：李萍，许宏才，李承：财政体制简明图解［M］. 北京：中国财政经济出版社，2010：232.

较落后的地区。根据国际上的经验，政府间转移支付的模式有两种：一种是单一的自上而下的纵向财政平衡，即上级政府通过特定的财政体制把各地区所创造的财力数量不等地集中起来，再根据各地区财政收支平稳状况和实施宏观调控政策的需要，将集中起来的部分财政收入不等地分配给各地区，以此实现各地区间的财力配置的相互均等。目前世界上多数国家的政府间转移支付都采取这种方式进行，中国长期以来就是通过这种方式实施政府间转移支付的。区别在于中国以往实行的单一纵向的转移支付制度透明度较低、稳定性差，而其他国家则将其法制化和程序化。另一种方式是以纵向为主、纵横交错的财政平衡，即对于政府间的转移支付，中央不仅统一立法，并且直接通过特定手段进行转移支付，但同时又负责组织地区之间的直接转移支付。其中纵向的转移支付侧重于实现国家的宏观调控目标，横向的转移支付则主要用于解决财政落后地区公共开支不足问题。

中国应将现有单一纵向转移模式改为以纵向为主，纵横交错的模式，并使之在规范化、制度化方式下运行。长期以来东部发达省份对西部民族地区对口支援，体现着横向转移支付性质。有必要将对口支援政策完善为横向转移支付制度，重点解决由于各地区之间的财政收入能力差异以及提供相同的公共服务所存在的成本差异而造成的地区间基本公共服务水平的不均衡问题，既有助于减轻中央财政集中度，增加地区之间的相互支援，变暗补为明补，调动地方积极性，缩小两者的财力差异，谋求经济的整体共赢与和谐发展①，有助于促进民族关系和谐及社会稳定，符合中国地区之间差距较大的国情。

---

① 有专家提出建立民族地区与东部发达地区建立横向转移支付制度。横向转移支付是解决地区间财力不平衡和消除不同地区间财政地位差异所造成的不公平和低效率、实现财政均等化、减轻上级政府财政压力的有效手段。对中国理想的模式为横、纵向结合模式，需要改变民族地区转移支付制度中只有中央对地方的纵向转移支付模式，建立民族地区与东部经济较发达地区的横向转移支付模式。具体分析参见：王玉玲．论民族地区财政转移支付制度的优化——基于历史和现实背景的分析［J］．民族研究，2008（1）：29－38.

第四节　发挥转移支付促进民族地区财政收支稳定作用

根据前文对全国县级政府财政数据的实证研究表明，一般性转移支付、税收返还、原体制补助、专项转移支付四类转移支付对8个民族地区财政收入稳定性与地方财政支出稳定性的影响，一般性转移支付对民族地区财政收支稳定效应均有显著影响。税收返还与原体制补助对民族地区县级财政收支稳定效应无显著影响。专项转移支付对民族地区县级财政收入稳定性具有显著的正向拉动作用，对财政支出的稳定性无显著的影响。从全国31个省的实证结果来看，一般性转移支付和专项转移支付对财政收支稳定效应具有显著正向影响；税收返还对财政收支稳定效应具有显著负向影响；原体制补助对县级地方财政收入稳定效应有较为显著的正向影响，对地方财政支出稳定效应无显著影响。

对比分析而言，一般性转移支付无论对民族地区财政收支稳定效应，还是对全国31省地方财政收支稳定效应而言，均呈现在1%的水平上的正向显著。专项转移支付对民族地区和全国31省的财政收入稳定效应方面表现一致。8个民族地区与全国31省对地方财政收支稳定效应影响的差别，主要体现在税收返还对财政收支的稳定效应影响、原体制补助对财政收入的稳定效应影响，以及专项转移支付对财政支出稳定效应影响的差别，因为民族地区具有其特殊性，转移支付中一般性转移支付和专项转移支付基本占比90%左右，税收返还和原体制补助占比较小，且数额较小，并未产生显著财政收支稳定效应。

综合上述实证研究提出，为实现转移支付的财政收支稳定效应，应建立以稳定效应为导向的转移支付制度安排，切实发挥一般性转移支付与专项转移支付的稳定作用，减少税收返还与原体制补助等维护地方既得利益的转移支付形式；同时提高专项转移支付的透明性与规范性。

一、完善转移支付稳定效应的制度安排

自分税制改革以来，中央对民族地区的一般性转移支付和专项转移支付的规模总体上呈现增长态势，这有利于调整地区间纵向与横向的财力失衡，实现公共服务均等化的目标。基于中国地区间、城乡间差距较大的事实，尤其是民族地区与其他地区之间差异较大的实际，中央政府应建立起合理的转移支付制度来平衡地区间纵向与横向的财力差距。

从分类转移支付的稳定效应实证结果来看，一般性转移支付与专项转移支付对民族地区以及全国的财政收支稳定效应都有显著的正向影响，需要完善以一般性转支付和专项转移支付为主的转移支付模式。以 2009 年为例，一般性转移支付与专项转移支付占民族地区转移支付总额的 93.91%。一般性转移支付通常不规定资金用途，中央对地方的财政自主权干涉较小，地方有充分的自主权利决定资金的使用方式，但一般性转移支付不利于实现中央的政策目的；专项转移支付的用途需要受到资金提供者的约束，易于中央检查与监督，从而达到预期目标，但不利于地方政府自主权的实现。

转移支付在稳定县级财政收入方面发挥了积极作用：从整体上来看，转移支付对县级政府的财政收入有明显的向上拉动作用。转移支付制度确实在拉动当地财政收入方面发挥了积极作用，并且在制度上体现了较好的连续性，尤其是转移支付在拉动县级政府财政收入方面发挥了更大的作用。

当财政收入处于上升阶段时，转移支付有拉动财政收入上升的效应，而且转移支付对县级政府财政收入有拉动效应。在财政收入处于下降阶段时，转移支付对县级财政收入的稳定效应具有不确定性。与县级政府财政收入稳定性相比较，县级政府财政收入在总体情况下更加不稳定。税收收入对县级财政收入有明显拉动作用。税收收入在财政收入处于上升阶段时比下降阶段时对县级财政收入拉动作用更加明显。财政供养人口越多，财政支出越大，财政收入会越少，但是回归结果却表明财政供养人口比率在

很大程度上也对县级财政收入有比较大的向上的拉动作用，也就是说财政供养人口越多，财政收入上升的幅度越大。

根据上述实证分析，一般性转移支付与专项转移支付对于民族地区财政收支稳定性具有重要意义，现阶段需要加大转移支付总量，不断完善转移支付结构等相关制度安排。

二、改变税收返还促进财力均等化和收支稳定

从实证结果来看，税收返还虽然对民族地区财政收支稳定效应方面并无显著影响，但对全国而言，税收返还的财政收支稳定效应均呈现负向的显著影响。从提高地方财政收支稳定性的角度而言，需要调整转移支付结构，改变税收返还等维护地方既得利益的做法，使其适当的发挥稳定经济的作用。民族地区转移支付总额中，税收返还虽然占比较小，但全国尤其是东部地区，税收返还仍是其转移支付的重要构成，为提高地方财政收支的稳定性，应逐步减少税收返还在转移支付总额中所占的比重，将缩小地区间财力差异作为转移支付的重要目标。在调整转移支付结构过程中，不断提高以实现地方财政收支稳定效应为目标的转移支付类型，适当的缩小对稳定效应具有负向作用的税收返还的比重。

随着转移支付各分项的结构调整，税收返还所占转移支付总额的不断减少，财力性转移支付和专项支付所占的比例逐渐增大，随着今后转移支付和财政投资及资助继续向中西部地区包括民族地区倾斜，分配资金的合理性和科学性会进一步提高，经济差距将会逐步改善。

目前税收返还数额采用基数法计算，得出的税收返还金额没有充分考虑各地方经济发展的相关因素和地区财政收支差异，因此税收返还没有充分发挥财政转移支付应有的效果。现行税收返还具体计算方法存在某种程度的不合理，导致税收返还结果不利于均衡财政收入，需要适当调整税收返还金额的计算方法，改进税收返还的计算方法和科目设置。首先，设置均衡性税收返还科目和改进计算方法，考虑选择一些能反映收入能力与支

出需求数据，可以体现地方政府经济发展的概况，从总量指标和变量平均指标等多方面考虑，例如，人口数量、年龄结构、贫困率、城乡人口比率、财政收入总数和人均收入等。其次，设置效率性税收返还科目与计算方法，将原属于税收返还资金来源的一部分税收划出直接返还给地方政府，基于公平化原则，效率性税收返还金额占税收返还总额的比例不应该太高。

三、提高专项转移支付管理的规范性和透明度

专项转移支付用于保障实现均等化基本公共服务项目，采用法律或法规形式直接用于规范各级政府财政支出责任，由于地方财政在公共服务均等化目标要求下采取多种手段融资，存在大量潜在债务问题，在专项转移支付的安排上应当避免由于地方财力不能满足资金配套要求，而无法得到相关转移支付资金的情况，进一步完善民族地区对下专项转移支付。第一，对现行的专项转移支付项目，根据补助的性质和目的进行重新分类，尽可能归并使用，避免零星方式，保证地方政府能够集中有限的资金做实事，做大事。目前民族地区在扶贫中实施的整村推进项目集中多方资金推行，收到了较好效果。第二，对专项转移支付的地方配套资金，应根据民族地区各地县实际财力差异区别对待。一般要求配套资金的比例应与专项项目的重要程度成正比，而与该地区困难程度成反比。第三，加强对专项补助的监管，实行专项拨款的分配公告制度，使之透明化，确保专项资金用在最需要的地方。

专项转移支付在调控经济、优化地方财政支出结构、引导地方财政资金流向方面发挥其他转移支付形式不可替代的作用。为提高专项转移支付的规范性和透明度，需要建立有效的监督制约制度。国家应从加强管理和控制转向强化监督，建立一套行之有效的监督制约体系，对专项转移支付资金的分配程序、使用过程及经济效益进行跟踪反馈。这一套制约体系包括法律监督、制度监督、人大和政协监督以及舆论监督，以确保专项转移

支付资金发挥应有功效。加强对于转移支付使用过程监督，确保转移支付到达其目标群体，防止拨付过程中出现截留，对转移支付最终效应进行事后评估，如在官员的考核标准中加入对民生工程的考核，以确保中央转移支付达到既定目标。

推进民族地区财政法治化进程。民族地区财政法治化的内容应该包括以法律的形式划分各级民族地区政府的事权和支出范围以法律的形式明确各级民族地区政府的收入范围建立转移支付法，包含对民族地区的转移支付政策用法律的形式划分财政行政权，保证民族地区在属于本级财政事项上独立行使财政行政权，用法律的形式划分财政立法权。通过部门法对中央地方共同事务范围及各自支出分担比例进行明确，提高转移支付透明化、规范化和法治化水平，提升转移支付数量的可预见性。

力求转移支付的规范化、公平化、透明化必须强化转移支付的各项管理，首先，必须加强转移支付的立法工作。转移支付制度是一项涉及面广、政策性强、影响因素复杂的系统工程，只有以法律形式加以规范才能更好地发挥其调控作用。通过法律形式将转移支付的原则、形式、目标等规定下来，同时编制转移支付预算，建立完整的预算司法程序，经人大批准后执行。其次，设立专门的机构负责转移支付工作，以确保转移支付的公正合理，能体现转移支付权威性和客观性。

总之，妥善处理转移支付的总量和结构问题，是上述改革政策建议中的核心要素。为改善民族地区转移支付存在财力均等化效应，促进基层财政收支稳定性，重要的是需要围绕公正、公平、长效目的，转变转移支付分配方式，发挥转移支付财政分权效应，特别需要发挥省级政府财政下移的导向，合理划分民族地区财政事权与支出责任，发挥一般性转移支付和专项转移支付对于促进财力均等化的作用，逐步取消税收返还等对于全国区域间财力拉大的制度安排；提高以均衡财力为目标的一般性转移支付，提升专项转移支付规范性，共同促进全国以及民族地区实现共享发展。

参考文献

鲍曙光．我国财政转移支付财力均等化效应研究［J］．中央财经大学学报，2016（3）：3－11.

曾军平．政府间转移支付制度的财政平衡效应研究［J］．经济研究，2000（6）：27－32.

陈硕，高琳．央地关系：财政分权度量及作用机制再评估［J］．管理世界，2012（6）：43－59.

陈硕．分税制改革、地方财政自主权与公共品供给［J］．经济学（季刊），2010（9）：1427－1446.

陈秀山，张启春．我国转轨时期财政转移支付制度的目标体系及其分层问题［J］．中央财经大学学报，2004（12）：6－10.

陈旭佳．中国转移支付的财政均等化效应研究［J］．广东财经大学学报，2014（3）：26－32.

陈志广．中国均衡性转移支付配置的实证研究——以政治影响力为中心的考察［J］．人文杂志，2014（8）：26－33.

成艾华．民族省区对下转移支付制度研究［J］．云南社会科学，2010（4）：102－107.

褚敏，靳涛．分税制后的中央转移支付有效率吗？——基于中央转移支付对地区间增长公平与效率的检验［J］．上海财经大学学报，2013（3）：71－79.

戴平生，陈壮．我国转移支付的地方财力均等化效应——基于水平公平与垂直公平分解的实证研究［J］．统计研究，2015（5）：20－25.

董艳梅．省级区域获取中央财政转移支付的影响因素研究［J］．云南财经大学学报，2016，（6）：33－42.

董艳梅．中央转移支付与欠发达地区财政的关系［M］．北京：社会科学文献出版社，2014.

段晓红．促进公共服务均等化：均衡性转移支付抑或专项性一般转移支付——基于民族地区的实证分析［J］．中南民族大学学报（人文社会科学版），2016（4）：135－140.

范柏乃，张鸣．基于面板分析的中国省级行政区域获取中央财政转移支付的实证研究［J］．浙江大学学报（人文社会科学版），2011（1）：34－44.

范子英，李欣．部长的政治关联效应与财政转移支付分配［J］．经济研究，2014（6）：129－141.

范子英，张军．财政分权、转移支付与国内市场整合［J］．经济研究，2010（3）：53－64.

范子英，张军．财政分权与中国经济增长的效率——基于非期望产出模型的分析［J］．管理世界，2009（7）：15－25.

范子英．中国的财政转移支付制度：目标、效果及遗留问题［J］．南方经济，2011（6）：67－80.

范子英．转移支付、基础设施投资与腐败［J］．经济社会体制比较，2013（2）：179－192.

伏润民，王卫昆，常斌，缪小林．我国规范的省对县（市）均衡性转移支付制度研究［J］．经济学（季刊），2012（1）：39－62.

付文林，沈坤荣．均等化转移支付与地方财政支出结构［J］．经济研究，2012（5）：45－57.

付文林，赵永辉．财政转移支付与地方征税行为［J］．财政研究，2016（6）：16－27.

付文林．均等化转移支付与地方财政行为激励初探［J］．财贸经济，

2010（11）：58－62＋101.

傅勇，张晏．中国式分权与财政支出结构偏向：为增长而竞争的代价［J］．管理世界，2007（3）：4－12.

龚锋，雷欣．中国式财政分权的数量测度［J］．统计研究，2010（10）：47－55.

谷成．财政分权下中国政府间转移支付的优化路径［J］．经济社会体制比较，2009（2）：72－78.

郭庆旺，贾俊雪，高立．中央财政转移支付、激励效应与地区间财政支出竞争［J］．财贸经济，2010，（11）：52－57.

郭庆旺，贾俊雪．财政分权、政府组织结构与地方政府支出规模［J］．经济研究，2010（11）：59－72.

郭庆旺，贾俊雪．中央财政转移支付与地方公共服务提供［J］．世界经济，2008（9）：74－84.

何庆光．财政分权、转移支付与地方税收入——基于1985－2006年省级面板数据分析［J］．统计研究，2009（3）：59－63.

侯石安，靳友雯．财政分权、经济增长与地方财政转移支付依存度——基于省级动态面板数据分析［J］．求索，2013（12）：1－4.

胡德仁，刘亮．中国政府间财政转移支付横向均等化效应分析［J］．广东商学院学报，2008（2）：21－28.

胡祖铨，黄夏岚，刘怡．中央对地方转移支付与地方征税努力——来自中国财政实践的证据［J］．经济学（季刊），2013（3）：799－822.

黄佩华，迪帕克，等．中国：国家发展与地方财政［M］．北京：中信出版社，2003：3－11.

贾俊雪，郭庆旺，高立．中央财政转移支付、激励效应与地区间财政支出竞争［J］．财贸经济，2010（11）：52－57.

贾晓俊，岳希明．我国不同形式转移支付财力均等化效应研究［J］．经济理论与经济管理，2015（1）：44－54.

贾晓俊，岳希明．我国均衡性转移支付资金分配机制研究［J］．经济研究，2012（1）：17－30.

江新昶．转移支付、地区发展差距与经济增长——基于面板数据的实证检验［J］．财贸经济，2007（6）．

解垩．转移支付与公共品均等化分析［J］．吉林工商学院学报，2007（1）：63－66.

雷振扬，成艾华．民族地区各类财政转移支付的均等化效应分析［J］．民族研究，2009（4）：24－33＋108.

李丹，刘小川．政府间财政转移支付对民族扶贫县财政支出行为影响的实证研究——基于241个民族扶贫县的考察［J］．财经研究，2014（1）：4－15.

李俊清，谢星全．中央一般转移支付与边疆省（区）公共服务供给［J］．国家行政学院学报，2017（4）：79－84＋147.

李萍，许宏才，李承．财政体制简明图解［M］．北京：中国财政经济出版社，2010：72－75.

李萍，许宏才．中国政府间财政关系图解［M］．北京：中国财政经济出版社，2006：94－105.

李永友，沈玉平．转移支付与地方财政收支决策——基干省级面板数据的实证研究［J］．管理世界，2009（11）：41－53.

李永友．转移支付与地方政府间财政竞争［J］．中国社会科学，2015（10）：114－133.

林毅夫，刘志强．中国的财政分权与经济增长［J］．北京大学学报（哲学社会科学版），2000（4）：5－17.

刘亮．我国财政转移支付绩效的实证分析［J］．河北经贸大学学报，2003（6）：37－43.

刘明．财政转移支付、地方政府治理和制造业增长［J］．南方经济，2016（2）：1－12.

刘溶沧，焦国华．加快建立我国规范化转移支付制度的步伐［J］．经济研究参考，2002（63）：11－12.

刘勇政，赵建梅．论分税制下财政转移支付与地方财政努力差异——基于功能与地区多重分类考察的另类荷兰病分析［J］．财经研究，2009（12）：73－83.

刘勇政．中国财政转移支付均等化效应实证分析［J］．地方财政研究，2008（2）：12－16.

楼继伟．中国政府间财政关系再思考［M］．北京：中国财政经济出版社，2013：291－292.

卢洪友，陈思霞．谁从增加的财政转移支付中受益——基于中国县级数据的实证分析［J］．财贸经济，2012（4）：24－32.

马光荣，郭庆旺，刘畅．财政转移支付结构与地区经济增长［J］．中国社会科学，2016（9）：105－125＋207－208.

马海涛，任强．我国中央对地方财政转移支付的问题与对策［J］．华中师范大学学报（人文社会科学版），2015（6）：43－49.

马海涛，任致伟．转移支付对县级财力均等化的作用［J］．财政研究，2017（5）：2－12.

马骏．中央向地方的财政转移支付：一个均等化公式和模拟结果［J］．经济研究，1997（6）：11－20.

马拴友，于红霞．转移支付与地区经济收敛［J］．经济研究，2003（3）：26－33＋90.

马骁，赵艾凤，王好．转移支付的区域分配及其对财政收入差异的调节效果［J］．财贸经济，2013（12）：47－56.

毛捷，汪德华，白重恩．民族地区转移支付、公共支出差异与经济发展差距［J］．经济研究，2011（2）：75－87.

宁家耀，吴自强．对省以下财政分权决定因素的实证分析——基于我国的县级数据［J］．西华大学学报（哲学社会科学版），2012（1）：

89－95.

乔宝云，范建勇，彭冀明．政府间转移支付与地方财政努力［J］．管理世界，2006（3）：50－56.

任超然，曾益．转移支付纵向分配结构的财力均等化效应研究：基于省内县际差异的视角［J］．中央财经大学学报，2016（8）：15－24.

沈坤荣，付文林．中国的财政分权制度与地区经济增长［J］．管理世界，2005（1）：31－39.

沈坤荣．中国的分权化财政改革与经济增长［J］．南京社会科学，1997（9）：12－15.

世界经济合作与发展组织．中国公共支出面临的挑战：通往更有效和公平之路［M］．北京：清华大学出版社，2006：62.

宋小宁，苑德宇．公共服务均等、政治平衡与转移支付——基于1998—2005年省际面板数据的经验分析［J］．财经问题研究，2008（4）：92－97.

宋玉华，林治乾，孙泽生．最优财政分权与中国经济增长［J］．浙江大学学报（人文社会科学版），2008（4）：64－72.

孙开，李万慧．横向财政失衡与均等化转移支付［J］．地方财政研究，2008（7）：4－7＋12.

孙开．论政府间转移支付中的因素法问题［J］．财政研究，1996（6）：37－40.

田超．财政分权：转移支付、税收优惠与首位城市增长［J］．财经论丛，2016（6）：30－39.

田发．财政转移支付的横向财力均等化效应分析［J］．财贸研究，2010（2）：70－75.

汪冲．渐进预算与机会主义—转移支付分配模式的实证研究［J］．管理世界，2015（1）：18－29.

王华春，刘栓虎，刘清杰．中国财政分权的决定因素与差异性分析——基于省、地市和县级政府2000—2007年的实证数据［J］．河北经贸大学学报，2016（5）：79－85＋94.

王绍光．中国财政转移支付的政治逻辑［J］．战略与管理，2002（3）：47－54.

王绍光．中国财政转移支付的政治逻辑顺应民心的变化：从财政资金流向看中国政府政策调［J］．战略与管理，2004（2）：51－60.

王韬，沈伟．中印财政分权的经济增长效应研究［J］．财贸经济，2009（1）：71－76.

王文剑，覃成林．地方政府行为与财政分权增长效应的地区性差异——基于经验分析的判断、假说及检验［J］．管理世界，2008（1）：9－21.

王雍君．地方政府财政自给能力的比较分析［J］．中央财经大学学报，2000（5）：21－25.

王雍君．政府间转移：中国面临的挑战和应吸取的教训［A］．载沙安文，沈春丽．政府间财政关系：国际经验评述［C］．人民出版社，2006：179－191.

王雍君．中国的财政均等化与转移支付体制改革［J］．中央财经大学学报，2006（9）：1－5.

吴木銮，王闻．如何解释省内财政分权：一项基于中国实证数据的研究［J］．经济社会体制比较，2011（6）：62－72.

吴强，李楠．我国财政转移支付及税收返还变动对区际财力均等化影响的实证分析［J］．财政研究，2016（3）：27－38.

伍文中，张杨，刘晓萍．从对口支援到横向财政转移支付：基于国家财政均衡体系的思考［J］．财经论丛，2014（1）：36－41.

肖文，周明海．财政分权与区域经济增长——基于省级以下的实证分析［J］．浙江大学学报（人文社会科学版），2008（4）：73－83.

谢旭人．中国财政改革三十年［M］．北京：中国财政经济出版社，2008：98－99.

谢贞发，张玮．中国财政分权与经济增长——一个荟萃回归分析［J］．

经济学（季刊），2015（1）：435－452.

徐涛，杨荣．转移支付对地方财政收入稳定效应的实证分析［J］．中央财经大学学报，2009（6）：16－21.

徐涛．中国地方财政稳定机制研究［J］．公共管理学报，2011（1）：44－51＋125.

徐涛．转移支付对地方财政收支稳定效应的实证分析［M］．北京：中国税务出版社，2013：25－34.

徐永胜，乔宝云．财政分权度的衡量：理论及中国1985—2007年的经验分析［J］．经济研究，2012（10）：4－13.

严剑峰．横向均等化财政转移支付数额分配的一种方法——主成分分析方法的一个应用［J］．财贸经济，2003（8）：48－53.

颜学勇，周美多．转移支付在民族地区内部的财力均等化效应测量及其影响因素分析—基于1999—2004年县级数据的实证分析［J］．甘肃行政学院学报，2012（4）：65－71＋128.

杨松良．中国的财政分权与地方教育供给：省内分权和财政自主性的视角［J］．财经研究，2013（1）：17－26.

杨旭，李竣．什么影响了转移支付资金在村级层面的分配［J］．南京农业大学学报（社会科学版），2015（5）：31－37＋138.

殷德生．最优财政分权与经济增长［J］．世界经济，2004（11）：62－71.

尹恒，康琳琳，王丽娟．政府间转移支付的财力均等化效应——基于中国县级数据的研究［J］．管理世界，2007（1）：48－55.

尹恒，朱虹．中国县级地区财力缺口与转移支付的均等性［J］．管理世界，2009（4）：37－46.

袁飞，陶然，徐志刚．财政集权过程中的转移支付和财政供养人口规模膨胀［J］．经济研究，2008（5）：70－80.

詹晶．中央对省财政转移支付的决定因素：公平、议价、还是效益？

[J]. 经济社会体制比较.2011 (6): 73-84.

张冬梅，黄少侠. 民族自治地方县域财政自主性研究 [J]. 民族研究，2015，(5): 30-41.

张光. 财政转移支付对省内县际财政均等化的影响 [J]. 地方财政研究，2013 (1): 4-9+22.

张光. 测量中国的财政分权 [J]. 经济社会体制比较，2011 (6): 48-61.

张光. 十八大以来我国事权和财权划分政策动向：突破还是因循? [J]. 地方财政研究，2017 (4): 12-18.

张恒龙，陈宪. 政府间转移支付对地方财政努力与财政均等的影响 [J]. 经济科学，2007 (1): 15-23.

张晏，龚六堂. 分税制改革、财政分权与中国经济增长 [J]. 经济学(季刊)，2005 (4): 75-108.

赵永辉，付文林. 转移支付、财力均等化与地区公共品供给 [J]. 财政研究，2017，(5): 13-23.

赵云旗. 政府间“财政支出责任”划分研究 [J]. 经济研究参考，2015 (68): 3-14+29.

郑浩生，叶子荣，查建平. 中央对地方财政转移支付影响因素研究——基于中国县级数据的实证检验 [J]. 公共管理学报，2014 (1): 18-26+138.

钟辉勇，陆铭. 财政转移支付如何影响了地方政府债务? [J]. 金融研究，2015 (9): 1-16.

钟正生，宋旺. 我国总量转移支付的影响因素及其均等化效应 [J]. 经济科学，2008 (4): 5-16.

周飞舟. 财政资金的专项化及其问题——兼论“项目治国” [J]. 社会，2012 (1): 1-37.

周美多. 省内转移支付的均等化效应：县际差别和原因 [M]. 上海:

上海人民出版社，2011：27－29.

周业安，章泉．财政分权、经济增长和波动［J］．管理世界，2008（3）：6－15.

Hayek F. V. Review of Individualism and Economic Order [J]. The American Political Science Review, 1949, Vol. 13, No. 4, pp. 33 – 54.

Hou, Yilin. Fiscal Reserves and State Own – Source Expenditure in Downturn Years [J]. Public Finance Review, 2005, Vol. 33 No. 1, pp. 117 – 144.

Martinez – Vazquez J, Qiao BY, Zhang L. The Role of Provincial Policies in Fiscal Equalization Outcomes in China [J]. China Review, 2007, Vol. 8, No. 2, pp. 135 – 167.

Musgrave R, A., T. Peacock. Classics in the Theory of Public Finance [M]. International Economic Association Series, 1958, pp. 1 – 23.

Oates, W. An Essay on Fiscal Federalism [J]. Journal of Economic Literature, 1999, Vol. 37, No. 3, pp. 1120 – 1149.

Pollock, Richard, Suyderhoud, Jack P. The Role of Rainy Day Funds in Achieving Fiscal Stability [J]. National Tax Journal, 1986, Vol. 39, No. 4, pp. 485 – 497.

Qian Yinyi, Barry Weingast. Federalism As a Commitment to Preserving Market Incentives [J]. Journal of Economic Perspectives, Fall 1997, Vol. 11, No. 4, pp. 83 – 92.

Qian Yinyi, Lawrence Lau, Gérard Roland. Pareto – Improving Economic Reforms Through Dual – Track Liberalization [J]. Economics Letters, 1997, Vol. 55, No2, pp. 285 – 292.

Raiser M. Subsidizing Inequality: Economic Reforms, Fiscal Transfer and Convergence across Chinese Provinces [J]. Journal of Development Studies, 1998, Vol. 34, No. 3, pp. 1 – 26.

Shih, Victor and Qi, Zhang. Who Receives Subsidies: A look at the County

Level in Two Time Periods [J]. Vivienne Shue and Christine Wong, eds., Paying for Progress in China: Public Finance, Human Welfare and Changing Patterns of Inequality (London: Routledge, 2007).

Smart M. Taxation and Deadweight Loss in a System of Intergovernmental Transfers [J]. Canadian Journal of Economics, 1998, Vol. 31, No. 1, pp. 189 – 206.

Sorensen R. J. The Political Economy of Intergovernmental Grants: The Norwegian Case [J]. European Journal of Political Research, 2003, Vol. 42, No. 2, pp. 163 – 195.

Tiebout C. M. A Pure Theory of Local Expenditures [J]. Journal of Political Economy, 1956, Vol. 64, No. 5, pp. 416 – 424.

Tsui Kai – yuen. Local Tax System, Intergovernmental Transfers and China' s Local Fiscal Disparities [J]. Journal of Comparative Economics, 2005, Vol. 33, No. 1, pp. 173 – 196.

White, Fred C. Trade – off in Growth and Stability in State Taxes [J]. National Tax Journal, Mar 1983, Vol. 36, No. 1, pp. 103 – 114.

Yongzheng Liu, Jorge Martinez – Vazquez, Alfred M. Wu. Fiscal decentralization, equalization, and intra – provincial inequality in China [J]. InternationalTax and Public Finance, No. 2, 2017. First online: 2 July, 2016, DOI 10. 1007/s10797 – 016 – 9416 – 1).

重要术语索引表

后　记

感谢国家民委科研项目管理办公室立项和资助（项目编号：2016－GMB－017）。感谢同行匿名专家给予的充分肯定和“优秀”级的结项鉴定，正是这些匿名专家的专业水准、敬业精神和严谨态度，不断提升着研究项目质量，很大程度上推动着社会科学研究的日益繁荣发展。我指导的研究生刘清杰、刘栓虎、王圆圆、贺重婍积极认真地参与了本项目研究。随着研究议题的发展变化，特别限于自身研究水平和能力，本研究还有这样或那样的不足，恳请专家和读者不吝赐教，以待作者不断学习和完善。

作　者

2017 年 8 月 31 日